PARTAGE DE L'AFRIQUE

EXPLORATION, COLONISATION
ÉTAT POLITIQUE

PAR

M. VICTOR DEVILLE

PROFESSEUR AGRÉGÉ AU LYCÉE MICHELET

PARIS
LIBRAIRIE AFRICAINE & COLONIALE
JOSEPH ANDRÉ ET Cⁱᵉ
27, RUE BONAPARTE, 27

1898

PARTAGE DE L'AFRIQUE

EXPLORATION, COLONISATION, ÉTAT POLITIQUE

DU MÊME AUTEUR

Manuel de Géographie commerciale, par Victor Deville, professeur agrégé au Lycée Michelet. *(Ouvrage récompensé par la Société de Géographie commerciale de Paris).* 2 vol. in-8° avec cartes et diagrammes, reliés en percaline gaufrée. . . . . 10 fr.

PARTAGE DE L'AFRIQUE

EXPLORATION, COLONISATION

ÉTAT POLITIQUE

PAR

M. VICTOR DEVILLE

PROFESSEUR AGRÉGÉ AU LYCÉE MICHELET

PARIS

LIBRAIRIE AFRICAINE & COLONIALE

JOSEPH ANDRÉ ET Cie

27, RUE BONAPARTE, 27

1898

A M. LÉON BOURGEOIS,

ANCIEN MINISTRE DE L'INSTRUCTION PUBLIQUE, DE L'INTÉRIEUR,
DE LA JUSTICE ET DES AFFAIRES ÉTRANGÈRES,
ANCIEN PRÉSIDENT DU CONSEIL,
DÉPUTÉ DE LA MARNE.

Cet ouvrage est respectueusement dédié.

PARTAGE DE L'AFRIQUE

EXPLORATION, COLONISATION, ÉTAT POLITIQUE

INTRODUCTION

Exploration de l'Afrique

I. — L'Afrique des anciens et la conquête arabe.
II. — Découvertes maritimes des Portugais. — Les explorations portugaises dans l'intérieur du continent.
III. — L'Association africaine de Londres. — Problème du Niger. — Voyages de Mungo-Park, Caillié, Clapperton, Barth et Nachtigal dans le Soudan et la région du Niger. — Exploration du Sahara : Rohlfs Duveyrier, Lenz. — Progrès des Français sur le Niger. — Prise de Tombouctou. — Les pays de la courbe de Niger ; voyage de Binger à Kong. — Traversée de l'Afrique du Nord-Ouest par Monteil. — Exploration de l'arrière-pays de la côte de Guinée et du moyen Niger ; la mission Hourst.
IV. — Livingstone ; exploration du Limpopo et du Zambèze. — La question des sources du Nil ; découvertes des lacs de la région du Haut-Nil. — Exploration de Cameron. — Reconnaissance du Congo par Stanley. — Découvertes géographiques

dans l'Afrique orientale; Schweinfurth et Junker. — Exploration dans le bassin du Congo; l'Oubanghi. — Voyages de Serpa Pinto, Capello et Ivens. — Le congrès de Berlin : caractère utilitaire des nouvelles explorations. — Stanley à la recherche d'Emin. — Explorations dans le Congo français et belge ; voyages de Maistre, Delcommune, etc. — Principales explorations africaines en 1896.

I. — Les anciens n'avaient sur le continent africain que des notions vagues, superficielles et très incomplètes. Au delà de la vallée moyenne du Nil et d'une bande étroite de l'Afrique septentrionale, commençait une région inexplorée que l'imagination des Grecs et des Romains peuplait de monstres fantastiques, Pans, Pégases, serpents ailés, de génies malfaisants et aussi de peuples fabuleux aux formes étranges, d'hommes qui n'ont qu'une jambe et un œil, d'autres à pieds de bouc et à tête d'oiseau, d'autres enfin qui se font un parasol de leur lèvre supérieure.

La conquête arabe est un des événements les plus importants pour l'exploration et le partage du continent africain, qui échappait pour plusieurs siècles à la domination de l'Europe. Alors furent fondés, le long du littoral de la Méditerranée, des États puissants ; le Caire, Kairouan, Fez devinrent des centres de civilisation. Les Arabes, grâce au chameau, « ce vaisseau du désert », pénètrent dans des régions jusqu'alors peu connues : dans le Soudan égyptien, dans le Sahara que des caravanes régulières parcourent, du Fezzan, de l'Algérie et du Maroc à Tombouctou, et jusque dans les États situés sur les bord du lac Tchad, le Darfour, le Wadaï, le Kanem, le Sokoto. Vers le milieu du VIIIe siècle, quand des dissensions brisèrent l'unité politique et religieuse du monde musulman, de nombreux émigrants arabes et, plus tard, des réfugiés persans, fondèrent d'importants établissements sur la côte orientale d'Afrique, à Magadoxo, Quiloa, Brava, Mélinde, Mombasa, qui devinrent des centres de civilisation arabe et des foyers de propagande religieuse. Des Arabes nomades, les Foulbés ou Fellatahs, venus de la vallée supérieure du Nil, s'établirent, vers le milieu du XIe siècle, dans l'Afrique occidentale arrosée par le cours supérieur du Niger, d'où l'islamisme ne tarda pas à pénétrer dans les États soudaniens, Kordofan, Darfour, Wadaï, Baghirmi, etc.

D'importantes découvertes ont été faites par les Arabes, que le rapide mouvement de la conquête et la passion de la propagande religieuse avaient poussés jusqu'au centre de l'Afrique ; leur influence s'étendait bien au delà des États qu'ils avaient fondés. La science géographique comptait d'ailleurs chez eux d'illustres représentants, qui comprenaient admirablement son but et sa portée, Maçoudi, Ibn-Haukal, Edrisi ; mais leurs ouvrages n'étaient guère connus, et les découvertes des voyageurs arabes sont, au point de vue de nos connaissances géographiques, nulles et non avenues.

II. — Les Portugais peuvent être considérés comme les précurseurs des Européens sur le continent noir ; c'est à eux que revient l'honneur des premières tentatives d'exploration et de colonisation. Le promoteur de ces entreprises maritimes est le prince Henri que la postérité a surnommé le Navigateur. Dans son observatoire de Sagres, d'où il dominait le vaste Océan, ce prince s'entoura de marins, de navigateurs, de géographes, de savants ; il consulta la fameuse carte catalane de 1373, lut probablement les ouvrages d'Edrisi, et il acquit la conviction qu'en naviguant le long des côtes de l'Afrique occidentale, il atteindrait les places de Sofala, de Quiloa et de Mélinde, d'où il pourrait gagner les Indes. Il suffira d'indiquer les étapes de cette navigation, qui a duré plus de 80 ans, de 1415 à 1497, et pendant laquelle les Portugais ont reconnu les côtes et dessiné le profil de ce vaste continent : en 1434, Gil Eannes franchit le cap Bojador ; en 1443, le cap Blanc est doublé et Antonio Gonsalvez atteint le Rio-d'Oro ; en 1446, les Portugais arrivent à l'embouchure du Sénégal et du cap Vert ; de 1455 à 1456, la côte de Guinée est reconnue ; la ligne est franchie, en 1471, par Diégo Cam. En 1484, l'exploration fut vigoureusement poussée, et Barthélemy Diaz toucha la pointe extrême de l'Afrique. Vasco de Gama, le plus illustre des navigateurs portugais, ne tenta de doubler l'Afrique méridionale, en 1497, qu'au retour de Covilham d'un voyage en Abyssinie, sur la côte orientale et dans l'Inde.

On peut juger des progrès accomplis dans l'exploration de l'Afrique par la carte de Ribeiro publiée en 1529. La périphérie du continent est déjà figurée sous sa forme actuelle, un triangle dont la pointe est tournée vers le Sud. La masse continentale a cependant un développement exagéré de l'Ouest à l'Est, du cap Vert au cap Gardafui. Pour l'intérieur, on en est toujours aux données de Ptolémée, avec cette différence que les sources du Nil sont placées à environ 10° au-dessous de l'équateur ; c'est que l'Afrique, après les découvertes portugaises se prolongeant vers le Sud, les cartographes n'hésitaient pas à allonger le cours des fleuves et à les reporter à plusieurs centaines de lieues vers le Sud.

Les Portugais ne restèrent pas cantonnés sur les côtes ; ils cherchèrent à pénétrer dans l'intérieur ; depuis le voyage de Covilham, ils avaient noué des relations avec les souverains d'Abyssinie ; mais c'est surtout dans la région du Congo et du Zambèze qu'ils étendirent leur influence ; les mines d'or du Manica et du Machona avaient attiré de bonne heure leur attention. D'autres voyageurs s'avancèrent plus avant et visitèrent un des plus grands États du Zambèze, le Monomotapa, dont ils nous ont fait de merveilleuses descriptions. Mais ces expéditions étaient alors peu connues, parce que le gouvernement portugais, à l'exemple des Phéniciens et des Carthaginois, entourait d'un profond mystère les missions de ses explorateurs ; elles n'ont été révélées au monde savant que de nos jours, par le voyageur anglais Bowdich.

Après cette période brillante de découvertes, l'Afrique fut délaissée ; l'Europe ne se préoccupait pas encore de la conquête économique du noir continent et l'activité des grandes puissances maritimes était tournée vers d'autres contrées : la Hollande exploitait comme une culture ses colonies de l'Océan Pacifique, qui allaient devenir pour elle une source de richesses ; l'Angleterre dirigeait le surplus de sa population vers l'Amérique du Nord et se préparait à la conquête de l'Inde ; la France s'établissait au Canada, dans la vallée du Mississipi, dans les petites Antilles et dans les Indes ; l'Espagne concentrait son attention sur ses possessions du Nouveau-Monde, qu'elle colonisait difficilement.

III. — Le mouvement scientifique de la fin du XVIII° siècle, les travaux astronomiques de Delambre, Lalande et Laplace, les voyages de circumnavigation de Cook, Bougainville, Lapérouse, Vancouver, Behring, les voyages d'exploration entrepris par des savants comme Bernier, Volney, Niebuhr, Tavernier, Bruce, les progrès des sciences physiques et naturelles, de l'anthropologie et de la linguistique, firent naître, dans l'Europe occidentale, des sociétés savantes qui s'appliquèrent à démêler la part de vérité et d'erreur dans les connaissances léguées par les époques précédentes sur notre planète. L'esprit humanitaire et scientifique du xviiiᵉ siècle apparaît surtout dans la fondation de l'*Association africaine* de Londres (9 juin 1788), dans le but d'explorer, de coloniser et de reconnaître les richesses du continent noir. C'est sous ses auspices que furent entrepris, quelques années avant la fin du siècle, quelques voyages de pénétration dans l'intérieur ; ceux de Browne, au Darfour, et de l'intrépide Mungo-Park, sur le Niger, ont donné seuls des résultats. Park fut le premier à voir le Niger à Bamako d'abord, puis à Ségou. Chargé d'une nouvelle mission par le gouvernement anglais (1805), il revint à Bamako et descendit le fleuve jusqu'à Bouroum. Attaqué par les Aouellimiden, il périt assassiné ou noyé près des rapides de Boussa (1806).

Lorsque, après les traités de 1815, la paix est assurée en Europe, les explorations et voyages de découvertes en Afrique, pour étendre nos connaissances géographiques, pour combattre la traite ou fonder des missions religieuses, reprennent avec une nouvelle ardeur. En 1816, Tuckey tente, mais en vain, de remonter le Congo ; après cet échec, cet immense bassin, qui offre à la navigation des voies admirables, reste fermé aux explorateurs pendant 60 ans. C'est au Nord, au Sud et à l'Est des régions parcourues par le grand fleuve et ses affluents, que se tourne l'activité de nos modernes découvreurs.

Au Nord, il fallait débrouiller le système hydrographique du Sénégal, de la Gambie et du Niger, qui n'a été éclairci qu'après un siècle de recherches. L'opinion la plus ancienne consistait à identifier le grand fleuve soudanais avec le Nil. Les partisans de cette opinion s'appuyaient sur les rapports unanimes des noirs et des Arabes. D'autres faisaient déboucher le Niger dans le Tchad, où venait se jeter aussi une branche du Nil. Reichard est un des premiers qui aient indiqué le golfe de Guinée, comme issue du Niger; mais cette hypothèse n'a pris un certain degré de vraisemblance qu'après le voyage de Laing et de Clapperton. Pendant longtemps, on a discuté sur l'emplacement de l'embouchure, car l'opinion de Reichard n'était partagée que par un petit nombre; pour les uns, c'étaient le Sénégal et la Gambie; pour d'autres, le rio Volta; quelques-uns, enfin, faisaient jeter le Niger dans la Méditerranée, dans la Grande Syrte.

Les voyages de Mungo-Park avaient fait faire un pas à la question : il a établi que, dans leur cours supérieur, le Niger, la Gambie et le Sénégal puisaient leurs sources dans des régions voisines, mais que le Niger avait sa vallée supérieure orientée vers l'Est. C'est ce qu'allait confirmer le voyage de Caillié.

Caillié, pauvre, sans ressources, parcourut, en pèlerin de la science, suivant l'expression d'Élisée Reclus, l'Afrique occidentale. Parti de Kakondy, il pénètre dans le bassin supérieur du Niger et atteint Tombouctou (19 avril 1828), la cité légendaire et mystérieuse où il séjourna 15 jours : il en repart avec une caravane qui traverse le Sahara occidental, et arrive au Maroc par Arouan et les oasis du Tafilet, d'où il parvint facilement à gagner l'Europe.

On n'ajouta pas foi, en Angleterre, au récit de Caillié. Jusqu'alors, toutes les tentatives faites pour atteindre Tombouctou avaient échoué; l'expédition du major Laing, organisée peu d'années auparavant, s'était terminée par une catastrophe. Oudney, Denham et Clapperton avaient été plus heureux dans leur exploration de la région du Tchad (1822-1824); Clapperton pénètre dans les États du Soudan central, dans le Sokoto et une partie de l'Adamaoua; Denham découvre le cours inférieur du Chari. Ils constatèrent qu'aucune communication n'existait entre le Niger et le Tchad; désormais on commence à se faire une idée du système hydrographique de l'Afrique centrale. En 1825, Clapperton, chargé d'une mission par le gouvernement anglais, atteignit Sokoto, non par la route de Tripoli au Fezzan, comme au premier voyage, mais par la côte de Guinée, reliant ainsi ses deux itinéraires en une traversée de l'Afrique.

Nous devons signaler les tentatives faites par notre gouvernement, pour développer nos établissements du Sénégal et pour occuper les bouches du Niger. De ce côté, nous étions distancés par les Anglais : Allen, Baikie, Laird, remontèrent ce fleuve et son affluent, la Bénoué. Ces explorations confirmèrent l'hypothèse émise, en 1802, par Reichard, et plus tard par Nicholls, Mac Queen, Mac

Carthy, Clapperton, que le Niger et son affluent, la Bénoué, pouvaient devenir la grande voie de pénétration vers les États du lac Tchad.

C'est cependant par le Nord, par la route des caravanes de Tripoli à Kouka, que Richardson, Overweg et Barth, résolurent d'atteindre le Soudan central. Richardson mourut dans le Bornou en 1851, et Overweg à Kouka, sur les bords du Tchad, en 1852. Resté seul, Barth explora toute cette région : pendant l'année 1851, il va de Kouka à Yola, parcourant le Sud du Bornou ; l'année suivante, il se dirigea vers l'Est, traversant l'Adamaoua et le Mousgou, et atteignit le Logone ; revenant à Kouka, il longea la partie méridionale du Tchad et entra dans le Baghirmi, mais ne put pénétrer dans le Wadaï.

L'illustre voyageur prit ensuite pour objectif les rives du Niger, qu'il traversa à Say, en passant par Gando et Sokoto, et se dirigea vers Tombouctou, en coupant la boucle du Niger ; il atteignit Koriumé et Kabra le 5 septembre 1853. Il revint dans le Bornou, en descendant le Niger jusqu'à Say, et rencontra, à Kouka, Vogel, envoyé par le gouvernement anglais pour remplacer Richardson. Il rentra en Europe en 1855.

Le voyage de Barth est capital pour la connaissance de la région du Tchad et du moyen Niger. Aujourd'hui encore, c'est par la relation de son voyage, qu'on peut se faire l'idée la plus exacte de cette civilisation arabe implantée au cœur de la Nigritie, sur les mœurs, coutumes, histoire et état politique de ces pays soudanais ; possédant à fond la langue arabe et l'idiome kamori, il a été un observateur précieux. Les résultats géographiques ne sont pas moins intéressants : l'itinéraire de Barth, levé à la boussole, est la base la plus sérieuse de notre connaissance de cette partie de l'Afrique.

En 1869, un autre Allemand, le docteur Nachtigal, partit de Tripoli, séjourna au Fezzan, pénétra dans le pays des Tibbous, puis dans le Bornou, où il remit au vieux cheikh Omar les présents que lui destinait le roi de Prusse. De Kouka, il suivit la route méridionale du Tchad et remonta le Chari ; il traversa ensuite le Baghirmi, le Wadaï, dont il parcourut la partie méridionale, puis le Darfour, et rentra en Europe, en 1874, par la vallée du Nil. Il avait révélé à l'Europe les États du Soudan oriental jusqu'alors inconnus. Désormais, on pouvait affirmer qu'aucune communication par eau n'existait entre le Tchad et le Nil.

Il faut signaler encore la remarquable exploration de Rohlfs (1865-67), connu déjà par sa traversée du Sahara, du Maroc à la Tripolitaine. Le premier il opéra la traversée de l'Afrique septentrionale par le Bornou, des Syrtes au golfe de Guinée, par Mourzouk et le Soudan central.

De notre côté, établis en Algérie depuis 1830, nous cherchons à atteindre le Soudan central en attirant dans notre système d'influence les populations des oasis, et, par nos possessions du Sénégal, en nous avançant vers le bassin supérieur du

Niger, le grand fleuve soudanais. La plus hardie des pointes poussées vers le Sud de nos possessions algériennes est, sans contredit, celle de Duveyrier. Du côté du Sahara oranais, il ne put atteindre les oasis du Touat (1859); il fut plus heureux du côté de l'Est; parti d'El-Oued, dans le Sahara constantinien, il s'avance vers Ghadamès, puis de là à Rhat. Ce sont les notes recueillies pendant ce voyage qui lui ont permis d'écrire son grand ouvrage, les *Touareg du Nord*, où il étudie, non seulement la géographie physique, la géologie, la flore, la faune du pays des Touareg Azdjer, mais aussi les mœurs, les coutumes, les institutions politiques, les territoires de parcours de ces peuples. Les explorations de Dournaux-Duperré, de Joubert (1873-74), de Soleillet (1874), de Largeau (1875-77), n'ont que peu ajouté à ce que nous savions déjà de ces régions.

Oscar Lenz reçut de la Société africaine d'Allemagne la mission d'étudier, dans l'Afrique du Nord, les différents massifs de l'Atlas marocain, et d'explorer les régions du Sud, si les circonstances le lui permettaient. Il quitta Tanger le 22 décembre 1879; suivant un itinéraire un peu à l'Ouest de celui de Caillié, il passa par Tindouf et entra, le 1er juillet 1880, à Tombouctou. Il rentra en Europe par nos possessions du Sénégal. Une autre exploration remarquable de l'Afrique du Nord est due à l'intrépide vicomte de Foucauld qui, déguisé en mendiant, couvert de haillons, les pieds nus, a parcouru, de 1883 à 1884, les régions inconnues du Maroc ; le fruit de ces explorations se trouve dans les vingt feuilles d'itinéraires où il a déterminé le cours du Draa, dont les sources se trouvent reculées vers l'ouest, et la situation de chaînes parallèles inconnues de l'Atlas marocain.

La question de la jonction de l'Algérie, par voie ferrée, avec le Sénégal et le Soudan, fut alors soulevée. Le colonel Flatters fut chargé d'étudier le tracé du transsaharien. Dans une première exploration, il atteignit le lac Menghough et rapporta la topographie de la vallée de l'Igharghar et un grand nombre de renseignements sur le climat, la constitution géologique du sol, la flore et la faune du pays. La seconde mission se termina, en 1881, par une catastrophe. MM. Méry, d'Attanoux et Foureau (1892-94), qui se sont proposé de continuer l'œuvre de Duveyrier et de Flatters et d'ouvrir à la France l'accès du Soudan, à travers le territoire des Touareg, n'ont pas réussi dans leur entreprise. Désormais les tentatives de pénétration au Soudan et dans la région nigérienne se font par le Sénégal, le cours inférieur de la Bénoué et du Niger ou par les cours d'eau de la grande boucle du Niger.

En 1883, le drapeau français est planté à Bamako, qui est aussitôt relié à Kayes par des postes fortifiés. Maîtres du Niger supérieur, nous allons, d'étape en étape, chercher à atteindre Tombouctou, où le lieutenant Caron montre pour la première fois, en 1887, les couleurs françaises en descendant le fleuve. En 1885, Thomson entreprit, sous les auspices de la *Royal Niger Company*, à Gando et à Sokoto, une expédition qui ne réussit pas à faire reconnaître le protectorat anglais par les sultans du pays. C'est vers ces mêmes régions que l'*Afrikanishe Gesellschaft in Deutschtand* et la *Deutscher Kolonialverein* envoyèrent le jeune Flegel (1885). Il ne put atteindre le Tchad, ainsi qu'il se le proposait, mais il apporta quelques données précieuses sur l'Adamaoua. De 1887 à 1889, le capitaine Binger se rendit par Oulesédougou, Ténétou et Kéniera à Kong, cité mystérieuse où aucun Européen n'avait encore pénétré ; il se dirigea de là vers Bobodioulassou, traversa le Gourounsi, entra à Waghadougou, capitale du Mossi, à Salaga, marché important, et atteignit enfin Kintampo et Bondoukou. Des missions confiées aux capitaines Peroz et Quinquandon, au docteur Crozat, au capitaine Martin, au docteur Toutain furent chargées de faire des levés topographiques des régions du haut Niger. Le lieutenant Plat et le docteur Fras explorèrent le Fouta-Djallon et relièrent ainsi nos possessions du Haut-Sénégal aux Rivières du Sud. D'autres itinéraires, entre la vallée supérieure du Niger et nos établissements de la côte, furent parcourus par le capitaine Audéoud, le lieutenant Levasseur, Liotard, pharmacien de marine et le capitaine Marchand ; le capitaine Ménard fut chargé de faire à rebours l'itinéraire du capitaine Binger. Grâce aux observations scientifiques recueillies dans ces explorations, aux travaux topographiques exécutés par nos officiers, à l'exploration de Mage, qui le premier descendit le Niger jusqu'à Ségou et du lieutenant de marine Caron, le Soudan français prend place parmi les régions scientifiquement les mieux connues de l'Afrique du Nord.

Après la convention franco-anglaise du 5 août 1890, qui réservait à notre action les pays situés au Nord d'une ligne allant de Say, sur le Niger, à Barroua, sur le Tchad, le commandant Monteil fut chargé de reconnaître la limite extrême de notre hinterland saharien. Par Sikasso, Bobo-Dioulassou, Whaghadougou, il atteint Say, et de là le lac Tchad; par Gando, Sokoto, Kano et enfin Kouka. Il se dirige ensuite droit au Nord, parcourant en sens inverse la route déjà suivie par Overweg, Richardson, Barth, Rohlfs et Nachtigal. Par ce beau voyage à travers l'Afrique nord-occidentale, qui a duré deux ans, Monteil a relié les itinéraires de Caillié et de Binger à celui de Barth, et a le premier parcouru la route du Sénégal au Soudan central.

La conquête du Dahomey, en 1892, nous ouvre une nouvelle voie de pénétration vers le Niger moyen, que cherchent aussi à atteindre les Anglais, maîtres de l'embouchure du fleuve, et les Allemands, établis au Togoland. Dans ces dernières années, les efforts de ces trois puissances se sont portés vers ces contrées de la boucle du Niger: les commandants Decœur et Toutée, le capitaine Baud, MM. Ballot et Alby ont parcouru l'arrière-pays du Dahomey, cherchant à relier cette colonie à nos possessions de la côte d'Ivoire et au bas Niger. Les progrès de notre influence dans la vallée de ce fleuve éveillèrent les ambitions coloniales du comité allemand du Togo, qui confia aux docteurs Gruner et Dœring et au lieutenant de Carnap-Quernheimb, la mission de prolonger le Togo jusqu'au Niger. Les Anglais, de leur côté, ne restèrent pas inactifs ; le capitaine Lugard fut envoyé dans le Borgou.

En même temps, nous nous avancions dans la vallée supérieure du Niger ; en 1891, Ségou tombe en notre pouvoir ; en 1892, nous nous établissons à Djenné ; en 1893, un détachement français pénètre à Tombouctou. L'étude géographique de ces contrées du Niger nouvellement conquises est dès lors activement poursuivie. Nous devons au colonel Joffre des levés topographiques exécutés dans ces régions soumises à notre domination. Les travaux d'hydrographie du Niger, commencés par le lieutenant Davoust, continués par le lieutenant Caron, furent poursuivis par le lieutenant Jaime, qui atteignit Koriumé (1888), et par MM. Boiteux, Bluzet et Hourst ; le 21 janvier 1896, le lieutenant Hourst, MM. Bluzet, Baudry, le Dr Taburet et le P. Hacquart dépassaient Tombouctou et descendaient le fleuve jusqu'à la mer ; la mission Hourst, qui avait surtout pour but de reconnaître les 1,000 kilomètres qui séparent Tombouctou de Say, a dressé une carte très suffisante pour la navigation du fleuve, entre Tombouctou et Boussa ;

« elle clôt brillamment, au grand honneur de la France, la belle série des explorations européennes du Niger (1) ».

IV. — Au delà des limites de la colonie anglaise du Cap et des possessions portugaises d'Angola et du Mozambique, un immense blanc marquait, encore vers le milieu de notre siècle, la place où coulent le Zambèze, le Nil supérieur, le Congo et leurs affluents. Le cœur de l'Afrique, l'immense bassin du Congo, n'avait été encore parcouru par aucun Européen. Vers 1850, la passion des explorateurs et la curiosité du monde savant se tournèrent vers l'Afrique équatoriale. Les Portugais, par leurs possessions, étaient les mieux placés pour pénétrer dans ces régions inconnues; après le bel élan de leurs premières découvertes maritimes, ils renoncèrent à poursuivre une telle tâche; s'ils ont fait, au xviii° siècle et au commencement du nôtre, des explorations dans l'arrière-pays, s'ils ont accompli les premiers la traversée d'un océan à l'autre, ces voyages n'ont été connus que de nos jours, et la science géographique ne paraît pas en avoir tiré profit.

Après les voyages remarquables de Caillié, Park, Barth, Nachtigal, etc., il n'était plus permis de confondre le Niger avec le Nil, le Sénégal et

---

(1) *Les explorations françaises en Afrique en 1896*, rapport de M. Maunoir à la Société de géographie de Paris.

la Gambie, comme on l'avait fait pendant si longtemps ; mais la confusion persistait encore pour tout le régime des eaux équatoriales, entre le Zambèze, le Nil et le Congo. C'est aux Anglais que revient, pour la plus grande part, la gloire d'avoir assigné, à chacun de ces grands cours d'eau, son aire de développement, par la découverte de leurs sources et de leur cours supérieur. Notre petite voisine, la Belgique, qui aspire de nos jours à jouer, en Afrique, le rôle tenu jadis par la Hollande au delà des mers, a contribué, par des expéditions pacifiques ou armées, à la connaissance du bassin du Congo; elle a fourni toute une légion de vaillants explorateurs, dont l'œuvre grandira avec le recul des siècles. La France a aussi sa place, quoique plus modeste, dans cette œuvre de pénétration du continent noir. Enfin le Portugal, troublé par cette agitation, menaçante pour ses ambitions coloniales, a envoyé, de son côté, des explorateurs sur les traces de leurs devanciers, pour pouvoir réclamer des droits qu'il laissait sommeiller depuis des siècles.

Après une série de guerres contre les Cafres, les Anglais reculèrent les frontières du Cap jusqu'au fleuve Orange (1871); les Boërs s'établirent entre le Vaal et le Limpopo. Le cours du Limpopo, connu dans sa vallée supérieure depuis 1830, ne fut entièrement relevé qu'après le voyage d'Erskine, en 1868. D'autres explorateurs, partant de la baie de Walwich, parcourent le Damara et le Namaqua; en 1853, Andersen atteignit le lac

Ngami, que Livingstone avait découvert en 1849, en pénétrant du Cap au désert de Kalahari.

Une ère nouvelle a commencé pour l'Afrique équatoriale, lorsque Livingstone a entrepris ces explorations qui l'ont amené au cœur même du continent mystérieux. Il a accompli une traversée de l'Ouest à l'Est qui eut un grand retentissement : du lac Ngami, où s'arrêtaient nos connaissances dans l'Afrique méridionale, le célèbre docteur atteint, en 1851, le Zambèze, sur l'importance duquel aucune donnée n'existait alors, en dehors des renseignements fournis par des explorateurs portugais et dont il doit s'être servi dans ses voyages. Il remonte un des bras principaux du fleuve, le Liambaye, jusqu'au lac Dilolo, traverse les cours supérieurs des tributaires du Congo, et arrive, en 1854, à Saint-Paul de Loanda. Au retour, il descend le Zambèze, et, au-dessous de Secheké, où il abandonne la route précédemment suivie pour s'engager de nouveau dans l'inconnu, il découvre la chute à laquelle il a donné le nom de Victoria, et gagne la côte orientale à Quilimane, en 1856.

De 1858 à 1863, il achève l'exploration du bassin du Zambèze, et aperçoit pour la première fois les eaux du vieux Maravi, le Nyassa, sur lequel les anciens missionnaires portugais avaient appelé, dès le commencement du xviie siècle, l'attention des voyageurs européens, mais qui n'a pris scientifiquement place dans l'hydrographie de l'Afrique, qu'à partir du jour où Livingstone l'a signalé au monde.

Son dernier voyage dure de 1866 à 1872 : il part de Zanzibar et arrive, après avoir exploré la Rovouma et navigué sur le Nyassa, dont la vraie orientation lui est due, sur les bords du lac Tanganyka, parcouru peu après par Cameron, de la marine anglaise, qui en a dressé une carte exacte.

Il est le premier Européen qui, depuis Lacerda (1798) et plus tard Monteiro et le capitaine Gamitto, de l'armée portugaise, ait pénétré dans le royaume de Kazembé. Là, il releva les origines du puissant cours d'eau déversoir des lacs Benguélo et Moero ; il tenait la source la plus méridionale du Congo, qu'avait aperçue, dès la fin du xviiie siècle, le jeune Pereira. Continuant sa marche vers le Nord, il traverse le Manyéma et gagne Nyangwé.

Restait toujours à démêler, malgré ces découvertes importantes, la question des sources et des limites du Nil. La découverte, en 1849, des cimes neigeuses du Kilimandjaro et du Kénia, par Rebmann et Krapf, inspira à Burton, Speke et Grant le voyage qui les conduisit de Bagamoyo au Tanganyka et au Victoria, dans l'Ouganda, dans l'Ounyoro, c'est-à-dire dans les régions d'où s'échappe le fleuve nourricier de l'Égypte ; leurs découvertes furent complétées, en 1864, par le voyage de Baker qui, venu du Nord par la vallée du Nil, aperçut le Mouta-Nzighé, aujourd'hui le lac

Albert-Nyanza, et celui de Von der Decken qui, de 1860 à 1865, explora la région du Kilimandjaro.

Le lac Victoria et l'Albert-Nyanza communiquent-ils avec le Tanganyka ? Si ce dernier est isolé des précédents, ainsi que l'avaient établi Speke et Grant, de quel côté déversait-il ses eaux ? Le fleuve qui s'échappait des lacs Benguélo et Moero, et que Livingstone avait descendu jusqu'à Nyangwé, pouvait-il être rattaché au bassin du Nil ? Telles étaient les questions à résoudre.

Après une exploration minutieuse du lac Tanganyka, le lieutenant Cameron découvrit que ce grand lac intérieur de l'Afrique n'était pas un bassin isolé ; qu'à l'Ouest, il y avait un cours d'eau, le Loukouga, qui, après sa jonction avec la Louapoula, émissaire des lacs Benguélo et Moero, forme le Congo. Dans le remarquable voyage qu'il effectua, de 1873 à 1875, de Zanzibar à Nyangwé, point terminus atteint par Livingstone en 1866, il démontra mathématiquement, d'après l'altitude de ce point, que le fleuve qui coulait à ses pieds ne pouvait appartenir au système fluvial du Nil, comme on le croyait, mais formait le bassin supérieur du cours d'eau débouchant dans l'Océan sous le nom de Zaïre ou de Congo. Son ambition aurait été d'en descendre le cours ; il en fut empêché par l'hostilité des indigènes. Il tourna alors vers le Sud, traversa l'Auroua et le Katanga, toucha au lac Kassali, passa près des sources du Zambèze et de celles du

Kassaï, et, marchant vers l'Ouest, il arriva à Katumbela, petit port au Nord de Benguéla. C'était, après Livingstone, le second Européen qui effectuait la traversée de l'Afrique équatoriale.

Désormais, le système hydrographique du centre africain était débrouillé : le Nil, le Congo et le Zambèze prenaient leurs sources dans les régions équatoriales. Livingstone avait exactement déterminé le bassin du Zambèze, dont il a été le premier à suivre le cours, depuis ses sources jusqu'à son embouchure ; Burton, Speke et Grant avaient remonté jusqu'aux sources du Nil ; Cameron avait prouvé que le fleuve dont Livingstone avait trouvé la source la plus méridionale, la Louapoula, et qu'il avait exploré jusqu'à Nyangwé, ne pouvait être qu'une des branches maîtresses du Congo. C'est donc Livingstone qui a le plus contribué à la solution des grands problèmes africains qui restaient à résoudre. La mort vint terminer, en 1875, cette longue carrière d'explorateur qui commence en 1841. « Elle ne déparerait pas les *Acta Sanctorum*, écrit M. de Vogüé, la scène sublime qui se passa le 1er mai 1873, sur la rive droite du lac Benguélo, dans cette cabane où l'apôtre consomma son sacrifice, seul, oublié du monde, terrassé par la fièvre ; après trente ans d'études et de prédications, il avait senti venir l'heure. Il n'appela personne, il ferma son livre, se mit à genoux et mourut en priant pour son Afrique ; ses noirs trouvèrent au matin leur rédempteur agenouillé, doucement endormi dans sa prière » (1).

Rien ne donnera une idée de l'œuvre géographique due à Livingstone comme la comparaison de la carte de l'Afrique australe, telle que la montrent les meilleurs atlas en 1841, avant ses voyages, avec la carte de cette partie du noir continent, telle qu'on peut la dresser d'après ses découvertes. Toute cette région de l'Afrique, depuis le fleuve Orange jusqu'au Zambèze, représentant une superficie égale, à peu près, au dixième du continent, formait, en dehors de la zone du littoral, un vaste blanc sur lequel le Dr Lacerda et le major Monteiro avaient tracé quelques rivières et relevé la position de quelques montagnes.

Quelques années avant la mort de Livingstone, Stanley, envoyé, en janvier 1871 à la recherche du célèbre explorateur qu'il rencontra à Oudjiji, parcourut avec lui cette région des grands lacs, dont il étudia la forme, la situation et les rapports. C'était préluder, comme il convenait, à ce grand voyage de découvertes entrepris de 1874 à 1877, et dans lequel il révéla au monde ce magnifique bassin du Congo. Parti de Bagamoyo, il se dirige vers le Victoria-Nyanza, qu'il explore pendant trois mois, passe de là à l'Albert-Nyanza, visite l'Ouganda, aperçoit l'Albert-Edouard et atteint le Tanganyka, dont il reconnaît la rive occidentale. Il s'embarque sur le Congo et commence la des-

---

(1) De Vogüé, *les Indes noires*.

cente de cette voie mystérieuse jusqu'à l'Océan. On sait avec quelle indomptable énergie Stanley triomphe de tous les obstacles, et les nombreux combats qu'il dut livrer aux Congolais qui habitaient les bords du fleuve, et dont ils ont gardé un amer souvenir. Les résultats acquis pendant ces trois années d'exploration sont énormes : dans la première partie de son voyage, il a contribué à la solution des sources du Nil, à l'exploration du Victoria et du Tanganyka. Mais ces découvertes ne sont rien en comparaison de la reconnaissance du Congo, inconnu avant lui. Lorsque parut, en 1877, dans le *Daily Telegraph*, la première carte du voyage de Stanley à travers l'Afrique, le monde géographique fut confondu de l'importance des découvertes qui venaient d'être faites ; on comprit que la route destinée à conquérir l'Afrique à la civilisation et à l'exploitation commerciale de l'Europe était trouvée. Le Congo, en effet, au point de vue de la navigation, est la première voie fluviale du continent.

Le continent africain ne pouvait s'ouvrir au commerce, à l'industrie, aux entreprises du monde civilisé, que lorsque l'odieux trafic de la traite aurait pris fin. Le roi des Belges, Léopold II, devinant l'importance des découvertes de Livingstone, de Cameron et de Stanley, réunit à Bruxelles une Conférence qui devait rechercher les moyens à employer pour l'abolition absolue de la traite et les voies à suivre « pour planter définitivement l'étendard de la civilisation sur le sol de l'Afrique centrale ». La Conférence décida la formation de l'*Association internationale*, qui devint bientôt le *Comité d'Études du Haut-Congo*, c'est-à-dire une entreprise belge. C'est sous les auspices de ce Comité que Stanley, en 1879, fonde le poste de Léopoldville, dont le nom aura un grand retentissement dans l'histoire de l'expansion belge en Afrique, remonte le grand fleuve et quelques-uns de ses principaux affluents, établit quelques stations à Bolobo, à Équateur-Station, aux Stanley-Falls, et signe avec les chefs indigènes des traités qui assurent au Comité d'Études des droits souverains sur les territoires de ces roitelets; c'était préparer, au cœur de l'Afrique, l'établissement d'un État libre, indépendant, à l'abri de toute compétition étrangère.

Après les découvertes de Burton, Speke, Grant et Baker, les expéditions se multiplièrent dans la région du Nil : Piaggia explore le pays des Djours et le Bahr-el-Ghazal; le docteur Cuny pénètre dans le Darfour, Poncet dans le Dar-Fertit, Munziger dans le Kordofan; l'Américain Chaillé-Long découvre le lac Ibrahim; notre compatriote Linant de Bellefonds pénètre dans l'Ouganda, où il est suivi par le docteur allemand Schnitzer, plus connu sous le nom d'Emin-Pacha; les Anglais, Kemp et Chippendal, explorent la partie inconnue entre Gondokoro et le lac Albert. Pendant les années 1869-1871, Schweinfurth entreprit dans la région du Bahr-el-Ghazal, des explorations du plus haut intérêt. C'est à lui qu'est due la révélation de ce district, connu sous le nom de Pays des Rivières. Il traversa la ligne de partage des eaux du Nil et du Congo et découvrit la rivière Ouellé. Junker, marcheur infatigable et savant de premier ordre, parcourut, en 1877-1878, ces mêmes régions; reprenant et complétant l'itinéraire suivi quelques années auparavant par Schweinfurth, il visita le pays des Mombouttous et des Niams-Niams, et s'attacha à l'exploration détaillée du bassin de l'Ouellé, qu'il considéra, le premier, comme appartenant au bassin du Congo.

L'Abyssinie, visitée par Caillaud et par les frères d'Abbadie, qui y ont résidé de 1837 à 1848 et en ont dressé la meilleure carte, par Rochet d'Héricourt et Lefebvre, fut encore explorée par Lejean, Raffray, Denys de Rivoire et plus récemment par Borelli, qui a parcouru, de 1885 à 1888, l'Éthiopie méridionale, les pays Amhara, Oromo et Sidama, par le comte hongrois Ladislas Téléki, qui a découvert le lac Rodolphe, le chevalier von Höhnel, et par un grand nombre d'explorateurs italiens, Matteuci en 1878, Giuletti en 1881, Bianchi et Antonelli en 1883, Porro en 1886.

La presqu'île triangulaire des Somalis, parcourue pendant la première partie de ce siècle par Christofer (1843), par Burton (1854), qui entra le premier à Harrar, et plus tard par Speke, Von Heuglin, Brenner, etc., a été explorée de nos jours par notre compatriote Revoil (1878-81), qui nous a fait mieux connaître ce pays qu'aucun de ses devanciers, par Hunter (1878-87) et par James (1885).

Dans l'Afrique orientale, l'activité de nos explorateurs se porte surtout sur Madagascar, dont la cartographie avait pris une précision relative, au xviie siècle, après les voyages et les travaux d'Étienne de Flacourt, et au xviiie siècle, après les explorations de Mayeur. Depuis la seconde moitié de ce siècle, la connaissance de cette grande île a été poussée avec activité et conduite avec une grande méthode. M. Grandidier a entrepris, pour tout ce qui a trait à l'histoire et à la géographie de Madagascar un travail des plus considérables, qui « a substitué, pour le relief du sol, une figuration scientifique aux hypothèses plus ou moins aventurées qui avaient cours jusqu'alors. »

Après le célèbre voyage de Stanley, pendant lequel fut relevé le cours du Congo, une légion de voyageurs remontent ou descendent les affluents pour achever l'exploration du bassin : en 1883, Pogge explore le Kassaï jusqu'à son confluent avec la Louloua; en 1885, le lieutenant Wissmann, parti de Saint-Paul de Loanda, atteint le Louloua qu'il suit, ainsi que le Kassaï, jusqu'au Congo; à la même époque, le missionnaire explorateur Baptiste Grenfell remonte, jusqu'aux chutes du Zongo, l'Oubanghi, déjà signalé par Hanssens en 1884, et explore successivement le Mfini, l'Ikelemba, le Loïka, le Loulami, la Tchouapa et le Koango; le docteur Wolf visite le Sankourou, affluent du Kassaï, et le Lomami, et Van Gèle vérifie l'hypothèse émise quelques années auparavant par le docteur

Junker, que l'Ouellé appartenait au bassin du Congo.

Signalons encore, dans le bassin moyen et inférieur du Congo, l'exploration, en 1886, par le lieutenant Hakanssan et le docteur Von Schwerin, de la vallée de l'Inkissi, et celles des lieutenants Kund et Tappenbeck dans le bassin du Kassaï, où ils découvrent le Loukengé ou Loukenyé. Baert remonte la Mongalla; mais c'est à Hodister que l'on doit les données certaines sur cette rivière. Enfin Vande Velde, Elliot, Mékic et Destrain parcourent la région du Quillou et du Tchiloango.

Le Portugal, se réveillant enfin de sa torpeur séculaire, voulut se montrer digne de son passé historique en Afrique. Serpa Pinto, qui se proposait d'abord de descendre le Koango et le Kassaï jusqu'à leur rencontre avec le Congo et d'explorer le cours inférieur de ce fleuve, modifia son programme, après que Stanley eût heureusement effectué son premier voyage. Parti de Benguéla (4 décembre 1877), il se dirigea par Bihé, vers le Haut-Zambèze, visita le lac Barotsé, descendit le fleuve jusqu'aux chutes de Victoria, puis gagna Chochong, et, par Pretoria et Pietersmaritzbourg, il atteignit Natal. Il opérait la quatrième traversée de l'Afrique. Nous ne citons que pour mémoire la traversée du continent Noir, en 1880-82, par Matteuci et Massari, de Souakim au golfe de Guinée, et par Wissmann, de Loanda à Saadani, en face de Zanzibar.

Capello et Ivens accomplirent, peu de temps

après, un voyage aussi important à travers les régions inconnues entre la Louapoula et le Zambèze. Ils traversèrent l'Afrique, de Mossamédès à Quilimane (1884-1885), visitant des contrées alors à peu près ignorées, explorèrent le Koubango, le Haut-Zambèze, la vallée de Kabompo, et entrèrent dans le pays de Garanganzé. Ils descendirent le moyen Zambèze et atteignirent la côte à Quilimane.

D'autres traversées de l'Afrique furent accomplies, de 1882 à 1884, par Victor Giraud, de la marine française, par le missionnaire Arnot, qui a parcouru la même route que Serpa Pinto, mais en sens inverse, de Port-Natal à Benguéla, par le docteur Lenz, en 1887, par le suédois Gleerup et Wissman, de l'embouchure du Congo à la côte orientale, et par Johnston (1891-92), de Benguéla au bas Zambèze.

De 1873 à 1878, M. de Brazza, en compagnie de Marche et du docteur Ballay, avait remonté la vallée de l'Ogooué et reconnu le cours supérieur de l'Alima et de la Licona. Quand, de retour en Europe, il connut les résultats des voyages de Stanley, il comprit que l'Alima et la Licona étaient des affluents de droite du Congo. En descendant ces rivières, il atteignit, en effet, le grand fleuve sur les bords duquel il établit la station de Brazzaville (1879), et explora la vallée de Niari-Quillou. Dans une expédition entreprise en 1884, Jacques de Brazza, Pecile et Dolisie remontèrent le cours de la Sangha, dont la première exploration est due à MM. Cholet et Fourneau, et M. Massari navigua sur la Licouala.

Quels progrès accomplis dans cet immense bassin du Congo depuis 1877! Pour en juger en connaissance de cause, on n'a qu'à jeter un coup d'œil sur la carte de Stanley, parue dans les *Mitteilungen* de 1877. Les itinéraires de Livingstone, de Cameron, de Capello et Ivens, qui avaient reconnu le cours supérieur de quelques cours d'eau, affluents du Congo, et celui de Stanley, qui avait relevé quelques embouchures, permettaient à l'imagination de se donner libre carrière pour réunir les uns aux autres. Le Lomami, considérablement écourté, se perdait dans le Congo en amont des Stanley-Falls; le Kassaï et le Kouango formaient deux fleuves indépendants, le premier se jetant à l'endroit où finit la Tchouapa, le second empruntant comme dernière partie de son cours la vallée du Kassaï, telle qu'elle est indiquée sur nos cartes. Le Congo recevait, sur sa gauche, un quatrième affluent, le Sankourou, sur le cours duquel était indiqué un grand lac. Dans la carte provisoire du voyage de Stanley, Petermann avait deviné l'infléchissement général des rivières vers l'Ouest, vérifié plus tard par le docteur Wolf; Stanley donna au cours d'eau la direction Sud-Nord, et Petermann s'incline devant l'autorité de Stanley.

Le Congrès réuni, en 1884, à Berlin pour déterminer, dans des limites précises, le champ d'action des puissances établies en Afrique, et organiser ce qu'on peut appeler l'équilibre africain, ouvre l'ère des rivalités politiques. Les Caillié, les Barth, les Livingstone, les Nachtigal n'étaient préoccupés que par le désir de reculer les limites de l'inconnu et de concourir aux progrès de la science. A l'exploration féconde et désintéressée des savants et des chercheurs infatigables, va succéder l'activité fébrile de tous les peuples désireux de s'ouvrir des débouchés nouveaux ou de faire, sur le papier, des acquisitions de territoires qu'ils ne seront pas de longtemps en état d'occuper. C'en est fait des expéditions entreprises dans un but purement scientifique et auxquelles le monde savant s'intéresse. Désormais, le côté scientifique et humanitaire se mêlera aux vues utilitaires ; on ne cherchera pas seulement la solution des questions géographiques, on s'appliquera encore à étudier les profits que pourra procurer la mise en valeur des contrées parcourues, et chaque nation, à mesure que le travail d'allottissement avancera, tournera l'activité de ses pionniers vers l'exploration de son domaine colonial.

C'est cette tendance que signalait, dès 1888, M. Supan, dans les *Mitteilungen*, et qu'il déplorait. Elle est cependant dans l'ordre naturel des choses et dans la logique des événements. Du moment que les intérêts politiques vont entrer en jeu, l'exploration africaine doit changer de caractère : l'Afrique va devenir le champ de bataille où les puissances européennes vont se disputer la prépondérance. Sur les traces de Livingstone déjà, l'Angleterre établissait les membres des diverses sociétés évangéliques qui menaient de front la conversion des indigènes, le commerce et l'exploitation du sol. Ce sont les missions protestantes de la région des lacs, tolérées par le gouvernement portugais, qui obligeront le gouvernement anglais à prendre possession de ce pays ; ce sont ces mêmes missions qui ont provoqué les massacres de l'Ouganda, où les Pères Blancs travaillaient à asseoir l'influence française. Désormais, les explorateurs anglais seront les agents de ces grandes compagnies de commerce, la *Royal Niger Company*, l'*East African Company*, qui ont placé sous la souveraineté de l'Angleterre de vastes territoires ; Mac-Intosh, sur le Niger, et Colquhoum, sur le Zambèze, vont mener de pair l'exploration géographique et les intérêts économiques des compagnies dont ils sont les représentants.

L'Association internationale n'a pas tardé à devenir l'État libre du Congo, c'est-à-dire une entreprise belge. Dans le but apparent « d'éteindre provisoirement la traite des nègres et de frayer dans l'Afrique intérieure des voies d'accès à la civilisation », elle fonde, sur le Congo, des stations soi-disant hospitalières, qui sont en réalité autant de postes militaires ; elle cherche à accaparer le commerce de cette partie de l'Afrique, en s'assurant le passage exclusif sur les territoires qu'elle acquiert. Le caractère international de l'Association n'est bientôt qu'une pure fiction.

Stanley, qui a d'abord servi la cause de la civilisation et de la science dans ses premières explorations, entreprend la dernière dans un but politique; il s'agit, en effet, de décider Emin à entrer au service de l'Angleterre. Le gouvernement portugais organisa l'expédition Serpa Pinto pour affirmer ses droits séculaires sur le Zambèze. Les Allemands, Kund et Tappenbeck abandonnent le bassin du Congo, pour explorer les possessions nouvellement acquises par l'Allemagne au Togo et au Cameroun. En France, le *Comité de l'Afrique* organise les explorations de Monteil, de Mizon, Dybowski et Maistre. Mais il est injuste de nous accuser d'avoir été les premiers à mêler des préoccupations utilitaires à nos investigations en Afrique. Depuis longtemps, l'esprit positif et pratique des Anglais ne songeait qu'aux avantages matériels qu'ils pourraient retirer des contrées nouvellement explorées; les Belges n'ont pas tardé à transformer l'Association internationale en une simple exploitation du Congo; la France, le Portugal et l'Allemagne n'ont fait que suivre ces deux peuples, en s'engageant dans la même voie. Chacun chez soi, chacun pour soi, telle est la conduite que les nations européennes vont désormais pratiquer en Afrique.

Les expéditions de Stanley, de Monteil et de Maistre, ces deux dernières vers le Tchad, sont les plus importantes de cette période nouvelle des explorations africaines. Stanley arrive au Congo, le 18 mars 1887, pour atteindre l'Arrouwimi, qu'il remonte jusqu'à Yambouya. A partir de ce point, il entrait dans l'inconnu. Il marcha, pendant 160 jours, dans cette sylve mystérieuse, dont la végétation exubérante cachait la lumière du soleil. Ce voyage, fécond en résultats, ajoutait à la carte d'Afrique le cours supérieur de l'Arrouwimi et les branches originelles de ce fleuve, le cours du Semliki reliant l'Albert-Nyanza à l'Albert-Édouard ; mais la grande découverte de Stanley est celle de l'antique chaîne des montagnes de la Lune, plus élevée que les Alpes et plus longue que les Pyrénées. L'existence de ces hautes chaînes de l'Afrique centrale, qui avait été regardée comme une fable par M. Chavanne, le savant directeur des Mitteilungen, est désormais acquise à la science.

Nous avons vu comment le colonel Monteil était parvenu à relier le Niger au Tchad par un itinéraire nouveau. Maistre, en succédant à Dybowski, qui s'était contenté de venger la mort de Crampel, avait reçu la mission de jalonner de postes la région comprise entre l'Oubanghi et le Chari et de suivre cette rivière jusqu'à son embouchure ; il atteignit difficilement Palem, près de Goundi, le point le plus méridional du Baghirmi visité par Nachtigal.

L'Europe s'était éprise, à la lecture des retentissantes explorations de Stanley, d'un véritable enthousiasme pour le continent noir. Partout en France, en Angleterre, en Allemagne, en Belgique, et même en Portugal et en Italie, des missions s'organisent, l'esprit d'entreprise se réveille,

L'exploration de l'Afrique reçut une impulsion nouvelle.

L'étude géographique de la région du Congo est activement poursuivie ; dans le Congo français, il faut signaler les explorations de Mizon, Cholet, Clozel, Ponel, etc.; dans le Congo belge, celles de Delcommune, de Van Kerckhoven, Le Marinel, Parminter, Bia, Franqui, Cornet, de la Kéthulle, etc.

C'est à Delcommune, déjà connu par sa reconnaissance du Lomami, qui revient l'honneur d'avoir démêlé les origines du Congo. On connaissait, après les hardis voyages de Livingstone et de Stanley, ce fleuve gigantesque qui prend naissance dans la région des grands lacs et qui débouche à Banana ; mais des rivières qui le forment, on ne savait qu'elle était la branche principale, celle dont la source doit être considérée comme point initial. Les uns désignaient la Louapoula, d'autres le Loualaba ; mais personne n'avait fait sur le cours de ces deux rivières une étude comparée pour émettre un avis sérieux et motivé. M. Delcommune le premier a réussi à mener à bonne fin l'exploration très complète du pays où le Congo prend naissance. « Il a relié les itinéraires de Livingstone, de Cameron et de Stanley, au nord, à ceux de Reichard, de Capello et Ivens au sud. Il a relié le Tanganyka au Sankourou par une route plus méridionale que celle de Wissmann et Le Marinel. Il a exploré le lac Kassali, entrevu, il y a vingt ans, par Cameron. Il a relié le cours supérieur du Lomami à celui du Loukouga, déversoir du Tanganyka. Il a vu le Loualaba près des sources et le Loukouga près de son confluent (1) ».

L'exploration des hautes régions du Congo fut continuée par Bia et Francqui et achevée en 1892, par Cornet et Francqui, à qui on doit la connaissance de la vallée de la Louboudi, dont le rôle est considérable dans l'hydrographie du Congo. Pour M. Wauters, le savant géographe belge, elle serait, par la continuité du caractère de sa vallée, par sa pente et son orientation naturelles, la branche fondamentale et maîtresse du Congo dont la Loualaba, le Louapoula et la Loufira ne constituent que des affluents. « Ce n'est pas ici à une simple mesure qu'il convient de demander la solution du problème, c'est à la philosophie et à l'histoire de la géographie. Celles-ci nous révèlent, sans que l'on puisse douter, que c'est la Louboudi qui est le point de départ de la rivière qui s'écoule dans la dépression du bassin central. Quant aux quatre cours d'eau qui tombent du bassin supérieur et rattachent leur vallée resserrée et obstruée de rapides et de chutes à la vallée paisible et ample du grand Loualaba, ce sont des tributaires accessoires auxquels des causes accidentelles sont venues faire jouer un rôle plus ou moins important (2). »

La contrée encore peu connue qui forme la

---

(1) *Mouvement géographique*, avril 1893.
(2) *Mouvement géographique*, 24 juin 1894.

ligne de faîte entre le bassin du Tchad et celui du Nil a été reconnue, en 1891 et 1892, par M. de la Kéthulle, officier belge ; il a pénétré dans le territoire de la tribu des Kreische, inconnue jusqu'ici, a reconnu la source de l'Ada, branche supérieure du Bahr-el-Arab et a atteint Hoffrah-en-Nahas, à 650 kilomètres en ligne droite de la station de Djabbir, sur l'Ouellé. Enfin, en 1893, le capitaine Nilis a exploré la vallée supérieure du Chinko.

Il est intéressant de comparer les cartes de ces régions dressées par Schweinfurth et Junker et celle que vient de publier dans le *Mouvement Géographique*, de 1895, M. Wauters qui, en dehors des découvertes faites par ces deux explorateurs dans une contrée à peu près inconnue avant eux, a encore eu à sa disposition « un certain nombre de documents provisoires que quelques correspondants obligeants ont bien voulu lui envoyer. »

La carte de Schweinfurth ne mentionne que deux cours d'eau, le Bahr-Abou-Dinga et le Bahr-Ouellé des Arabes. Le Bahr-Ouellé ne figure plus sur la carte de Junker et le Bahr-Abou-Dinga porte le nom de Chinko. A l'ouest du Chinko sont tracées deux rivières, l'Engi et le Foro. D'après cette carte, la ligne de partage des eaux du Nil et du Congo serait située, à peu près, au 8° de latitude nord. Sur la carte de M. Wauters, les vallées en éventail du cours supérieur du Chinko sont considérablement réduites ; le cours du Bali est prolongé d'un demi degré environ, et le Foro devient le Kotto, dont les sources seraient voisines de l'Ada, ce qui reculerait d'un demi degré la ligne de faîte des deux versants.

Dans la région du Nil, il faut signaler l'exploration, en 1892, du docteur Oscar Baumann dans la partie comprise entre les lacs Victoria, Tanganyka et Albert-Edouard. Il a parcouru quelques districts du pays de Ruanda, que nul européen n'avait encore visités; il a vu les sources de la Kagera, le principal affluent du lac Victoria, et par conséquent la branche initiale du Nil. La région des grands lacs a été encore explorée, en 1893-94, par le major Von Götzen, rectifiant quelques données des voyageurs qui avaient déjà visité ces contrées. Les résultats les plus importants de cette expédition sont l'exploration scientifique de Mfumbiro et la découverte du lac Rivou, dont Stanley avait entendu parler par les indigènes.

La traversée de l'Afrique orientale, d'une mer à l'autre, de Magadoxo, sur l'océan Indien, à Berbera, sur le golfe d'Aden, à travers le Somaliland, a été accomplie par l'ingénieur italien Brichetti Robecchi (1891). Une nouvelle traversée, mais en sens inverse, vient d'être effectuée par le capitaine Bottego, de l'armée italienne, déjà connu par une expédition au pays des Danakils, et par la mission américaine Donaldson Smith (1894), qui a rapporté un levé du lac Rodolphe et de la région environnante.

Le voyage d'exploration le plus important de

l'année 1896 est, sans contredit, la traversée opérée par M. Versepuy et ses deux compagnons, de Romans et Sporck, de Zanzibar à l'embouchure du Congo, à travers l'Afrique centrale, dans des contrées encore fort mal étudiées ; bon nombre d'erreurs de détail commises par Stanley, Lugard et d'autres ont été signalées ; les voyageurs ont constaté, comme l'avait fait précédemment le major Von Götzen, avec quelle exagération Stanley a décrit la grande forêt équatoriale. A Madagascar, aux belles cartes de M. Grandidier sur l'Imerina et la partie du pays Betsiléo voisine de Fianarantsoa, du R. P. Roblet sur la partie méridionale du Betsiléo, du R. P. Colin, aux explorations de Catat, Maistre et Foucart (1889-90), qui ont déterminé la ligne de partage des eaux des principales rivières et fait le relevé de quelques cours d'eau (Ivondrona et Mangoro), viennent s'ajouter les travaux cartographiques accomplis par nos officiers en 1895 et 1896 ; grâce à eux, toute la première partie de la route suivie par la colonne expéditionnaire, de Majunga à Andriba, a été minutieusement relevée.

Ainsi ce sont les rivalités politiques ou les nécessités de l'expansion commerciale qui ont inspiré les explorations africaines depuis 1886. Dorénavant celles dont la science est l'unique objet seront de plus en plus rares ; c'est que l'Afrique s'est dégagée des nimbes qui l'enveloppaient ; le mystérieux continent a révélé, à peu près, tous ses secrets. La curiosité des choses de la nature est satisfaite, et, faute de grand inconnu, l'ère des

Caillié, des Barth, des Nachtigal et des Livingstone, est près de se clore.

Il restera cependant encore à étudier la nature du sol, les cultures dont il est susceptible, les richesses minérales enfouies dans son sein, les mœurs et les usages des populations, l'appui ou la résistance qu'elles peuvent nous offrir, le régime des cours d'eau en vue de leur utilisation pour la navigation, les parties inhabitables et malsaines, celles où l'Européen peut vivre, en un mot les ressources que le continent africain peut offrir à l'exploitation commerciale et à la colonisation.

Ces études de géographie pratique ont donné lieu à d'importantes publications en ce qui concerne l'Algérie, les possessions anglaises du Cap et l'Egypte, c'est-à-dire pour les parties les plus anciennement occupées ou colonisées par les Européens. Des travaux indispensables à tous ceux qu'intéressent les questions coloniales, et dont quelques-uns sont d'une grande valeur, ont paru sur le Sahara et nos possessions du Sénégal, du Soudan et de la Guinée. Les renseignements sont plus rares pour les régions de l'Afrique nouvellement découvertes. Il convient cependant de signaler l'activité déployée par les explorateurs, les savants et les géographes belges qui ont publié, sur la constitution géologique du sol, la flore, la faune, la climatologie, l'hydrographie du Congo, des ouvrages qui sont une contribution considérable à la connaissance de cet immense bassin.

CHAPITRE PREMIER

Le Congrès de Berlin. — L'Etat Indépendant du Congo.

I. — Progrès des Français et des Anglais en Afrique. — Premiers établissements allemands ; situation du Portugal ; il prétend à l'embouchure du Congo. — Traité du 26 février 1884 contre lequel protestent la France, l'Allemagne, les Etats-Unis et la Hollande. — L'Association internationale africaine ; son but. — Le Comité d'Études du Haut-Congo et l'Association Internationale du Congo. — L'État Indépendant du Congo (1884). — Conférence de Berlin ; liberté de navigation du Congo et du Niger. — Délimitation du bassin du Congo. — Principe de l'Hinterland. — L'État Indépendant reconnu par les Puissances. — Délimitation du nouvel État. — Convention franco-congolaise du 5 février 1885. — Convention du 18 février 1885 avec le Portugal. — Modifications apportées aux frontières de l'État congolais par les conventions du 29 avril 1887 et du 25 mai 1889. — Conflit franco-belge ; convention du 14 août 1894.

II. — Progrès des Belges dans la prise de possession du bassin du Congo. — Les Arabes dans le Haut-Congo ; Tippo-Tib. — Guerre entre les Belges et les Arabes. — Exploration de Van Gèle et Le Marinel dans le Haut-Oubanghi. — Expédition de Van Kerckhoven dans la province équatoriale. —

Organisation administrative du Congo belge. — Détresse financière du nouvel Etat. — Projet de reprise du Congo.

I. — La France et l'Angleterre sont devenues, par leurs conquêtes ou leurs annexions dans le continent noir, les deux plus grandes puissances africaines. Etablie au Cap, depuis le commencement de ce siècle, l'Angleterre développe ses possessions de l'Afrique australe jusqu'au fleuve Orange, qu'elle dépasse bientôt ; ses explorateurs pénètrent dans des régions reconnues déjà par les Portugais et abandonnées depuis longtemps à la domination de chefs indigènes. Des missions anglaises s'établissent dans ces contrées barbares ; elles évangélisent les indigènes, étudient les ressources du pays, les productions du sol, les moyens économiques de transport, et bientôt des capitaux sont réunis et des sociétés se fondent ; c'est la main mise par l'Angleterre, sous prétexte d'exploitation agricole ou au nom de l'intérêt du commerce, sur de vastes contrées, la Zambézie et la région des lacs, sur lesquelles le Portugal pouvait invoquer d'anciennes prétentions, mais qui étaient considérées comme *res nullius*.

Dans le Nord et le Nord-Ouest, la France travaillait, de son côté, à l'agrandissement des territoires qu'elle avait conquis ou occupés. Maîtresse du Tell et des plateaux de l'Algérie, elle s'avançait graduellement vers le Sahara et cherchait à attirer sur son territoire les caravanes du Soudan. Sur la côte Nord-Ouest, notre possession du Sénégal prenait une grande extension; nous atteignons dès 1883 le Niger, où Bamako devenait notre port important. Dans le bassin de l'Ogooué, de Brazza, secondé par d'intrépides explorateurs, agrandissait notre domaine colonial d'un territoire aussi vaste que la France.

L'Allemagne, un des derniers venus parmi les États de l'Europe établis en Afrique, veut aussi se faire une part. Les parties les plus riches, arrosées ou parcourues par les plus grands fleuves, qui sont en même temps des artères navigables, les contrées baignées par le Nil, le Niger, le Congo et le Zambèze, sont déjà occupées. Aussi ne peut-elle mettre la main que sur des territoires de peu d'importance : en 1880, elle fonde, grâce à notre faiblesse ou à notre imprudence, quelques comptoirs sur le golfe de Guinée, à Bagida, à Porto Seguro, à Petit-Popo ; en 1883, elle s'établit, malgré les protestations de l'Angleterre et du Parlement du Cap, sur la côte Sud-Ouest, à l'exception de Walfich bay ; le Dr Nachtigal planta, en 1884, le drapeau allemand sur la baie de Cameroun; en 1885, c'était une partie de la côte orientale d'Afrique, placée sous l'autorité nominale du sultan de Zanzibar, qui devenait une colonie allemande.

Le Portugal, la première en date des puissances africaines, était, au xvie siècle, maître de presque toute la côte occidentale au Sud du tropique du Cancer et dominait sur la plus grande partie de la côte Sud orientale. Il perdit la plupart de ces possessions au xviie et au xviiie siècle; de nos jours, il ne conserve plus, en dehors de la Guinée portugaise et de quelques îles, que la colonie d'Angola et de Benguéla et le Mozambique. Ces établissements dépérissaient depuis la suppression de la traite ; c'étaient plutôt des colonies pénitentiaires, des lieux de relégation pour les condamnés de droit commun, que des colonies de commerce ou d'exploitation. Les découvertes de Stanley, qui ont révélé l'importance commerciale du Congo, firent comprendre aux Portugais la valeur de leurs possessions de l'Afrique australe. Ils étaient admirablement placés pour prétendre à une part dans l'attribution de cet immense bassin du Congo, dont quelques-uns de leurs explorateurs avaient reconnu les sources ; aussi les prétentions du gouvernement de Lisbonne allaient-elles jusqu'à réclamer tout le littoral occidental entre le 5° 12' et le 8° de latitude sud, limites dans lesquelles est comprise l'embouchure du Congo. La France et l'Angleterre s'étaient toujours refusées à reconnaître les prétendus droits historiques du Portugal sur les bouches du Congo. Cependant le *Foreign Office* signa avec le Portugal, le 26 février 1884, un accord par lequel il acceptait la souveraineté si longtemps contestée du Portugal sur ces territoires. Le Portugal faisait à l'Angleterre des concessions importantes : il consentait à l'établissement d'un tarif libéral avec un maximum peu élevé de droits dans toutes les possessions portugaises d'Afrique, à l'égalité des sujets anglais et des sujets portugais pour les achats et locations de terrains, pour les impôts et le libre exercice du culte, à la suppression de la traite et à la nomination d'une commission mixte qui rédigerait les règlements de navigation sur le Congo, où devaient être appliqués les tarifs et les droits du Mozambique.

Ce traité, qui assurait à l'Angleterre le protectorat de toute la région du Congo, a été vivement attaqué par toutes les nations, la Hollande, les États-Unis, l'Allemagne et la France. Les Hollandais, qui faisaient un grand commerce d'huile de palme et de graines oléagineuses avec l'intérieur du Congo, ont protesté contre les tarifs du Mozambique. Les États-Unis ont appuyé les réclamations de la Néerlande et ont demandé la libre navigation et la liberté du commerce sur le Congo, ses tributaires et les rivières adjacentes. M. de Bismarck, dans une lettre rendue publique, a déclaré que Sa Majesté l'Empereur ne peut accepter l'application des clauses du traité anglo-portugais aux sujets allemands. Notre gouvernement s'est étonné, à bon droit, que la commission de contrôle établie par le traité soit uniquement composée d'Anglais et de Portugais, alors qu'il y a au Congo d'autres intérêts que les intérêts anglo-portugais, puisque des factoreries américaines, hollandaises, françaises, sont établies sur les territoires si libéralement octroyés au Portugal; il s'en suivrait que les deux rives du bas Congo seraient placées sous le contrôle exclusif des agents de la Grande-Bretagne.

3.

Pendant ces négociations, une nouvelle puissance territoriale s'était constituée en Afrique. Dès 1876, le roi des Belges, qui s'intéressait vivement aux questions africaines, réunissait à Bruxelles, sous le titre modeste de Conférence géographique, des explorateurs, des géographes, des hommes d'État. La France, l'Angleterre, l'Autriche, la Russie, l'Allemagne, l'Italie y étaient représentées par un ou plusieurs délégués : l'amiral La Roncière le Nouri, Grant, Cameron, Schweinfurth, le baron de Lambermont, etc. « Je me suis laissé aller à croire, dit le roi des Belges aux représentants des puissances, qu'il pourrait entrer dans vos convenances de venir discuter et préciser en commun, avec l'autorité qui vous appartient, les voies à suivre, les moyens à employer pour planter définitivement l'étendard de la civilisation sur le sol de l'Afrique. » Dès lors fut constituée l'*Association internationale africaine*, qui se proposa « d'explorer scientifiquement les parties inconnues de l'Afrique, de faciliter l'ouverture de voies qui fassent pénétrer la civilisation dans l'intérieur du continent africain et de rechercher les moyens d'abolir l'esclavage en Afrique ».

Pour travailler à cette œuvre humanitaire et civilisatrice, l'Association se proposait d'établir, sur la côte et dans l'intérieur, un certain nombre de stations hospitalières, qui faciliteraient aux explorateurs leurs courses dans l'intérieur du continent. Les entreprises de l'Association échouèrent; les expéditions organisées furent décimées par les fièvres ; deux stations seulement furent construites : Karéma, sur le Tanganyka, et Tabora.

A ce moment, Stanley venait d'accomplir seul, sans le secours d'aucune puissance, sa première traversée de l'Afrique équatoriale, dont le résultat avait été de constater, au cœur de l'Afrique, l'existence d'un grand fleuve navigable, parcourant une contrée riche et peuplée. Il importait, à ses yeux, d'utiliser le fleuve comme voie de navigation et de nouer des relations commerciales avec les populations riveraines, et, dans une lettre à M. Johnstone, du 24 septembre 1883, il insistait vivement pour que le gouvernement anglais prît, sous son protectorat, les chefs indigènes du Congo. Ces projets ne furent pas acceptés par le cabinet de Saint-James; Stanley fut même traité par ses compatriotes de rêveur et de Don Quichotte; ils furent mieux accueillis par le roi des Belges qui fonda, pour les mettre à exécution, le *Comité d'Études du Haut-Congo*. Le Comité, comme l'Association, se proposa comme but l'abolition de la traite, l'amélioration morale et matérielle des noirs et l'exploration scientifique de l'Afrique; mais il ne dédaigna pas les entreprises commerciales, dont les bénéfices serviraient à rémunérer les capitaux engagés. Le Comité d'Études fit tort à l'Association, qui disparut bientôt.

Stanley fut chargé, dès 1879, par le Comité d'Études, d'établir un certain nombre de stations sur le fleuve; c'est alors que furent fondés les postes de Vivi, d'Issanghila, de Manyanga, de Léopoldville. On entrait dans la période d'action, et le Comité d'Études n'avait plus sa raison d'être. Il fut remplacé par l'*Association internationale du Congo*. La nouvelle Association chargea Stanley de poursuivre la navigation sur le Congo et de le jalonner de stations, depuis Léopoldville jusqu'aux Falls. Elle se trouvait, en 1884, maîtresse de tout le cours du fleuve, depuis ce point jusqu'à son embouchure. Elle avait signé, avec différents chefs nègres, des traités qui les plaçaient sous sa souveraineté. Mais ces droits souverains de l'Association n'étaient pas reconnus par les puissances; malgré son caractère international, l'Association restait une association privée. Les résultats qu'elle avait obtenus en Afrique lui permirent d'espérer que les puissances la reconnaîtraient comme État souverain. Des négociations furent engagées avant la réunion du Congrès de Berlin; elles aboutirent à la création de l'État Indépendant du Congo. Or, le nouvel État ne pouvait se laisser fermer toute issue vers la mer; il devait, sous peine de se voir arrêté dans son développement, conserver des communications avec l'Océan, et être le maître de son tarif douanier. L'accord anglo-portugais du 26 février 1884 aurait été un arrêt de mort pour lui, s'il avait été accepté par les puissances européennes; il établissait, en effet, une commission anglo-portugaise, une sorte de *condominium*, pour l'exploitation de la région du Congo; attribuer les bouches du Congo au Portugal, c'était l'autoriser à percevoir les droits de douane à l'entrée du bassin, et donner à l'Angleterre, sous la dépendance économique de qui se trouve ce petit État, la haute direction politique et commerciale de cette immense région. On comprend donc les protestations auxquelles donnèrent lieu, en France, en Hollande, en Allemagne et aux États-Unis, ce traité du 26 février. D'ailleurs, l'Association internationale, se rendant un compte exact des difficultés de la situation, avait compris que l'appui de la France, dont les intérêts étaient importants dans l'Ouest africain, lui était indispensable pour faire avancer l'œuvre de la civilisation dans le cœur du continent noir. Un accord avait été signé entre M. Ferry, président du Conseil, et M. Strauch, pour l'Association. La France s'engageait à respecter les stations et les territoires de l'Association; de son côté, l'Association déclarait formellement qu'elle ne céderait à aucune puissance les territoires qu'elle avait acquis, et que, si des circonstances imprévues l'obligeaient à réaliser ses possessions, elle s'engageait à nous donner le droit de préférence.

Ainsi, tandis que l'Angleterre appuyait les revendications du Portugal, la France se rapprochait de l'Association internationale. Notre gouvernement se proposait de faire triompher, dans la région du Congo et du Niger, les principes adoptés au Congrès de 1815 pour assurer la liberté de navigation de quelques fleuves internationaux, et qui plus tard ont été appliqués au Danube. L'Allemagne secondait les vues du quai d'Orsay; il fut facile aux deux gouvernements de poser les bases d'une entente, qui fut ensuite ratifiée par un échange de lettres. La France, tout en déclarant qu'elle ne se proposait pas d'étendre le principe de la liberté commerciale à ses colonies du Gabon, de la Guinée et du Sénégal, se déclarait prête à l'appliquer dans les possessions qu'elle tenait ou qu'elle pourrait acquérir plus tard sur le Congo; elle s'engageait à maintenir également cette liberté, si elle était appelée à recueillir le bénéfice des arrangements que lui assure le droit de priorité, en cas d'aliénation des territoires acquis par l'Association internationale.

Comme conséquence de cet échange de vues, un programme fut élaboré par M. J. Ferry et le prince de Hohenlohe et arrêté d'un commun accord. Il devait servir de thème aux délibérations de la Conférence réunie à Berlin, sur l'initiative de la Prusse. A cette Conférence furent représentés la France, l'Allemagne, l'Angleterre, l'Espagne, les États-Unis, le Portugal, la Belgique, la Hollande, l'Italie, la Russie et l'Autriche-Hongrie, par des plénipotentiaires choisis, pour la plupart, parmi les ambassadeurs de ces diverses puissances près de la Cour de Prusse. Laissant à chaque État le soin de résoudre, par les voies diplomatiques ordinaires, les questions territoriales pendantes et d'examiner les traités conclus par les nations européennes avec les chefs indigènes, la Conférence n'a été appelée à délibérer que sur les trois points suivants :

1° Liberté de commerce et libre accès pour tous les pavillons sur le Congo ;

2° Établissement d'un régime semblable sur le Niger ;

3° Fixation des règles et des formalités qui devront être observées pour prendre à l'avenir valablement possession de territoires non encore soumis à une nation civilisée.

Ce programme indique suffisamment que les plénipotentiaires se sont surtout appliqués à la solution des questions de droit international, de législation économique, puisqu'il s'agissait de l'exploitation commerciale d'une contrée fermée jusqu'alors aux entreprises européennes, et aussi d'humanité, car ils s'occupèrent aussi de la traite et du relèvement moral et matériel des noirs.

L'assemblée a voté à l'unanimité le libre accès, pour tous les pavillons, sur le Congo et le Niger, sans exception d'aucun des embranchements, ni issues de ces fleuves, tant pour le transport des marchandises que pour celui des voyageurs ; la liberté du commerce pour tous, à l'exclusion de tout tarif différentiel. Elle a décidé qu'il ne serait prélevé, dans toute l'étendue du bassin des deux fleuves, d'autres droits que ceux qui seront nécessaires pour couvrir les frais d'administration et les dépenses utiles pour le commerce, lesquelles taxes seront supportées par tous les navires, à quelque nationalité qu'ils appartiennent. Pendant une durée de vingt ans, les marchandises sont affranchies des droits d'entrée et de transit ; à cette époque, les puissances décideront si la franchise doit être ou non maintenue.

Quelques difficultés ont été élevées à propos du commerce sur le Niger. Le représentant de l'Angleterre a déclaré, au nom de son gouvernement, qu'il admettait volontiers les principes de la liberté commerciale, mais qu'il espérait néanmoins que la surveillance, sur la mise en pratique de ces principes, ne serait pas confiée, en ce qui concerne le Niger, à une Commission internationale. La Conférence, prenant en considération les protestations de l'Angleterre, a décidé que le cours du Congo sera seul placé sous la surveillance d'une Commission internationale, et que la France et l'Angleterre seraient chargées « chacune dans sa sphère d'action, de veiller à l'application, sur le Niger, des décisions de la Conférence. »

Plusieurs innovations considérables ont été introduites dans le droit international par la Conférence de Berlin. « Suivant l'article final du Congrès de Vienne, les affluents d'un fleuve international ne sont soumis aux lois qui président à la navigation de ce fleuve qu'autant qu'ils relèvent eux-mêmes de plusieurs États. L'acte de Berlin ne fait pas cette distinction en ce qui concerne les affluents du Congo et du Niger. Tous, voire même les lacs et les canaux, sont ouverts au trafic général, dans les mêmes conditions que la voie principale à laquelle ils se relient.

« Pour la première fois, des routes, des chemins de fer et des canaux seront assimilés au fleuve dont ils suivent les rives. Tel sera le régime des voies de communication artificielles qui seront construites le long du Congo et du Niger, pour suppléer à leur innavigabilité ou à leurs imperfections naturelles.

« Le principe de la liberté du trafic fluvial en cas de guerre, que le Congrès de Vienne avait négligé, a été nettement posé, dans son acception la plus large, par les deux conventions relatives au Congo et au Niger. Ces deux fleuves, leurs affluents, comme la mer territoriale que commandent leurs embouchures, demeureront accessibles en tout temps pour l'usage commercial, et une neutralité absolue couvrira le personnel, ainsi que les ouvrages et établissements dépendant du service de la navigation (1). »

La question qui se posa ensuite fut la délimitation du bassin du Congo. Stanley proposait d'y comprendre les régions de l'Ogooué et du Quillou et un littoral de 380 milles environ, sur la côte occidentale de l'Afrique, entre les rivières Lodge et Cette. Le Dr Ballay a combattu cette proposition, et il a démontré que les mots *bassin du Congo* devaient être entendus dans le sens géographique strict : la route construite le long des

---

(1) Rapport de M. Engelhardt, dans le *Livre jaune* sur les affaires du Congo.

cataractes de l'embouchure devant drainer nécessairement la plus grande partie du commerce de la région, il n'y avait aucun intérêt à adjoindre, du côté de l'Atlantique, des territoires au bassin naturel du grand fleuve. La Conférence, se rendant à ces raisons, a accepté à l'unanimité la proposition suivante : « Le bassin du Congo est délimité par les crêtes des bassins contigus, à savoir notamment les bassins du Niari, de l'Ogooué, du Chari et du Nil, au Nord ; par le lac Tanganyka, à l'Est ; par les crêtes des bassins du Zambèze et de la Loge, au Sud. Il comprend en conséquence tous les territoires drainés par le Congo et ses affluents, y compris le lac Tanganyka et ses tributaires orientaux. » Cependant la Commission de délimitation, persuadée que si l'on se bornait à prendre pour base l'idée du bassin géographique, on priverait le commerce qui se fait par le fleuve de ses débouchés nécessaires sur la côte orientale de l'Afrique, a émis le vœu que le régime de la liberté commerciale soit étendu à l'Est du bassin de ce fleuve jusqu'à l'Océan indien, sous réserve des droits des souverainetés existantes dans cette région.

Il fallait aussi s'occuper de la composition et de la compétence de la Commission internationale du Congo. Toutes les puissances représentées à la Conférence et celles qui adhéreront plus tard aux résolutions prises, pourront se faire représenter par un délégué à cette Commission. La Commission internationale aura le droit : 1° de déterminer les travaux nécessaires à l'entretien de la navigabilité du Congo; 2° de prendre elle-même sur les parties du fleuve sur lesquelles aucune des puissances signataires n'excerce des droits de souveraineté, les mesures nécessaires à la sûreté de la navigation, et dans le cas de prise de possession, de s'entendre, pour l'exécution de ces travaux, avec les puissances souveraines; 3° de fixer les droits de port et de pilotage et l'assiette générale des impôts pour les dépenses d'intérêt commun; 4° d'administrer la caisse de navigation, de surveiller les quarantaines; 5° de nommer les agents du service général de navigation, etc.

Pour le troisième point du programme, formalités à remplir pour prendre valablement possession de territoires non occupés, la rédaction suivante a été adoptée : La puissance qui dorénavant prendra possession d'un territoire sur les côtes du continent africain, situé en dehors de ses possessions actuelles, ou qui n'en ayant pas jusque-là viendrait à en acquérir, et de même la puissance qui assumera un protectorat, accompagnera l'acte respectif d'une notification adressée aux autres puissances représentées dans la Conférence, afin de les mettre à même de faire valoir, s'il y a lieu, leurs réclamations.

En même temps, on reconnaissait aux colonies de la côte le droit de s'étendre à l'intérieur sur les territoires qui peuvent être considérés, politiquement ou géographiquement, comme des dépendances de ces possessions et nécessaires, par conséquent, à leur développement. C'est le principe de l'*Hinterland* que nous avons désigné encore par les termes de *sphère d'influence* ou *sphère d'intérêts*.

La Conférence a voté encore la déclaration suivante : « Toutes les puissances exerçant des droits de souveraineté ou une influence dans les dits territoires s'engagent à veiller à la conservation des populations indigènes et à l'amélioration de leurs conditions morales et matérielles d'existence et à concourir à la suppression de l'esclavage et surtout de la traite des noirs; elles protégeront et favoriseront, sans distinction de nationalités ni de cultes, toutes les institutions et entreprises religieuses, scientifiques ou charitables, créées et organisées à ces fins ou tendant à instruire les indigènes et à leur faire comprendre et apprécier les avantages de la civilisation. Les missionnaires chrétiens, les savants, les explorateurs, leurs escortes, avoir et collections, seront également l'objet d'une protection spéciale. La liberté de conscience et la tolérance religieuse sont expressément garanties aux indigènes comme aux nationaux et aux étrangers. Le libre et public exercice de tous les cultes, le droit d'ériger des édifices religieux et d'organiser des missions appartenant à tous les cultes ne seront soumis à aucune restriction ni entrave. »

Les plénipotentiaires se sont occupés aussi de la question de l'esclavage : « Les puissances qui ont la souveraineté ou qui exercent une influence sur les territoires formant le bassin conventionnel du Congo déclarent que ces territoires ne peuvent être utilisés ni comme marché, ni comme passage pour la traite des esclaves de n'importe quelle race. Chacune de ces puissances s'engage à prendre toutes les mesures en son pouvoir pour mettre fin à ce commerce et punir ceux qui le font. »

Les gouvernements représentés à Berlin se sont engagés encore à prendre les mesures nécessaires pour éviter les abus du trafic des liqueurs et spiritueux, qui est, avec l'esclavage, une des plaies de l'Afrique.

Par l'article 12, qui malheureusement manque de sanction, le Congrès de Berlin a voulu prévenir tout conflit armé entre les puissances européennes qui ont des possessions en Afrique. Par cet article, en effet, les puissances signataires s'engagent à recourir à la médiation d'un ou plusieurs États amis, en cas de dissentiments graves pour la délimitation des possessions territoriales. Le même article réserve l'arbitrage pour les mêmes motifs.

On ne peut contester la haute portée politique, économique et humanitaire des décisions prises par la Conférence de Berlin. Les divisions et les rivalités des puissances ont fait place à un accord unanime. Toutes se sont unies, pour concourir par la paix, la liberté, le travail, à la mise en valeur d'un continent immense, dont la fertilité et la richesse sont universellement reconnues, et pour travailler au relèvement de races encore incultes ou sauvages. L'avenir de l'œuvre africaine est assuré ; l'action solidaire des puissances est un gage de succès. Chacune, dans la partie du continent qui constituera son lot, travaillera au progrès de la civilisation par la création de routes, par l'extension des cultures, par le développement du commerce, et y trouvera un large emploi de ses facultés, de ses énergies et de ses capitaux ; une pensée unique coordonnera toutes ces initiatives particulières et les fera converger vers un même but, arracher le continent africain à la barbarie, à l'esclavage, à la stérilité. C'est au développement moderne du droit des gens qu'il faut faire remonter cette conception toute nouvelle de comprendre et de pratiquer la politique coloniale. Que nous sommes loin de l'époque où dominait l'égoïsme mercantile, et de ces restrictions, aussi onéreuses à la métropole qu'aux colonies, et dont l'ensemble constituait le pacte colonial.

« La Conférence africaine de 1884-1885 occupera une grande place dans l'histoire diplomatique de la seconde moitié de ce siècle. Elle y paraîtra au premier rang pour le nombre de ses membres ; car, si l'on excepte les trois royaumes orientaux et la Suisse, tous les États de l'Europe ont pris part à ses délibérations dans les conditions d'une entière égalité.

« Son œuvre économique, aussi libérale que prévoyante, prépare la conquête commerciale d'un territoire aussi vaste que les deux tiers de l'Europe; elle y assure à toutes les entreprises légitimes, de quelque drapeau qu'elles se couvrent, une égale et durable protection.

« Ce nouveau monde encore barbare, que des lois tutélaires doivent ouvrir à toutes les activités du négoce et de l'industrie modernes, la Conférence de Berlin a entendu le gagner à la civilisation. A cette fin, elle n'y a pas seulement implanté les principes les plus avancés du droit public contemporain dans l'élaboration de chacun de ses projets; elle s'est appliquée à garantir les populations indigènes contre toute violence injuste, en recherchant les moyens les plus propres à favoriser leur émancipation morale et leur bien-être matériel.

« C'est plus de 50 millions d'âmes dont il lui a été permis de tracer les destinées, et l'on conviendra qu'en aucune circonstance l'aéropage européen, dans ses grandes assises, n'a eu à accomplir une plus haute et plus généreuse mission (1). »

La région du Congo devenait donc un vaste domaine ouvert aux entreprises économiques et philanthropiques des nations civilisées; il fallait un pouvoir souverain pour veiller au maintien de l'ordre intérieur et assurer l'exécution des décisions de la Conférence. C'est sous les auspices de l'Allemagne que l'Association internationale du Congo, fondée par le roi des Belges, fut intro-

---

(1) Rapport de M. Engelhardt.

duite dans le droit public de l'Europe, par une convention signée le 8 novembre 1884, sept jours avant l'ouverture de la Conférence, et reconnue comme État ami. L'Angleterre, l'Italie, l'Autriche-Hongrie, les Pays-Bas, l'Espagne, la France, la Russie et les autres puissances de l'Europe, après avoir constaté que les résultats obtenus par l'Association internationale constituent « une base de réelle valeur pour la continuation de l'œuvre de civilisation, d'amélioration et de commerce pacifique avec les indigènes, » ont reconnu le pavillon bleu à étoile d'or du nouvel État, à la condition que leurs nationaux seraient traités comme ceux de la nation la plus favorisée. Le nouvel État africain a pris le nom d'État Libre ou État Indépendant du Congo, dont le roi Léopold a été proclamé souverain, en 1885. La Belgique se trouvait ainsi établie au cœur de l'Afrique et prenait rang parmi les grandes puissances coloniales de l'Europe. C'est là un événement d'une portée considérable, car il ouvre à l'activité de toutes les nations et spécialement de la Belgique, qui jusqu'alors s'était désintéressée des entreprises lointaines, un vaste champ d'action.

Une carte jointe à la convention du 8 novembre avec l'Allemagne indiquait les limites provisoires du nouvel État, sauf pour les régions où le fleuve débouche dans la mer. Le Portugal, s'appuyant sur des droits séculaires, avait émis des prétentions à la possession de la partie de la côte occidentale et des régions intérieures comprises entre

5° 12' et 8° de latitude sud. La France et l'Angleterre avaient toujours refusé jusque-là de reconnaître ces prétentions. A notre tour, nous pouvions aussi légitimement réclamer une portion de la rive droite du Congo, en amont des chutes. Pendant que Stanley, au nom du Comité d'Études, remontait le grand fleuve, frayant difficilement à sa caravane une route à travers la région des cataractes, M. de Brazza, en reconnaissance sur l'Ogooué, débouchait sur le Pool et arborait le drapeau français sur la rive septentrionale, après avoir signé, avec le chef des Baïékés, un traité qui le plaçait sous notre protectorat. D'un autre côté, le Comité d'Études du Haut-Congo nous avait prévenus dans la vallée du Niari-Quillou, qui est la route la plus directe rattachant le Pool à la côte. Il prit possession de cette vallée et du littoral depuis Sette-Cama jusqu'à Loango, aux limites extrêmes du Gabon. Les négociations, pour le règlement de ces questions de limites, furent laborieuses. Elles se compliquèrent par la reconnaissance, de la part du Cabinet de Saint-James, de la souveraineté si longtemps contestée du Portugal sur le territoire situé entre le 8° et le 5° 12' de latitude Sud, par la prise de possession de la part du Portugal des pays au nord du 5° 12', par l'occupation de Banana, à l'embouchure du fleuve et par l'envoi d'une forte escadre dans les eaux du Congo; le gouvernement de Lisbonne ne se décida à prendre cette dernière mesure que pour répondre aux exigences d'un patriotisme ardent.

Devant les protestations unanimes des puissances, l'Angleterre renonça à reconnaître les prétendus droits historiques du Portugal. Grâce à l'intervention de la France, qui se fit la médiatrice entre le Portugal et l'État Indépendant, le différend ne tarda pas à être réglé. C'est ce qu'explique la note diplomatique suivante :

« Le gouvernement français, se fondant sur les déclarations répétées du cabinet de Lisbonne, avait toujours considéré le 5°12' de latitude Sud comme la limite septentrionale des possessions réclamées par les Portugais dans la région du Congo. Dans cette pensée, il avait prêté à Berlin ses bons offices au Portugal, et, en qualité de médiateur, avait fait reconnaître par l'Association internationale africaine la souveraineté de la couronne portugaise sur le Cabinda et le Molembe, en y comprenant Landana, placé à l'embouchure du Chiloango, qui coïncide précisément avec le 5°12' de latitude Sud. En notifiant le 7 février 1885 à M. le marquis de Penafiel le traité passé entre la France et l'Association internationale qui donnait ce fleuve pour limite méridionale à nos possessions, M. le baron de Courcel, constatant la haute valeur pour le Portugal des souvenirs historiques qui se rattachent aux positions de Cabinda ou de Molembe, dont les noms figurent dans la constitution portugaise, déclarait au nom de son gouvernement, qu'en dehors des deux districts en question, le gouvernement portugais agirait avec prudence en se désistant de toute prétention sur des territoires situés au Nord du Congo. Les gouvernements allemand et anglais parlaient dans le même sens et presque dans les même termes, et comme M. Barbosa du Bocage, ministre des Affaires étrangères, avait annoncé l'intention où était le cabinet de Lisbonne, de ne pas occuper définitivement ceux des territoires sur lesquels l'Europe ne reconnaîtrait pas l'autorité du Portugal, un accord définitif ne tarda pas à s'établir entre le roi don Luis et l'Association internationale africaine, sur les bases indiquées par le représentant du gouvernement français à Berlin. »

Par un arrangement conclu le 18 février 1885, le Portugal consent à reconnaître les territoires occupés par l'Association comme État constitué. Les limites des possessions portugaises, s'arrêtent sur la rive gauche du Congo à Noki ; sur la rive droite, celles de l'État du Congo s'étendent jusqu'à Manyanga, où commence le territoire français. Sur la côte, l'embouchure du Congo reste à l'État Indépendant ainsi qu'une bande de littoral comprise entre la rive droite du fleuve et un point nommé Juba ; le Portugal exerce sa souveraineté depuis Juba jusqu'au Chiloango, dont le cours forme la limite de nos possessions.

Un accord était aussi nécessaire entre la France et l'État Indépendant pour la détermination des territoires des deux puissances; ils étaient tellement enchevêtrés qu'un conflit pouvait surgir d'un jour à l'autre. La convention conclue le 5 février 1885 entre le gouvernement français et l'État du Congo fixe ainsi qu'il suit la frontière entre leurs possessions : la rivière Chiloango depuis sa source jusqu'à son embouchure, la crête de partage des eaux du Niari-Quillou et du Congo jusqu'au delà du méridien de Manyanga ; une ligne à déterminer et qui, suivant autant que possible une division naturelle du terrain, aboutisse entre les stations de Manyanga et la cataracte de Ntombo-Mataka, en un point situé sur la partie navigable du fleuve ; le Congo jusqu'au Stanley-Pool ; la ligne médiane du Stanley-Pool (1) ; le Congo en un point à déterminer en amont de la rive Licona-Kundja ; une ligne à déterminer depuis ce point jusqu'au 17ᵉ degré de longitude est de Greenwich, en suivant, autant que possible, la ligne de partage des eaux du bassin de la Licona-Kundja, qui fait partie des possessions françaises ; le 17ᵉ degré de longitude est de Greenwich.

M. Émile Banning apprécie en excellents ter-

---

(1) Une Convention du 5 février 1895 fixe avec plus de précision la limite des possessions du Congo français et belge dans le Stanley-Pool.

Elle est formée par la ligne médiane du Stanley-Pool jusqu'au point de contact de cette ligne avec l'île de Bamu, la rive méridionale de cette île jusqu'à son extrémité orientale, ensuite la ligne médiane du Stanley-Pool.

L'île de Bamu, les eaux et les îlots compris entre l'île de Bamu et la rive septentrionale du Stanley-Pool sont à la France, les eaux et les îles comprises entre l'île de Bamu et la rive méridionale du Stanley-Pool sont à la Belgique.

mes les dispositions des deux conventions qui règlent la question des embouchures du Congo :
« La portée de ces deux actes est considérable, non seulement pour les parties contractantes, mais au point de vue de toutes les puissances maritimes. En tranchant définitivement la question ardue de la possession de l'embouchure du Congo, ces conventions mettaient fin à un conflit qui, dès 1788, avait mis le Portugal aux prises avec la France, et qui s'était fréquemment renouvelé, au cours de ce siècle, à l'égard de l'Angleterre, des États-Unis, des Pays-Bas. La fameuse limite fictive de 5°12' de latitude Sud disparut de l'histoire diplomatique. La région des bouches du Congo passe aux mains de trois puissances : le Portugal s'établit sur la rive Sud, jusqu'à la hauteur de Noki ; la France s'installe sur la rive Nord, en amont de Manyanga ; l'État du Congo s'assied sur les deux rives. Le Portugal conserve l'enclave de Cabinda et de Molembe, et la France y ajoute encore le territoire de Massabi. La République française acquiert une nouvelle et vaste colonie maritime, s'étendant à l'intérieur jusqu'à la crête orientale du bassin de la Licona et au 17° méridien de Greenwich, c'est-à-dire un territoire équivalent à la superficie de la France. L'État du Congo dispose de la rive Nord du fleuve jusqu'à Manyanga ; il reste maître des deux ports de l'estuaire, Banana et Boma ; il peut en créer un troisième sur la rive Sud, à Matadi, et de ce point une voie ferrée, située tout entière sur son territoire, peut

4.

être construite dans la direction du Stanley-Pool, où s'ouvre le bassin supérieur, destiné à devenir le principal théâtre de son activité. Partagé entre trois souverainetés, le bassin du Congo tout entier ne connaît qu'un régime commercial unique (2). »

Ces questions territoriales furent débattues en dehors de la conférence. Il avait été, en effet, convenu entre les puissances représentées à Berlin que le Congrès n'aurait pas à s'occuper du règlement des rapports territoriaux dans le bassin du Congo. « Toutefois, comme le dit avec raison le docteur Rouire, entre la constitution de l'État du Congo et l'œuvre propre du Congrès, il n'en existe pas moins une dépendance étroite. Les négociations territoriales se poursuivaient en dehors de la Conférence et étaient, pour ainsi dire, connexes aux délibérations qui avaient lieu dans son sein. Les questions territoriales étaient toujours présentes à la mémoire de ceux qui cherchaient à fixer le régime économique de l'Afrique centrale, et quand la mission ostensible de la Conférence eût été terminée, son but latent fut révélé du même coup. Le 23 février 1885, la Conférence reçut la notification de la reconnaissance comme État souverain de l'Association internationale du Congo. Les traités par lesquels le nouvel État avait obtenu la reconnaissance de son existence et de ses droits firent partie des actes mêmes de

---

(1) E. Banning, *Le partage politique de l'Afrique*.

la Conférence. Une carte enregistrant, au point de vue territorial, les délimitations de l'État, fut dressée par les soins de la Chancellerie impériale. L'État du Congo sortait, de la Conférence de Berlin, reconnu, délimité, entouré de l'appui, salué des acclamations de l'Europe entière (3). »

Après le règlement de ces questions de délimitation, l'État Indépendant faisait acte d'adhésion aux résolutions prises par la Conférence. En même temps, le roi des Belges réclamait l'application pour l'État dont on l'avait reconnu souverain — souveraineté n'engageant que lui — des articles 10, 11 et 12 de l'acte général conférant aux puissances établies ou possessionnées dans le bassin conventionnel du Congo, la faculté de se placer, à titre temporaire ou perpétuel, sous le régime de la neutralité, moyennant l'observation des obligations correspondant à cette situation.

L'œuvre de limitation de l'État du Congo devait être nécessairement incomplète et sujette à révision : le Congrès ne pouvait indiquer des limites précises au Nord, à l'Est et au Sud, dans des régions à peu près inconnues. Le tracé primitif fut modifié, au fur et à mesure des découvertes nouvelles. Le 17º degré est de Greenwich et la ligne de partage des eaux de la Licona-Kundja formaient la ligne de séparation entre les possessions françaises et l'État congolais. Le 17º degré

---

(1) *Revue de géographie*, novembre 1895.

était une limite précise pour le tracé de la frontière ; mais qu'était-ce que la Licona-Kundja ? On venait de découvrir le cours inférieur de l'Oubanghi, les deux cours d'eau n'étaient-ils que la même rivière, ainsi que le prétendaient les négociateurs français ou étaient-ils distincts, ainsi que le soutenait le gouvernement du Congo ? Le Président de la République helvétique fut choisi comme arbitre par les deux parties ; avant même que la décision arbitrale fût rendue, la France et l'État libre décidèrent de prendre le cours de l'Oubanghi comme frontière naturelle. Il fut convenu que la vallée de cette rivière formerait la limite entre le Congo français et l'État libre, jusqu'à son intersection avec le 4ᵉ parallèle Nord. Au delà le gouvernement de l'État Indépendant s'engageait à n'exercer aucune action politique sur la rive droite de l'Oubanghi ; la France renonçait, de son côté, à toute action sur la rive gauche de la même rivière, au Nord du même parallèle. (Convention du 29 avril 1887).

Quelques années après, ce fut la frontière occidentale, limitrophe des possessions portugaises, qui fut tracée avec plus de précision. Le vaste territoire qui formait l'État de Muato-Yamvo fut partagé ; le Portugal eut pour sa part toute la partie occidentale qui touchait à ses possessions de l'Angola ; l'État libre garda toute la moitié orientale. (Convention du 25 mai 1889).

De nouvelles découvertes allaient remettre en question la détermination des frontières Nord-

Orientales entre le Congo français et l'État libre ; l'Oubanghi venait de l'Est et non du Nord, comme on l'avait supposé, et était formé dans son cours supérieur par deux rivières, le Mbomou et l'Ouellé ; laquelle des deux est la branche principale ? Les Belges prétendaient que c'était le Mbomou ; nous soutenions que c'était l'Ouellé.

Persuadés que pour conserver ces hautes vallées de l'Oubanghi, ils devaient les occuper les premiers, les Belges fondèrent les postes de Zongo, de Mokouangou, de Banzyville, de Bangasso, d'Yakoma (1891) ; un peu plus tard, le capitaine Milz créait le poste de Semio, et, en 1892, un autre était établi à Rafay, au confluent de Mbomou et du Chinko ; franchissant bientôt la ligne de faîte entre le Congo et le Nil, les Belges s'établissent à Katuaka (juin 1893) ; ils atteignent même, après l'exploration de la Kéthullé, les confins du Darfour et fondent un dernier poste près de Hoffrah-en-Nahas, cité célèbre par ses mines de cuivre, par 10° de latitude Nord (1894). Le lieutenant Hanolet, s'avançant dans les régions à l'Ouest de la précédente, explorait le Bali, le Haut-Kotto et atteignait Balli, dans le bassin supérieur du Chari. Les Belges, poussés par les Anglais, voulaient nous empêcher de pénétrer dans la vallée supérieure du Nil et dans le Soudan égyptien.

De notre côté, décidés à chasser les Belges des territoires qui ne leur appartenaient pas, nous chargions M. Gaillard d'occuper la rive droite de l'Oubanghi, au-dessus des rapides de Banghi; des postes furent établis jusqu'au confluent du Mbomou et de l'Oubanghi, aux Abiras. Mais impossible d'aller plus loin sans entrer en conflit avec les agents belges; nos postes sont même attaqués par les indigènes, poussés probablement par les Belges ; M. de Poumeyrac, chef du poste des Abiras, est assassiné, et M. Liotard, chef de mission dans le Haut-Oubanghi, s'étant rendu avec une faible escorte auprès de Bangasso, puissant chef sur lequel l'État congolais avait établi son protectorat, peu s'en fallut qu'un conflit n'éclatât entre notre agent et les officiers belges. Les négociations entre Paris et Bruxelles, commencées dès 1892, n'aboutirent qu'en 1894. D'ailleurs le gouvernement français se montrait résolu à faire respecter ses droits, même par la force; un décret du 13 juillet 1894 séparait, au point de vue administratif et politique, les établissements de l'Oubanghi de la colonie du Gabon; le commandant Monteil avait, avec le titre de commissaire général, la direction du Haut-Oubanghi, où étaient dirigées des forces considérables.

Le traité du 14 août 1894 trancha le différend franco-congolais. Le cours du Mbomou forma la limite entre les deux Congos, la rive droite appartenant à la France, la rive gauche à l'État indépendant. « Il a été stipulé, en outre, qu'à partir de Ndoruma, où le Mbomou prend sa source, l'État du Congo pourrait étendre son action jusqu'au 5°30', et, sur le Nil, jusqu'à Lado. A ce nouvel arrangement, l'État indépendant a ainsi gagné toute la rive gauche de Mbomou au Nord du 4° parallèle, et, à partir de Ndoruma, tout le pays jusqu'au 5°30' de latitude (1). »

Après la signature de la convention franco-congolaise du 14 août, les Belges ont évacué les vallées du Kotto et du Chinko, et se sont retirés sur la rive gauche du Mbomou. Ils ont établi sur l'Ouellé, leur base d'opération dans la région du Nord-Est, quatre camps fortifiés à Djabbir, Nyangara, Uerre et Dungu. Ce dernier est le plus important. Il est situé au confluent du Dungu et de l'Ouellé, et défendu par 1,000 hommes et 6 canons. La garnison de chacun des autres camps est de 400 à 500 hommes.

Sur la frontière orientale, la convention anglo-congolaise du 12 mai 1894, apportait quelques modifications. Cette frontière était formée par le 30° degré de longitude est de Greenwich, par une ligne droite menée à l'intersection du 30° degré avec le parallèle 1° 20' jusqu'au lac Tanganyka, par la ligne médiane de ce lac, par une ligne droite menée du lac Tanganyka au lac Moero, par le cours d'eau qui unit le lac Moero au lac Benguélo et par la rive occidentale du lac Benguélo. Par le nouveau traité, l'État du Congo a gagné un district le long de la rive gauche de l'Oubanghi supérieur et un second entre le 4° parallèle et le

---

(1) Dr Rouire, *Revue de Géographie*, octobre 1894.

Mbomou (5° 30'). De ce côté, la convention anglo-congolaise reculait même la frontière jusqu'au 10ᵉ parallèle, mais l'État Indépendant a sagement renoncé au territoire du Bahr-el-Ghazal, qui lui était donné à bail. Au sud-est, il cède à l'Angleterre le territoire compris entre la rive occidentale du lac Benguélo et le Thalweg de la Louapoula, et obtient, en compensation une partie équivalente au nord-ouest du lac Albert, entre le 30ᵉ méridien et la ligne de faîte du Nil.

La cession de territoire, consentie par nous bénévolement en faveur de l'État indépendant a été une faute grave. Nous avions justement protesté contre la convention anglo-congolaise parce qu'elle modifiait, sans l'assentiment des puissances, les limites de l'État Indépendant, telles qu'elles avaient été tracées par l'acte de Berlin. Mais quelle est la portée de notre protestation quand, à notre tour, nous témoignons si peu de respect pour cette même convention ? Il fallait nous en tenir strictement aux stipulations du protocole de 1884, et exiger de la Belgique, sans considération aucune, l'abandon de tous les territoires occupés par elle au Nord du 4ᵉ parallèle, entre le Mbomou et l'Ouellé, branche mère de l'Oubanghi.

II. — Les Belges ont déployé, pour occuper l'immense territoire qui leur avait été dévolu par l'acte de Berlin, une activité, un courage et une persévérance dont peu de peuples ont donné un tel exemple. Ils ont eu la bonne fortune d'avoir un roi qui a compris qu'ils ne devaient pas se stériliser dans la lutte des deux partis, libéraux et catholiques, qu'il fallait à son peuple, trop à l'étroit derrière ses frontières, le grand air du monde. Lui-même d'ailleurs ne trouvait pas, dans son métier de roi d'un petit État neutre, l'emploi de ses facultés. Depuis longtemps, l'Afrique éveillait son attention. Espérait-il, à la suite d'événements imprévus, se tailler dans ces vastes espaces inoccupés, un domaine où s'exercerait l'activité féconde de ces ruches humaines de Flandre et de Brabant? Depuis le jour où l'indépendance avait été proclamée, la richesse publique s'était considérablement développée; l'esprit pratique des Belges avait su se faire une large place dans le commerce du monde, à côté de l'Angleterre, de l'Allemagne et de la France. Pourquoi, s'ils se tournaient vers les entreprises coloniales, n'y réussiraient-ils pas aussi bien que leurs voisins ?

En 1884, le cours du Congo seul était connu, mais cet immense réseau de rivières qui, des divers points du bassin viennent se jeter dans le fleuve, était encore à démêler; le pouvoir des Belges ne s'étendait pas au-delà de quelques stations qu'ils avaient parsemées le long de cette artère. A ce travail de reconnaissance du Congo et de ses affluents ont concouru non seulement des Belges, Hanssens, Van Gèle, Hodister, Bia, Delcommune, Georges et Paul Le Marinel, etc., mais aussi des Anglais et des Allemands, Stairs, Wissmann, Kund, Tappenbeck, etc.

Par le Lomami et le Sankourou, dont les vallées supérieures se rapprochent du Haut-Congo, l'État congolais pénètre dans le pays de Katanga et la région du Tanganyka, c'est-à-dire dans la partie du Congo soumise à l'influence arabe; en suivant la vallée de l'Oubanghi qui vient de l'Est, les Belges s'avançaient en pays inconnu et atteignaient, dès 1892, le Nil; de ce côté, ils gagnèrent facilement les populations soumises à un potentat nègre, Bangasso, qui accepta leur protectorat. Dans le Haut-Congo, ils durent, au contraire, disputer le terrain aux Arabes.

C'est à peu près vers 1870, que les Arabes ont pénétré, du sultanat de Zanzibar et d'autres points de la côte orientale, dans le bassin supérieur du Congo, pour s'y procurer de l'ivoire et des esclaves. Livingstone fut témoin, en 1871, époque à laquelle il atteignit Nyangwé, des horreurs commises par ces chasseurs d'hommes au milieu de ces populations douces et industrieuses. Un jour, ils firent irruption en plein marché; plus de 400 indigènes furent tués ou se noyèrent, pour échapper au sort qui les attendait; un grand nombre furent capturés. De Nyangwé, les Arabes ont promené la dévastation et la mort dans tout le bassin supérieur du Congo jusqu'au Falls, et depuis le lac Tanganyka jusqu'au Lomami. « Pour dix pointes d'ivoire, disait Stanley, à la Conférence antiesclavagiste de Bruxelles, c'est un district entier qui est anéanti. Chaque défense, chaque débris, la moindre parcelle d'ivoire en possession d'un Arabe, est teinte de sang humain. » Wissmann nous a dépeint aussi les ravages commis dans ces contrées, dont les populations étaient systématiquement exterminées ou dispersées.

On sait comment les Arabes ont réussi à s'établir dans ces régions et à trouver, parmi les noirs, des auxiliaires dans leur œuvre de ruine et de mort. Ils commençaient par gagner le chef de village auxquels ils promettaient une part de butin, et plaçaient près de lui un représentant qui ne tardait pas à devenir le maître. Il était chargé principalement d'enrôler les noirs, qui partaient d'autant plus volontiers en guerre que la victoire n'était pas douteuse, à cause de la supériorité de leur armement, et que le butin promettait d'être abondant.

L'influence arabe était une menace pour l'œuvre de colonisation entreprise par les Belges ; entre eux et les Arabes, la paix n'était pas possible. Les Belges seront obligés de mettre un terme à ces brigandages, dès que leur situation dans le bassin du Congo deviendra plus solide, que leurs postes seront plus nombreux, qu'ils disposeront de forces militaires et de police suffisantes; laisser le haut Congo sous la domination arabe, c'était le fermer au commerce, puisqu'il n'y aurait pas eu de sécurité; c'était aussi le fermer au progrès et à la civilisation, et le vouer à la ruine et à la destruction. La Belgique, qui n'avait pris pied en Afrique que parce que son roi s'était surtout préoccupé d'arracher à la barbarie les populations congolaises, ne pouvait renoncer au beau rôle qui lui avait été tracé.

Or la domination du Haut-Congo appartenait à cette époque à Tippo-Tib, qui jouissait d'une autorité et d'un prestige sans égal. Stanley lui-même n'avait pas osé se heurter à cette force et avait traité avec elle de puissance à puissance. Le capitaine Trivier le proclamait le véritable maître du bassin supérieur du Congo, celui dont l'autorisation était nécessaire pour traverser le noir continent, traversée, par contre, qui devenait un jeu d'enfant avec son agrément.

Comme un puissant feudataire, Tippo-Tib s'était entouré de vassaux qui commandaient, en son nom, dans les principaux centres du Haut-Congo : Sefou, son fils, à Kassongo; Munié-Moharra, son frère, à Nyangwé; Rachid, son neveu, aux Stanley-Falls; Kibongé, à Kirundu, et Userera, à Riba-Riba.

Belges et Arabes essayèrent d'abord de vivre en bonne intelligence, mais les aspirations et les intérêts étaient si opposés, si contraires, qu'un conflit devint bientôt inévitable. Le massacre par les Arabes de la mission Hodister, qui périt dans d'atroces souffrances, fut le signal des hostilités (1892). Ce crime allait-il rester impuni ? Il s'agissait, en effet, d'atteindre un ennemi puissant, bien approvisionné en armes et en munitions, solidement établi dans quelques postes fortifiés.

Quelle que fût la difficulté de la tâche, les Belges n'hésitèrent pas un instant. L'expédition du Katanga, sous la direction de Stairs, se termina par la mort du despote noir Msiri et la défaite de Gongo-Lutété, près de Lusambo; les troupes belges, le commandant Dhanis à leur tête, se dirigèrent ensuite sur Nyangwé. L'armée arabe, forte de six mille hommes, qu'elles rencontrèrent, fut battue, et son chef, Munié-Moharra, tué. Nyangwé fut pris d'assaut et le drapeau bleu à étoile d'or, symbole de l'affranchissement de la race noire, flotta victorieusement sur la grande capitale arabe. Kassongo fut conquis à son tour et Sefou, son chef, mis en fuite; la prise de ces deux grands centres était un succès considérable pour l'État du Congo. Userera fut alors attaqué; ses troupes furent vaincues par le lieutenant Chaltin, et il se vit obligé d'abandonner sa ville de Riba-Riba; enfin le poste des Stanley-Falls, où s'était maintenu Rachid, fut vivement enlevé, et un retour offensif des Arabes contre ce point stratégique est repoussé.

Dans la région du Tanganyka, le Belges eurent à lutter contre un autre despote, Rumalizo, dont le nom est, dit-on, synonyme de dévastateur. Il fut vaincu par le commandant Dhanis, sur les bords du Lulindi, et battit en retraite vers Tanganyka. Il avait élevé, dans les environs de la station d'Albertville, une sorte d'enceinte fortifiée, d'où ses bandes sortaient pour faire des incursions dans le voisinage, ruinant les cultures, massacrant les populations. Le capitaine Jacques a mis en pleine déroute les forces dont disposait Rumalizo et ruiné pour toujours son prestige. La guerre contre les Arabes esclavagistes ne se termine qu'en 1895, par l'occupation de Kabambarré et la soumission de Rachid.

Entre le Congo et l'Ouellé, rivière signalée d'une façon très vague entre 1861 et 1869, et parcourue sur une grande partie de son cours, de 1870 à 1884, par le docteur Junker, s'étendait un immense blanc que les Belges n'allaient pas tarder à combler. M. Wauters était convaincu — et cette conviction était appuyée sur des observations fournies par des explorateurs — que l'Ouellé était le tronçon supérieur de l'Oubanghi, large rivière que le capitaine Hanssens signalait en 1884. En 1885, Greenfell la remonta sur une longueur de 500 kilomètres jusqu'à Banghi; il fut arrêté dans sa marche par un dédale de rochers et par une série de rapides que le capitaine Van Gèle parvint à franchir en 1888; de Zongo à Mokouangou, le fleuve était libre d'obstacles; les Belges en prirent possession; ils y établirent des stations; les rapides de Mokouangou les arrêtèrent de nouveau; enfin le lieutenant Becker parvint à atteindre l'Ouellé en contournant les chutes. Les Belges étaient ainsi les maîtres de la route qui conduit à la province de l'Équateur; ils l'ont jalonnée d'un grand nombre de postes : Banghi, Zongo, Mokouangou, Banzyville, Yakoma, près du point où l'Ouellé-Oubanghi reçoit le Mbomou et qui commande la route de la province équatoriale. Le sultan Bangasso était tout puissant dans cette partie du fleuve habitée par les tribus sakaras. Van Gèle et Le Marinel entrèrent en négociations avec lui et parvinrent à lui faire accepter le protectorat belge. Pendant ce temps, un autre agent belge, le capitaine Roget, parlementait avec un autre chef noir, Djabbir, dont la résidence est située en amont des chutes de Mokouangou. De nouveaux postes furent fondés dans cette partie du haut fleuve; ils reçurent les noms des deux potentats noirs, Bangasso et Djabbir, qui avaient accepté la domination belge.

C'est à Djabbir que le commandant Van Kerckhoven réunit le personnel et opéra la concentration des forces pour l'expédition dans la province équatoriale. L'expérience acquise par ce chef était une garantie de succès. « La voie fluviale, c'est-à-dire la montée de l'Ouellé dans les pirogues indigènes, parait avoir été employée conjointement à la voie de terre, dans certaines sections. A mesure qu'on avançait, des stations étaient construites. L'épisode principal de la marche semble être l'engagement ou les engagements qu'eut le capitaine Pouthier avec des pillards arabes. Tout le pays situé entre le Congo et les lacs Albert, Albert-Édouard, et Tanganyka, est parcouru par des bandes de maraudeurs. C'est à eux que Stanley eut affaire, en septembre et octobre 1887, dans l'Itouri. Pouthier rencontra une de ces bandes, la battit et l'obligea de s'enfuir en abandonnant une centaine de pointes d'ivoire. Après avoir franchi le 30° de longitude

Est (Greenwich), frontière conventionnelle de l'État Indépendant, l'expédition atteignit le Nil à Ouadelaï. Mais son chef n'eut pas la gloire du succès; Van Kerckhoven était mort en route, probablement par la maladresse de son ordonnance qui, en déchargeant son fusil, lui envoya une balle dans le dos.

« Quelle a été la conduite des Belges depuis lors? Sont-ils descendus jusqu'à Lado? Ont-ils déjà, comme l'avançait un journal anglais, organisé le pays? Tout cela reste indécis. Mais, d'après un usage généralement adopté dans le partage de l'Afrique, certains droits sont reconnus au premier occupant d'un territoire vacant. Les Belges auront donc, dans le règlement complet de la succession de l'Égypte, dans la province équatoriale, des titres à faire valoir » (1).

N'auraient-ils aucune part dans le partage éventuel du Soudan égyptien, les Belges n'en détiennent pas moins une des contrées les plus importantes de l'Afrique : « Cette partie du versant du Congo, dit M. Élisée Reclus dans sa *Géographie universelle*, est une de celles qui promettent d'avoir un jour la plus grande importance économique comme lieu de passage entre les bassins du Congo et du Nil. Lorsque le premier, parmi les voyageurs européens, Schweinfurth

---

(1) *L'Égypte et la province équatoriale*, par Dehérain. — *Revue des Deux-Mondes*, 15 mai 1894.

pénétra dans cette région, c'est à bon droit qu'il l'appela le cœur de l'Afrique; là se croisent les diagonales du continent, entre les bouches du Congo et le delta du Nil, entre le golfe de Guinée et celui d'Aden. » Aussi peut-on dire que, par ses résultats géographiques, l'expédition de Van Kerckhoven est hors de pair. C'est ainsi que, soit par les armes, soit à la suite d'habiles négociations, les Belges ont occupé un pays dont la superficie est cent fois environ celle de leur patrie.

Ce n'était pas tout de reconnaître et d'explorer cet immense pays, il fallait encore l'organiser, c'est-à-dire le pourvoir d'une administration rudimentaire, disposant néanmoins de forces suffisantes pour obliger les chefs des petites communautés nègres à vivre en paix sous les plis du drapeau congolais et capable de mettre en valeur un aussi vaste territoire. Le roi Léopold a été autorisé par les chambres à prendre le titre de souverain du Congo, mais l'union entre les deux États dont il était le chef était purement personnelle. La cassette royale couvrit les premières dépenses de l'État libre, mais bientôt la fortune du roi ne suffit plus pour faire face aux dépenses, d'année en année plus considérables, et le nouvel État était fort en peine pour se procurer des ressources, l'acte de Berlin ayant interdit l'établissement de droits de douane à l'importation du bassin du Congo et les taxes de capitation sur les indigènes. Par une convention signée le 3 juillet 1890.

5.

la Belgique consentit, en faveur de l'État congolais, un emprunt de 25 millions, échelonnés sur un espace de dix ans. Il fallait, avant tout, lui assurer des revenus permanents ; c'est là l'objet de la conférence réunie à Bruxelles, le 9 février 1891, et qui établit un droit de 6 0/0 *ad valorem* sur les produits importés, sauf les armes, les munitions, la poudre et le sel, qui acquittent 10 0/0.

Les annuités consenties par le gouvernement belge, les subsides fournis par le roi et les revenus provenant des nouvelles taxes ont permis à l'État de pousser activement la reconnaissance du bassin du Congo, de fonder de nouveaux postes, d'occuper des régions jusqu'alors nominalement annexées, de combattre la puissance arabe et d'anéantir la traite, d'étudier les ressources du pays, en un mot de remplir la mission civilisatrice et humanitaire que lui avaient assignée les conférences de Berlin et de Bruxelles. Au point de vue économique, de grands progrès ont été faits ; de nombreuses sociétés belges se sont fondées pour l'exploitation des richesses du Congo ; l'une des plus importantes est la *Compagnie du Congo pour le commerce et l'industrie*, investie de pouvoirs réguliers, analogues à ceux des compagnies anglaises, mais devant surtout s'appliquer au développement économique de la contrée ; des factoreries sont établies ; des postes sont créés ; des flottilles de steamers naviguent dans toutes les directions, et des vapeurs font le service entre

Anvers et le Congo. Mais l'exploitation du bassin du Congo et, par conséquent, le développement du commerce sont subordonnés à la création de la voie ferrée qui mettra Léopoldville en communication directe avec la mer. C'est le 31 juillet 1891 que fut constituée la Compagnie de chemin de fer pour la construction de la voie ferrée de Léopoldville à Matadi. Le chiffre de 25 millions, auxquels on avait estimé les frais d'établissement de ce railway, sera de beaucoup dépassé.

L'État Indépendant s'est surtout appliqué à développer les missions par un régime de faveur qu'il accorde indistinctement aux catholiques et aux protestants : 105 missionnaires catholiques, tous Belges, et 108 missionnaires protestants, Anglais, Américains, Suédois, s'adonnent à l'œuvre de la régénération morale des noirs. Les résultats obtenus sont des plus satisfaisants : des villages chrétiens se constituent, des écoles s'ouvrent de toutes parts, les coutumes barbares disparaissent et les populations indigènes sont initiées aux cultures et aux métiers manuels. Aussi les progrès constatés pendant ces dernières années sont considérables : le commerce général de l'État libre, qui n'atteignait pas 4 millions en 1886, dépasse 30 millions de francs et les revenus 6 millions. Par comparaison, le Gabon-Congo, où nous avons pris pied depuis plus de 40 ans, végète et languit. Les transports se font encore à dos d'hommes et par des sentiers de caravanes. Le commerce, qui est à peine de 10 millions de francs, est monopolisé par deux compagnies, l'une belge et l'autre hollandaise.

Mais les dépenses du nouvel État ont augmenté plus rapidement que les revenus ; les budgets se soldent régulièrement par des déficits de plus d'un million (1) ; qu'on ajoute à cela les mécomptes dans les frais de construction de la voie ferrée, et l'on comprendra la détermination prise par le gouvernement belge de proposer aux Chambres l'annexion du Congo ; la fortune du roi menaçant de sombrer dans cette entreprise, un État seul peut faire face aux dépenses qu'exige la création d'une colonie. Cette union était d'ailleurs à prévoir et devait se réaliser un jour : par un testament signé le 2 août 1889, le roi léguait à la Belgique le Congo, créé et gouverné par lui. « Jusqu'au jour de ma mort, disait le roi, je continuerai dans la même pensée, à diriger et à soutenir notre œuvre africaine. Mais si, sans attendre

---

(1) Budgets de l'État du Congo :

Année 1895 :

Recettes..	5.004 764	6 004 764
Versement du roi souverain.	1.000.000	
Dépenses		7.370.939
Déficit...............		1.366.175

Année 1896 :

Recettes........	6.003.735	7.002.735
Versement du roi souverain.	1.000.000	
Dépenses................................		8.206.300
Déficit		1.233.525

ce terme, il convenait au pays de contracter des liens plus étroits avec mes possessions du Congo, je n'hésiterais pas à les mettre à sa disposition. »
Le 12 février 1896, M. de Mérode a déposé à la Chambre le projet de loi approuvant la cession du Congo à la Belgique. Toutes les puissances européennes ont accueilli favorablement ce projet de reprise. La France, reconnaissant les sacrifices faits par les Belges dans ce pays, renonce à son droit de préemption; mais la nation paraît peu disposée à se charger d'un fardeau qui pèsera lourdement sur ses finances. On est unanime cependant à reconnaître que les Belges possèdent à un haut degré les qualités qui distinguent les peuples colonisateurs : ils sont non seulement positifs et pratiques, mais encore entreprenants; ils disposent, en outre, d'importants capitaux et leur nombreuse population compte un grand nombre d'hommes que passionne le goût des aventures. Tout fait croire qu'ils sont capables de mener à bien l'œuvre qu'ils ont commencée en Afrique.

En attendant que la question de reprise vienne en discussion, le gouvernement a fait voter, en 1896, les mesures provisionnelles que comportait la situation, savoir : un prêt de 5 millions à la Compagnie du chemin de fer du Congo, pour la continuation des travaux, et une avance à l'État du Congo de 5,287,415 francs pour remboursement d'une créance, et de 1,517,000 francs pour couvrir l'insuffisance des ressources budgétaires.

Les Chambres ont voté, en mai 1896, un projet de loi autorisant la Compagnie de chemin de fer à se procurer les capitaux qui lui permettront de pousser la voie ferrée jusqu'à Léopoldville. La première moitié de la ligne est achevée ; la locomotive était au kilomètre 192 au 1er juin 1896 ; elle sera, le 1er juin 1897, au kilomètre 292, et au Stanley-Pool avant la fin de 1898.

CHAPITRE II

Partage de l'Afrique orientale; le sultanat de Zanzibar.

I. — Situation politique du sultan de Zanzibar; prépondérance de l'Angleterre sur la côte orientale. — Annexions faites par le Dr Peters au nom de l'Allemagne. — La Deutsche Ostafrikanische Gesellschaft; nouvelles acquisitions faites par l'Allemagne. — Protestations de l'Angleterre et du sultan. — Traité du 2 juillet 1887; sphère d'influence de l'Angleterre et de l'Allemagne sur la côte orientale. — La British East Africa company. — Soulèvement dans les possessions allemandes du sultanat. — Convention anglo-allemande du 11 juin 1890, qui modifie le premier partage. — Position de l'Angleterre et de l'Allemagne dans l'Afrique orientale.

II. — Les régions du Haut-Nil. — Visées de l'Angleterre et de l'Allemagne sur l'Ouganda. L'Ouganda et l'Ounyoro cédés à l'Angleterre. — Importance de ces contrées du Nil supérieur. — Etat politique et religieux de l'Ouganda. — La Church missionary society et les Pères Blancs. — Le capitaine Lugard; massacres dans l'Ouganda. — Les Anglais sont maîtres du pays. — Conquête de l'Ounyoro. — Politique coloniale anglaise dans l'Afrique orientale; projets de M. Cecil Rhodes. — Traité anglo-congolais du 12 mai 1894. — Protestations de la France et de l'Allemagne contre cet arrangement. — Convention anglo-congolaise du 5 février 1895; échec de la politique coloniale anglaise. — Les derviches et l'alliance anglo-congolaise.

I. — Des changements considérables ont eu lieu dans l'Afrique orientale ; le sultan de Zanzibar était maître de toute la côte du Zanguebar, depuis la rivière Djouba jusqu'au cap Delgado. Il avait dépendu pendant longtemps de l'iman de Mascate, mais s'était affranchi de cette suzeraineté, grâce à l'appui de l'Angleterre, à laquelle il payait une contribution annuelle de 60,000 piastres. Un traité signé en 1862 par la France et l'Angleterre garantissait, il est vrai, l'indépendance du sultanat ; mais, en dépit de cette convention, Zanzibar était sous la domination de la Grande-Bretagne ; un officier anglais commandait l'armée zanzibarite et le service des postes était dirigé par des agents anglais. La suzeraineté du sultan, qu'on étendait volontiers dans l'intérieur jusqu'aux lacs Tanganyka et Nyassa, n'était bien établie que sur les ports de la côte ; en dehors, elle était purement nominale et plutôt religieuse que politique. Le commerce était, en grande partie, entre les mains des Anglais, bien que les Allemands fussent parvenus à en prendre une bonne part.

L'influence anglaise était donc prépondérante à Zanzibar, et il paraissait d'autant plus difficile de la battre en brèche que John Kirk, ami et compagnon de Livingstone, était devenu le conseiller du sultan Bargasch (1870-88), dont il dirigeait officieusement la politique. La Grande-Bretagne pouvait espérer que l'Afrique orientale serait un domaine réservé à l'expansion de la race anglo-saxonne, qui créerait là un empire aussi vaste que celui de l'Inde, du Canada ou de l'Australie. Elle pouvait espérer de réunir, un jour, cette partie de l'Afrique au Cap et à ses dépendances, par la mainmise sur la Zambézie et la région des lacs, où les missions écossaises avaient préparé l'établissement de sa domination. Tandis que le consul général anglais maintenait le sultan sous la dépendance de son pays, les flottes britanniques croisaient dans les mers de l'Afrique orientale, pour réprimer la traite, et contribuaient à accroître la puissance de l'Angleterre.

Malgré sa situation prépondérante sur la côte orientale, le *Foreign Office* n'était pas sans défiance de l'Allemagne qui, s'avisant un peu tard de reconnaître que l'expansion au dehors est une nécessité pour le développement du commerce, cherchait à devenir une grande puissance africaine. De nombreux explorateurs allemands parcouraient, depuis 1880, la région de l'Afrique orientale, depuis la côte jusqu'au lac Tanganyka. A la fin de 1884, Gerhard Rohlfs était nommé consul général à Zanzibar, et, à la même époque, le docteur Peters prenait la direction de la *Société allemande de colonisation*, dont l'attention se portait vers ces contrées de l'Afrique, depuis que Stanley en avait fait une description enthousiaste. Peu de temps après, le docteur Peters et ses amis, le

Dr Jühlke et le comte Pfeil, sur les conseils de Rohlfs, arborent le drapeau allemand à Mbuzini, sur la côte, puis remontant la rivière Wami, pénètrent dans l'Usagara et signent avec les indigènes des traités par lesquels ils acquièrent l'Useguha, le Nguru, l'Ukami, l'Umvomero et le Mukondokiva, c'est-à-dire environ 155,000 kilomètres carrés. Le docteur Peters revint aussitôt à Berlin, où il fonda, le 12 février 1885, la *Deutsche ostafrikanische Gesellschaft* ou Société allemande de l'Afrique orientale, qui se substituait à la Société allemande de colonisation, et à laquelle l'empereur accorda, le 27 février, un *schutzbrief*, ou charte de suzeraineté, sur les territoires qu'elle possédait et sur ceux qu'elle pourrait acquérir à l'avenir. L'ambitieuse compagnie portait aussi ses visées sur le Nord de la côte orientale, sur la côte du Somal, occupée par le sultanat de Witou, par le sultanat de Zanzibar, qui était maître du littoral de Benadir, avec les ports de Brawa, Merka, Magadoxo et Warsheik, et par les sultanats d'Opia et de Medjourtines. Au commencement de septembre 1885, M. Hœrnecke, agent de la Compagnie, concluait avec le sultan de Medjourtines un traité par lequel celui-ci abandonnait à la Compagnie le monopole du commerce, l'exploitation des mines et des forêts, la pêche des perles, la perception des douanes, le droit d'entretenir des troupes. Un traité semblable fut signé peu après par le sultan d'Opia. D'autres agents placèrent, sous le protectorat allemand, le sultanat de Witou et tous les territoires de la côte de Benadir, depuis Warsheik jusqu'à l'embouchure de la Tana. Toute la côte Somal, sur une étendue de 1,800 kilomètres, était sous la dépendance de la Compagnie allemande de l'Afrique orientale. Nous verrons que le gouvernement impérial refusa de sanctionner tous ces traités.

L'Angleterre et le sultan de Zanzibar protestèrent contre ces annexions; mais le gouvernement allemand déclara que le sultan de Zanzibar n'occupait effectivement que quelques points de la côte, et qu'en dehors de quelques stations commerciales, son autorité était méconnue dans l'intérieur; que l'acte de Berlin l'autorisait à prendre la partie du littoral de l'Est africain, dont la Société allemande s'était emparée, attendu que ce territoire n'était pas occupé effectivement, et que, pour les pays de l'intérieur, l'Allemagne n'avait fait qu'appliquer le principe de l'Hinterland, dont l'Angleterre usait en ce moment vis-à-vis du Portugal dans la Zambézie.

Le ministère Gladstone, abandonnant la politique coloniale de lord Beaconsfield, était opposé à toute expansion au dehors et avait pour programme d'éviter toute difficulté pouvant survenir du fait des colonies; c'est pourquoi il déclara au prince de Bismarck que le gouvernement anglais n'avait pas l'intention de s'opposer aux progrès de l'Allemagne dans l'Afrique orientale, que le désir de son gouvernement était de travailler, de concert avec le jeune empire, à l'abolition de l'esclavage qui désolait encore cette partie du noir continent, et au développement des ressources d'une contrée riche en produits du sol, ajoutant que des capitalistes anglais avaient fondé, à cet effet, la *Imperial British East Africa Company* (Ibea), qui se proposait de rattacher, par voie ferrée, la côte aux grands lacs d'où s'échappe le Nil.

Le sultan de Zanzibar ne se résigna pas à accepter la spoliation dont il était victime et à abandonner des possessions sur lesquelles il croyait avoir les droits les mieux établis; il envoya des troupes dans l'Usagara, pour faire rentrer le pays sous sa domination, et le général Mathews, officier de la marine anglaise, dans la région du Kilimandjaro, pour y faire accepter son autorité. L'Angleterre offrit ses bons offices, mais une escadre allemande mouilla, le 7 août 1885, devant Zanzibar, et le sultan céda à la force. Le gouvernement anglais, disposé à marcher la main dans la main, avec l'Allemagne pour la colonisation de l'Est africain, intervint auprès du sultan pour l'engager à signer un traité réglant les rapports commerciaux entre les possessions nouvellement acquises par l'Allemagne et les territoires du sultanat; la reconnaissance de l'indépendance du sultanat était subordonnée à la signature de ce traité de commerce. Mais il fallait d'abord déterminer l'étendue des domaines du sultan. C'est de ce travail que fut chargée une commission composée de représentants de l'Angleterre, de la France, de l'Allemagne et de Zanzibar. Le 29 octobre et le 1er novembre 1886, l'Angleterre et l'Allemagne s'entendaient pour présenter à l'approbation du sultan un traité qui fixait les sphères d'influence des deux puissances et délimitait les possessions du sultanat. La France ne pouvait qu'approuver les changements apportés à la carte politique d'une contrée où ses intérêts n'étaient pas directement en jeu.

L'Angleterre, l'Allemagne et la France reconnaissaient la souveraineté du sultan : 1° sur les îles Zanzibar, Pemba, Lamou et Mafia, ainsi que sur quelques îlots environnent les premières; 2° sur la ligne de côte depuis Tungi Bay, au Sud du cap Delgado, jusqu'à la rivière Kipini, à l'embouchure de la rivière Tana, sur une profondeur de 10 milles marins, et 3° au Nord de la rivière Kipini, sur les villes de Kismayou, Brava, Marka, Magadoxo et Warsheik, dans un rayon de 10 milles marins. En même temps furent déterminées les sphères d'influence des deux puissances par une ligne partant de la rivière Umba ou Wanga, contournant la partie septentrionale du lac Jipe, partageant en deux parties les territoires de Taveta et Chaga, suivant la base septentrionale du Kilimandjaro et aboutissant au Victoria, au 1° de latitude Sud. L'Angleterre s'engageait à ne pas faire d'acquisition dans les territoires compris entre cette limite et la Rovouma, frontière septentrionale des possessions portugaises; de son côté, l'Empire allemand prenait le même engagement pour les territoires dévolus à la *British East Africa Company*, dont la frontière orientale partait de l'embouchure de la rivière Tana, qu'elle suivait jusqu'à l'intersection de cette rivière ou d'un de ses affluents jusqu'au 38º de longitude orientale, et qui se prolongeait de ce point jusqu'à l'intersection du 1er degré de latitude Nord avec le 37º de longitude Est. L'Allemagne conservait cependant le sultanat de Vitou, mais abandonnait tous les autres points de la côte Somal, la côte de Benadir, le sultanat d'Opia et des Medjourtines. Par cet accord, elle se réservait l'immense territoire qui s'étend entre les possessions littorales du sultan et les trois grands lacs Nyassa, Tanganyka et Victoria.

Stanley, se plaçant au point des droits de la conquête et du négoce britannique, protesta énergiquement contre ce traité du 2 juillet 1887, qui concédait à l'influence allemande le Sud du Victoria, reléguant l'influence anglaise au Nord, qui livrait 20 milles carrés du pays des Massaï, jadis exploré par des voyageurs et des missionnaires anglais. Il énumère toutes les dépenses de premier établissement, magasins, douanes, docks, jetées, phares, etc., faites par la compagnie anglaise de l'Afrique orientale, lesquelles dépenses, ajoute-t-il, ne représentent pas la valeur d'une pièce de dix sous fausse, si l'Allemagne s'établit dans l'Afrique orientale. Pour lui, il n'y a qu'une conduite à tenir, ou l'abandon total de ce qui a été fait et tenté par l'Angleterre dans l'Afrique

-orientale et la région des lacs, ou le refus absolu de se prêter aux ambitions grandissantes de l'Allemagne. Si lord Salisbury croit les sujets de l'empereur Guillaume plus propres à introduire la civilisation dans le continent noir que le peuple « qui a transformé en grenier du monde les déserts glacés de l'Amérique du Nord, en pâturages à moutons l'Australie, en eldorado l'Afrique du Sud, et en état ordonné l'Hindoustan, » qu'il aille jusqu'au bout de ses convictions, et qu'il cède tout l'Ouganda, le Soudan et l'Égypte !

Des sociétés allemandes, *East Africa Plantation Company*, *The German Peters Company*, se livrèrent aussitôt à l'exploitation du sol ; des plantation de café, de tabac, de maïs furent entreprises. Un moment surpris par l'entrée en scène imprévue des Allemands, les Anglais cherchèrent à regagner le temps perdu. La *British East Africa*, placée sous la présidence de M. Makinnon, s'occupa de l'exploitation des territoires au Nord de la zone limitée par l'accord anglo-allemand ; des études furent commencées pour l'établissement d'une voie ferrée entre Mombasa et le lac Victoria, en même temps des capitaux furent réunis pour donner à Stanley les moyens de pénétrer, en remontant le Congo, dans la province d'Equatoria, à la recherche d'Emin. Car l'ambition du gouvernement anglais était de s'emparer de cette province et des pays du Nil supérieur qu'il se proposait de rattacher au Cap, à travers les États nouvellement protégés des Bechouanas, de Stellaland, de Khama, de Ngami, de Lobengoula, à travers les possessions que l'*African Lakes Company* se taillait en territoire portugais, et les nouvelles acquisitions dans l'Afrique orientale. Le 24 mai 1887, la *British East Africa* obtint du sultan une convention en vertu de laquelle elle se chargeait, pour cinquante ans, de l'administration des domaines situés sur la côte entre Wanga et Kipini. Si elle payait au sultan une redevance, elle obtenait, en compensation, de vrais droits souverains par la fixation des tarifs, des droits de douanes, par l'organisation de la justice et d'une force publique pour le maintien du bon ordre. La compagnie se substituait, en un mot, au gouvernement zanzibarite pour l'administration de la zone littorale. A l'exemple de la *British East Africa*, la *Deutsche Ostafrikanische Gesellschaft* voulut s'assurer, sur les territoires compris dans sa sphère d'influence, une situation analogue ; elle se fit céder par le sultan Khalifa, qui avait succédé à son frère Bargash, en 1888, l'administration et la perception des droits de commerce des districts relevant de son autorité immédiate, depuis le Wanga jusqu'à la Rovouma. Tandis que les Anglais occupèrent Mélinde et l'admirable rade de Mombasa, où ils cherchaient à attirer les caravanes de l'intérieur et le commerce des îles voisines, aux Allemands échurent sept ports et diverses stations, au nombre desquels il faut citer Bagamoyo, où aboutissaient la plupart des caravanes de l'intérieur, et Dar-es-Salam.

Des fonctionnaires allemands prirent possession de la nouvelle administration; des mesures rigoureuses furent édictées pour combattre la traite et pour prohiber l'importation des armes de guerre. A peine l'Allemagne s'était-elle substituée au sultan, pour l'administration des nouveaux domaines, que des troubles graves éclatèrent à Pangani (août 1888). Ils furent provoqués par la conduite imprudente des Allemands qui établirent de nouveaux impôts, élevèrent les tarifs à l'entrée de certaines marchandises et privèrent de leurs emplois les Arabes qui étaient à la tête de l'administration des douanes. Ils vexèrent, en un mot, par ces mesures leurs nouveaux sujets; ils ne surent, en outre, respecter ni leurs préjugés, ni leurs coutumes, ni leurs croyances; on les a même accusés du meurtre de quelques indigènes. L'administration de ces territoires demandait une grande prudence et une habileté consommée; il fallait, avant tout, s'abstenir de molester les indigènes, et se servir du prestige et de l'influence du sultan pour préparer insensiblement les natifs et les Arabes à accepter la domination européenne. Cette politique hautaine, qui consiste à fouler aux pieds les sentiments et les intérêts des peuples, à les irriter par des moyens de rigueur, devait produire de funestes résultats; sur toute la côte, les indigènes coururent aux armes. Les deux compagnies rivales, anglaise et allemande, mirent fin à la sourde hostilité qui les animait, pour faire face au danger qui les menaçait, car les insurgés avaient trouvé dans la personne de Bushiri de Pangani, un chef qui ne manquait ni d'intelligence ni d'audace. M. de Bismarck était opposé à toute entreprise coloniale : « Je ne veux pas de colonies, disait-il. Pour nous autres Allemands, des possessions lointaines seraient exactement ce qu'était la pelisse de zibeline pour certaines familles nobles de Pologne, qui n'ont pas de chemises. » Quand il fut obligé de prendre pied en Afrique, il ne voulait faire que de la colonisation privée, que seconder les entreprises des nationaux, évitant de dépenser dans des expéditions lointaines, l'argent des contribuables et d'engager les forces militaires de l'Allemagne. Les évènements l'obligèrent à intervenir par les armes dans l'Afrique orientale.

Les flottes unies de l'Angleterre et de l'Allemagne bloquèrent la côte et protégèrent leurs nationaux, qui avaient abandonné les stations et les plantations de l'intérieur, pour échapper à la fureur des insurgés. Wissmann reçut le commandement des troupes chargées de combattre les révoltés; bientôt le mouvement insurrectionnel fut comprimé dans le nord, après la capture et l'exécution de Bushiri (décembre 1889); mais le sud ne fut complètement pacifié que vers le milieu de 1890. Il nous importe peu de savoir combien d'existences humaines et de millions de marks ont été sacrifiés dans cette expédition; ce qu'il faut surtout signaler, c'est qu'elle était la condamnation de la politique coloniale exposée à la tribune du Reichstag, en 1885, par M. de Bismarck, après quelques phrases jetées de haut à l'adresse de la politique coloniale de la France.

Cette insurrection eut cependant pour résultat d'établir de bons rapports de voisinage entre Anglais et Allemands dans l'Afrique orientale; pour prévenir tout conflit ultérieur, il était nécessaire d'apporter quelques modifications à l'acte de délimitation des territoires des deux États. Le 14 juin 1890, l'Angleterre et l'Allemagne conclurent un traité qui réglait les questions pendantes et délimitait leur sphère d'action sur les autres parties du continent, où leurs possessions étaient limitrophes. Dans l'Afrique orientale, l'Angleterre renonçait, en faveur de l'Allemagne, à la possession d'un immense quadrilatère s'étendant de l'Océan Indien à la rive orientale du lac Tanganyka; à l'ouest, le territoire allemand touchait à l'État Indépendant; au nord, la frontière était formée par une ligne suivant le premier degré de latitude Sud, depuis l'État du Congo jusqu'à la côte occidentale du lac Victoria, en contournant par le Sud le mont Mfumbiro. L'Angleterre consentait à la prise de possession par l'Allemagne, moyennant une juste compensation au sultan, de toutes les parties de la côte cédées à bail à la Société allemande de l'Est africain, mais l'Allemagne renonçait à ses droits sur Vitou et Lamou, qu'elle cédait à l'Angleterre. La Compagnie anglaise de l'Est africain étendait son protectorat sur Zanzibar, Pemba et toutes les autres îles de la côte, à l'exception de Mafia ; elle obtenait du sultan, avec tous les droits de souveraineté, la cession d'une nouvelle ligne côtière de plus de 1,000 kilomètres, s'étendant depuis l'embouchure de la Tana jusqu'à la rive septentrionale de la rivière Djouba, et comprenant, outre l'île Lamou, les ports et territoires de Kismayou, Brawa, Marka, Magadoxo et Warsheik. L'Angleterre et l'Allemagne déchiraient l'arrangement du 10 mars 1862, signé aussi par la France, et par lequel ces trois puissances garantissaient l'indépendance du sultan de Zanzibar. Nous verrons, en parlant de la convention du 5 août 1890, qui règle la sphère d'influence de la France et de l'Angleterre sur le Niger, quelle compensation l'Angleterre nous a accordée en échange de notre adhésion.

La convention anglo-allemande excita un vif mécontentement en Allemagne, du moins pour ce qui regarde la délimitation des possessions des deux pays dans l'Afrique orientale: car, pour ce qui concerne l'Afrique allemande du S.-O. — la colonie des chardons —, on devait reconnaître que l'Angleterre s'était montrée généreuse : elle avait abandonné à l'Allemagne, sans compensation, une partie du désert de Kalahari, qui est le Sahara de l'Afrique australe. Pour en revenir à l'Afrique orientale, la reconnaissance du protectorat anglais sur Zanzibar était considérée comme une faute par la plupart des partisans de l'expansion allemande ; c'est l'opinion de M. Wolf, qui avait accompagné le major Wissmann en Afrique comme conseiller commercial : « Grâce à cette concession, dit-il, l'Angleterre aura toujours dans sa main la clef de toute la côte africaine et le contrôle de tout le commerce. »

« L'Allemagne possède, il est vrai, dans ces parages quelques postes, tels que Bagamoyo et Pangani, mais ces ports ne sont pas accessibles aux grands bâtiments, tandis que les Anglais, en restant maîtres de Zanzibar et de Pemba, seront maîtres du commerce allemand. » M. de Bismarck n'était pas non plus satisfait de cette clause : « .... le protectorat anglais sur le sultan de Zanzibar est ce qui me plaît le moins. Tout d'abord, l'Angleterre sera probablement très coulante vis-à-vis des négociants hambourgeois établis dans ce pays, mais elle ne tardera guère à s'en débarrasser. »

M. Gerhard Rohlfs, ancien consul général de Zanzibar, donne, au contraire, son entière approbation à cet acte diplomatique. La cession de Zanzibar et des autres îles à l'Angleterre, loin de porter atteinte au commerce allemand, aura pour effet de lui donner plus d'importance : le trafic de la côte orientale se fera directement avec l'Allemagne ; les marchandises à destination de cette partie de l'Afrique ne s'entreposeront plus à Zanzibar, surtout si des lignes de navigation relient l'Allemagne à ses nouvelles possessions.

Quoi qu'il en soit, on ne doit pas perdre de vue que le jeune empire qui, en 1885, n'avait que quelques districts sur cette côte d'Afrique, acquiert par la nouvelle convention un domaine immense, s'étendant de l'Océan Indien aux lacs Nyassa, Tanganyka et Victoria. Il est assez vaste pour donner satisfaction aux aspirations coloniales des Allemands. Les partisans enthousiastes de l'expansion allemande avaient conçu des espérances plus grandes encore : ils avaient caressé un moment l'espoir de mettre la main sur l'Ouganda et la région des sources du Nil. Mais il fallait alors entrer directement en conflit avec l'Angleterre, et c'est ce que voulait éviter à tout prix le gouvernement impérial.

II. Les régions du Haut-Nil, visitées pour la première fois par Speke et plus tard par Grant, Chaillé, Linant, Gessi, Stanley, étaient considérées par nos voisins d'Outre-Manche comme des terres d'immenses ressources, comme la clef de l'Afrique orientale, comme commandant le bassin du Nil. C'est un pays fertile, habité par une population nombreuse et d'une vigueur peu commune. Il était gouverné, au nom de l'Égypte, par le docteur allemand Schnitzer, plus connu sous le nom d'Emin-Pacha ; après la prise de Khartoum, en 1885, Emin se trouva séparé du reste du monde civilisé. Cerné de tous côtés par les Mahdistes, il ne connut pas un moment de défaillance et sut faire face à tous les dangers ; mais il était à craindre que la province qu'il administrait ne subît le sort du Soudan égyptien, s'il ne recevait pas un prompt secours. L'Angleterre, dont l'ambition, depuis qu'elle était établie au Caire, était de reconstituer l'Égypte d'Ismaïl-Pacha et de placer sous son hégémonie tout le bassin du Nil, envoya une expédition sous la direction de Stanley ; ce célèbre explorateur accomplit, à travers l'Afrique équatoriale, un voyage, dont il nous a laissé un récit épique, et atteignit la province de l'Équateur ; moitié de gré, moitié de force, Emin fut forcé à le suivre. C'était un succès pour l'Angleterre, qui préférait voir cette région au pouvoir des Mahdistes que sous l'autorité d'un gouverneur allemand. L'Allemagne, à son tour, organisa une expédition sous la direction de Peters, en apparence pour la délivrance d'Emin, en réalité pour la conquête de ces territoires. Peters parvint dans le royaume d'Ouganda et signa avec le roi un traité de commerce et d'amitié. La fortune semblait, en ce moment, favorable à l'Allemagne. Emin, en butte aux sollicitations des Anglais et des Allemands, pendant son séjour à Bagamoyo, se décida à favoriser les projets de son pays ; il reçut du gouvernement impérial de forts subsides, pour l'organisation d'une caravane, et pleins pouvoirs pour arborer le pavillon allemand partout où il le jugerait utile. Le major Wissmann devait prêter son concours à cette expédition. Bismarck venait d'être disgrâcié, et les partisans de la politique coloniale, qui l'avaient toujours trouvé en travers de leurs projets, triomphaient.

Mais l'Angleterre veillait ; elle n'avait pas

renoncé à la formation d'un vaste empire, d'un seul tenant, du Cap à l'Égypte. Les capitalistes anglais, qui avaient fondé la Société des Lacs, demandaient, en garantie des sommes engagées, la reconnaissance de droits politiques ; les missions appuyaient les réclamations des capitalistes, et l'opinion publique, qui regarde un peu le continent noir comme moralement annexé à la Grande-Bretagne par les exploits des Speke, des Grant, des Burton, des Livingstone, des Gordon et des Stanley, poussait le gouvernement à couper court aux visées de l'Allemagne. Le traité anglo-allemand de 1890, en fixant au sud du mont Mfumbiro la limite septentrionale de l'Afrique orientale allemande, assurait aux Anglais la possession des régions où le Nil prend naissance, l'Ouganda et l'Ounyoro.

Mais ce n'est pas seulement pour une tentative de colonisation, pour la création de centres de peuplement que l'Angleterre convoite ces hautes régions du Nil, ni même pour songer à en exploiter la navigation, le cours du fleuve étant obstrué par des cataractes. Le secret de sa politique, il faut le chercher dans le rapport de M. Prompt, inspecteur général des Ponts et Chaussées, envoyé en Égypte avec le mandat de rechercher tout ce qui pouvait être, en matière de travaux, utile à la prospérité de l'Égypte et à l'amélioration économique du sort des Égyptiens. M. Prompt est convaincu que « pour accroître presque indéfiniment la population de l'Égypte et faire de ce pays un des plus riches du bassin méditerranéen, il fallait s'occuper immédiatement de construire, sur le Haut-Nil, tant à sa sortie des lacs qu'en aval du confluent du Sobat, des barrages capables d'emmagasiner plus de 100 milliards de mètres cubes d'eau, dans de telles conditions, que le directeur des irrigations du Caire pourrait ensuite régler facilement l'écoulement du Nil, en augmenter ou en diminuer le débit suivant les besoins de la saison, et assurer ainsi à jamais la prospérité de la haute et de la basse Égypte. »

La nation qui tient la haute vallée du Nil dispose donc de la vie même des peuples de la basse Égypte et tient leur destinée dans ses mains ; elle peut, à son gré et suivant les intérêts de sa politique, en faire un puissant instrument de fécondité ou de destruction. Voici ce que dit, à cet égard, M. Prompt, dans un mémoire présenté à l'Institut égyptien : « Il peut arriver que dans le haut Nil ou dans les lacs on retienne les eaux pour les usages d'irrigation ou de navigation très légitimes, et qu'on les lâche ensuite sans se préoccuper des dangers qui peuvent résulter pour les riverains du bas Nil.

« Ainsi et d'après cette observation, il peut arriver que l'usage judicieux et éminemment utile de ce volume d'eau dans les parties hautes du fleuve vienne produire en Égypte, par exemple, une augmentation du volume des eaux d'une crue, au moment où elle est à son maximum au

Caire, et y occasionner de cette manière des malheurs irréparables.

« *Opérations dans le haut Nil dues à la malveillance.* Ces opérations peuvent prendre des proportions très grandes.

« Pour le démontrer, il suffit de remarquer que le lac Nyanza, le lac Nzighé ou un réservoir au Sobat, peuvent emmagasiner dans peu de temps 70 à 90 milliards de mètres cubes, qui peuvent être lâchés très rapidement et augmenter de plusieurs mètres la hauteur des grandes crues du Nil.

« Si cette opération était réalisée, les villes, les canaux, les digues seraient détruits et la plus grande partie de la population périrait par l'inondation ou par le manque de nourriture. »

La même thèse était soutenue plus récemment par le colonel Colin Scott Moncrief, ancien sous-secrétaire d'État au ministère des travaux publics en Égypte, dans une lecture faite devant les membres de la *Royal Institution*, le 1er octobre 1895 : « En ce moment, disait-il, les Italiens sont sur l'arête orientale de cette vallée (du Nil supérieur). Supposons qu'ils occupent Khartoum : leur premier soin serait, tout naturellement et très logiquement, de répandre les eaux du Nil sur le Soudan ; il n'est pas de peuple en Europe qui s'entende mieux (que les Italiens) aux irrigations. Que deviendraient alors les récoltes de coton en Égypte ? Elles ne pourraient être sauvées que par une série de digues coûteuses établies sur le fleuve. Mais il y a mieux : une nation civilisée installée sur le Haut-Nil établira sûrement des vannes régulatrices en travers de l'émissaire du lac Victoria-Nyanza et réglera cette grande mer comme Manchester règle Thirlemer. Ce serait probablement une opération facile. Une fois réalisée, l'alimentation du Nil serait aux mains de cette nation, et si la pauvre Égypte avait le malheur d'être en guerre avec le peuple occupant le Nil supérieur, elle serait exposée à être asséchée ou noyée, au gré de son adversaire. »

Quels sont les moyens de parer à ces diverses éventualités? Pour M. Prompt, comme pour le colonel Colin Scott Moncrief, c'est l'occupation des points importants du cours du Nil, Kharthoum, le Sobat, Daufilé, les lacs, occupation indispensable non seulement à l'agrandissement de la surface cultivée de l'Égypte et à la diminution des impôts, mais surtout à sa sécurité. On s'explique, dès lors, l'ardeur mise par l'Angleterre à placer le Haut-Nil, c'est-à-dire la région des lacs, sous son influence.

Ce sont encore les missions protestantes qui ont préparé l'occupation de l'Ouganda par l'Angleterre. Trois partis politiques et religieux existaient dans cette vallée supérieure du Nil : les arabes-musulmans, les anglo-protestants et les franco-catholiques. Les Arabes étaient établis dans le pays depuis 1850. Ils ont d'abord exercé une grande influence sur les habitants qu'ils ont initiés à une civilisation supérieure; ils leur ont apporté un grand nombre de produits manufacturés d'Europe et dont l'usage s'est répandu. Le commerce s'est développé depuis qu'ils ont réussi à faire adopter par les Wagandas les cauris comme monnaie, dans les échanges. Ils ont eu cependant peu de succès au point de vue religieux, à cause de l'aversion des indigènes pour la circoncision ; mais ils ont eu le mérite de faire accepter le Kisuaheli, mélange de dialecte nègre, d'arabe et d'hindoustani, comme langue de la haute société Waganda. Pour ces motifs, l'influence arabe était puissante dans l'Ouganda.

Des missionnaires protestants et des Pères Blancs envoyés par Monseigneur Lavigerie opéraient depuis longtemps dans la région. « Si un véritable missionnaire, pieux et d'esprit pratique venait ici, quel champ il aurait devant lui! » écrivait Stanley après son séjour dans l'Ouganda, en 1875. La *Church missionary society* entendit cet appel et envoya des missionnaires, qui exercèrent bientôt une grande influence, parce qu'à l'instruction religieuse, ils joignaient l'enseignement de métiers manuels. Les nègres protestants n'étaient pas nombreux, mais ils formaient un parti puissant par leur dévouement absolu à leurs chefs. Les Pères Blancs n'arrivèrent dans l'Ouganda qu'en 1879 ; sous l'habile direction de Mgrs Livinhac et Hirth et du P. Lourdel, le nombre des catholiques s'accrut considérablement. Malgré les persécutions et les supplices, les conversions se multiplièrent ; de grands personnages, entre autres la sœur du roi, embrassèrent la religion des Pères ;

de nombreuses chapelles furent construites; dans la capitale fut érigée une église qui était, pour le pays, un véritable monument.

L'Ouganda ne cessa dès lors d'être en proie à la guerre civile : musulmans, catholiques et protestants se disputèrent tour à tour l'influence. Les musulmans chassèrent d'abord les chrétiens, dont ils avaient, en vain, essayé d'entraver les progrès, et le roi Muanga, soutenu par les Européens; mais Muanga, grâce à l'appui des indigènes catholiques et protestants, d'abord unis contre l'ennemi commun, l'Arabe musulman, parvint à reconquérir ses États et en expulsa les musulmans, qui se réfugièrent au Nord-Ouest, sur les confins de l'Ounyoro. Muanga ne sut pas tenir la balance égale entre les deux partis vainqueurs : le P. Lourdel devint son conseiller intime, ce qui irrita profondément les protestants, qui ne voyaient qu'un moyen d'établir leur suprématie, c'était de réclamer l'appui de l'*Impérial British East Africa* (Ibea), compagnie à charte fondée en 1888 et investie des fonctions de gouvernement les plus étendues. Gedge et Jackson, agents de l'Ibea, profitèrent de cette situation pour proposer le protectorat anglais au roi (1891); catholiques et protestants formèrent dès lors deux camps; religion et politique se confondirent; impossible de séparer les deux questions. La Compagnie était soutenue par les missions protestantes d'Angleterre, qui n'aspiraient qu'à détruire l'œuvre des Pères Blancs. Elle ne pouvait réussir que par la force et avec l'appui des musulmans rappelés dans l'Ouganda, car les stations catholiques étaient plus nombreuses et plus importantes que les stations protestantes. Elle organisa une véritable armée, commandée par le capitaine Lugard, qui pénétra dans l'Ouganda sans autorisation, et établit son camp sur la hauteur de Kampala, dans le voisinage de de Mengo, la capitale.

Le capitaine Lugard parla en maître à ce pauvre Muanga, qui tremblait de peur. Peu soucieux de l'étiquette de la cour, il exige que le roi le reçoive le jour et l'heure qu'il a fixés lui-même. Le roi surpris par tant d'audace, signa le traité qui établissait le protectorat britannique sur l'Ouganda.

Maître du pays, le capitaine Lugard tenta de pénétrer dans la province équatoriale. « J'avais conçu l'espérance qu'une petite garnison bien armée pourrait se maintenir à Wadelaï; si un fortin solide y était établi, aucune attaque des Mahdistes ne paraît présentement à redouter (1) ». Cette expédition échoua; le capitaine fut obligé de battre en retraite. Les troubles qui éclatèrent dans l'Ouganda l'empêchèrent de donner suite à ses projets.

Un motif futile mit, en effet, aux prises catholiques et protestants, décidés à défendre leurs croyances avec l'ardeur des néophytes; le roi

---

(1) Cap. Lugard, *The rise of our East Africa empire*, 2º vol.

Muanga refusa de punir un catholique qui avait tué un protestant, parce qu'il jugeait le prévenu en état de légitime défense. La lutte éclate entre les deux partis. Les catholiques, supérieurs en nombre, pourchassent les protestants, qui vont se réfugier dans le camp anglais de Kampala, et essayent d'y pénétrer à leur suite. Le capitaine Lugard fait pointer les canons Maxim contre les assaillants qui furent écrasés et mis en déroute. Les catholiques sont, à leur tour, poursuivis par les protestants jusque dans leurs retranchements où ils soutinrent un siège. Un grand nombre d'entre eux s'étaient réfugiés avec le roi Muanga dans l'île de Bulingugwé, située dans le lac Victoria. Les missionnaires les y rejoignirent. Le capitaine Lugard s'est livré contre ces catholiques sans armes, contre des femmes et des enfants sans défense, à une mitraillade que rien ne justifiait. Il avait voulu effrayer le roi, l'obliger à se rendre et à rentrer dans l'Ouganda.

L'Europe s'émut de ces massacres et de ces cruautés effroyables. Le devoir du capitaine Lugard était d'empêcher les deux partis rivaux d'en venir aux mains. Que le voit-on faire, de son propre aveu ? Avec ses canons Maxim, il brûle les villages, les stations, les chapelles catholiques; car anéantir les catholiques, c'était ruiner l'influence française dans l'Ouganda. Tandis qu'en France le public considérait avec indifférence les événements dont cette partie de l'Afrique était le théâtre, les Anglais se passionnaient pour l'Ouganda. Soutenu par la presse et par les sociétés de propagande protestante, le capitaine Lugard fut le héros du jour. Des démarches pressantes furent faites auprès de lord Rosebery pour l'obliger à sanctionner le traité de 1891, qui faisait de Muanga le vassal de l'*Imperial British East Africa Company*; la *Church Missionary Society*, la *British and Foreign Antislavery Society* et des délégués des principales chambres de commerce intervinrent à leur tour; les grands organes de l'opinion publique, *Times, Standard, Morning Post,* etc. prirent vivement parti pour le capitaine Lugard; enfin, un meeting monstre fut organisé pour imposer au gouvernement l'obligation d'assumer la responsabilité de la situation qu'avaient créée, en Ouganda, les procédés de la compagnie.

L'Angleterre était donc souveraine en Ouganda; mais la Compagnie de l'Est (Ibea) avait considérablement grossi sa dette pour arriver à ce résultat; elle ne pouvait, sous peine de succomber, consentir à de nouveaux sacrifices. Le 31 mars 1893, elle évacuait l'Ouganda et derrière elle, sir Gérald Portal, consul général à Zanzibar, nommé pour la circonstance Commissaire extraordinaire de Sa Très Gracieuse Majesté l'Impératrice et Reine, en prenait possession. L'Angleterre ne pouvait évacuer purement et simplement cette région du Haut-Nil. Les raisons pour lesquelles elle devait s'y maintenir sont exposées dans le rapport de sir Gérald Portal : « Toutes les puissances ayant des possessions dans le voisinage de l'Ouganda, l'Allemagne, l'Italie, et l'État du Congo, et la première de ces puissances en particulier, seraient justifiées, au cas où nous nous déciderions à une évacuation, à réclamer, et cela dans l'intérêt de la défense de leurs territoires, que la place laissée libre par nous fût prise par un État européen. Dans l'état présent de l'évolution africaine, il est à peine possible que l'Ouganda, la clef naturelle de toute la vallée du Nil et des plus riches contrées de l'Afrique centrale, et le seul pays qui puisse dès maintenant offrir quelque espérance de commerce, demeure sans protection et hors de l'influence des puissances, parce qu'une compagnie anglaise s'est trouvée incapable de s'y maintenir. » En dehors de ces raisons, il en est une autre que le rapport de sir Gérald Portal n'énonce qu'incidemment, c'est que l'Ouganda, par sa situation, a une haute valeur stratégique, puisqu'il est la clef du Haut-Nil et du Soudan égyptien. « On discute la question de l'Ouganda, dit le capitaine Lugard. Au point de vue politique, l'Ouganda est le plus puissant État de cette partie de l'Afrique. Cet État a à sa merci les chutes du Nil.... La question de l'évacuation de l'Ouganda et celle de notre situation en Egypte sont inséparables l'une de l'autre, car quiconque sera en possession du Haut-Nil disposera également à son gré de l'Égypte qu'il peut ruiner en la privant d'eau. »

A peine établis dans l'Ouganda, les Anglais entreprenaient la conquête de l'Ounyoro; ce pays avait été déjà attaqué par le capitaine Lugard qui, grâce à des forces supérieures, avait vaincu l'armée du roi Kabarega, forte de 7 à 8,000 hommes; mais les troubles de l'Ouganda l'avaient obligé de revenir sur ses pas. L'Ouganda pacifié, une nouvelle campagne, conduite par le colonel Colville, fut entreprise en 1892 et 1893. Kabarega a été rejeté au delà du Nil, et une série de postes fortifiés établis de Kihiro, sur le lac Albert-Nyanza, jusqu'à l'Ouganda, rendent les Anglais maîtres du pays. Le major Owen, tournant le lac Albert par le Nord, aurait planté les couleurs anglaises à Wadelaï, dans l'ancienne province équatoriale.

Cette marche en avant des Anglais dans le bassin du Haut-Nil, la prise de possession de l'Ouganda, de l'Ounyoro, l'occupation de Wadelaï, la série de protocoles avec l'Italie pour la délimitation des frontières communes, la convention signée, en 1894, avec l'État congolais dans le but de nous barrer la route du Nil, l'accroissement des forces concentrées à Wadi-Halfa, sur la limite du Soudan égyptien, la récente expédition du Soudan (1896), tout cela dessine clairement le plan poursuivi, avec énergie et persévérance, par les coloniaux d'Outre-Manche : l'Angleterre veut s'assurer la possession ininterrompue des territoires compris entre le Cap et la Méditerranée par la conquête du Soudan égyptien et l'annexion de l'Égypte. D'accord avec l'État du Congo, l'Allemagne et l'Italie, elle s'attribue la vallée du Nil qu'elle défend contre toute ingérence étrangère en l'entourant, à l'Est, par la zone d'influence italienne, et à l'Ouest, par celle du Congo belge. Par ses habiles négociations, qu'elle peut conduire à bonne fin, grâce à la stabilité assurée aux hommes d'État au pouvoir, l'Angleterre a fait un grand pas dans la voie des conceptions de M. Cecil Rhodes, l'homme d'État qui a tracé le programme de la politique coloniale anglaise en Afrique. En présence de tels résultats, on ne peut que déplorer les renversements fréquents de nos ministères et le manque de direction de notre politique extérieure souvent confiée, suivant les caprices des combinaisons politiques, à des hommes n'ayant ni la connaissance approfondie des questions africaines ni des desseins de nos adversaires.

« Aujourd'hui la situation est la suivante. L'Ouganda proprement dit est annexé; l'Ounyoro est fortement occupé. A Wadelaï flotte le drapeau anglais. En outre, l'autorité anglaise est reconnue dans une série de postes limitrophes de l'Ouganda et de l'Ounyoro, notamment sur le Toro. Lord Kimberley a bien dit, à la Chambre des lords, que les Anglais se contenteraient de conclure des traités avec les chefs des pays limitrophes de l'Ouganda, en vue du maintien de la paix, de la suppression de la traite et de la protection du commerce britannique, mais on sait ce que parler veut dire. La position prise par les Anglais dans l'Ouganda et sur tout le plateau compris entre le lac Albert-Nyanza et le lac Victoria, est une des plus fortes qu'une puissance européenne ait encore conquise en Afrique. Ayant pris à leur solde les troupes d'Emin-Pacha, ils disposent d'une forte troupe de soldats disciplinés à l'européenne ; ils ont, en outre, avec eux toutes les forces organisées de l'Ouganda. Ils peuvent ainsi mettre sur pied 60 à 80,000 hommes, si ce n'est plus.

« Ils s'appuient, de plus en plus, sur la sympathie du parti protestant de l'Ouganda, parti qui devient de plus en plus influent. Leurs derrières se trouvent ainsi assurés. Ils sont près, dès maintenant, pour conquérir le Soudan égyptien (1). »

Qui d'ailleurs peut s'opposer à leur marche en avant ? Par les conventions signées, en 1890, avec l'Allemagne, et, en 1891, avec l'Italie, le gouvernement britannique est libre d'étendre sa sphère d'influence jusqu'aux confins de l'Égypte. Il a voulu aussi obtenir le concours de l'État du Congo qui, par ses frontières orientales, touche au bassin du Nil supérieur, et l'État Libre s'était soumis aux exigences du *Foreign Office*. Le traité anglo-congolais du 12 mai 1894 avait encore une portée plus haute : c'était de réunir les possessions anglaises de l'Afrique méridionale à celles de la région du Haut-Nil ; en vertu de l'article 3, en effet, l'État Indépendant donnait à bail à la Grande-Bretagne, pendant la durée du règne de Léopold II, une bande de terre de 25 kilomètres en largeur, depuis la partie septentrionale du lac Tanganyka jusqu'au point le plus méridional du lac Albert-

---

(1) *Revue de géographie*, 1894, article du Dr Rouire.

Edouard, et comprenant le port de Mahagi. Les eaux du lac Tanganyka ayant été neutralisées, l'empire anglo-saxon, dans l'Afrique orientale et centrale, formait un tout sans solution de continuité. L'Angleterre reconnaissait l'importance des concessions qui lui étaient faites, car elle consentait, à l'égard de l'État du Congo, à des modifications territoriales qui étaient pour lui un agrandissement considérable. Elle reculait la frontière orientale du Congo belge de tout le territoire compris entre le 30° Est du méridien de Greenwich, limite primitivement fixée, et la ligne de partage des eaux du Nil et du Congo qui se trouve à l'Ouest du 30° méridien. L'Angleterre cédait, en outre, à bail, à l'État du Congo, pendant la vie du roi Léopold, toute la rive occidentale du lac Albert et la rive gauche du Nil jusqu'au Nord de Fachoda. La limite occidentale de ce vaste territoire était formée par le 25° méridien Est de Greenwich. L'Angleterre abandonnait, par cette convention, tout le Bahr-el-Ghazal, la moitié de la province de Fachoda, et presque toutes les provinces égyptiennes de Lado et de l'Équateur. A la mort du roi Léopold, l'État congolais perdait les provinces du Nil, mais gardait le Bahr-el-Ghazal et la bande de 25 kilomètres, de la crête du partage des eaux du Nil et du Congo jusqu'au lac Albert.

Ainsi par le traité du 12 mai 1894, la Belgique se faisait, comme l'étaient déjà l'Italie et l'Allemagne, l'humble satellite de l'Angleterre en Afrique, et favorisait ses projets de conquête. On

7.

devine, en effet, le but que le *Foreign Office* poursuivait par le traité anglo-congolais : c'était de nous fermer tout accès vers le Nil, en établissant, entre les possessions françaises et anglaises, une sorte d'État tampon. L'Angleterre aurait pu travailler dès lors à l'occupation du fleuve auquel est attachée la vie même de l'Égytpe et à la conquête des provinces du Soudan égyptien, avec d'autant plus d'espoir de succès, qu'elle n'avait pas à craindre notre intervention.

Si l'Italie, l'Allemagne et l'État du Congo ont reconnu à l'Angleterre des droits sur tout le bassin du Nil, le khédive reste, à nos yeux, comme aux yeux de toute l'Europe, le seul chef légitime, sous la souveraineté de la Porte, de toute la vallée du Nil; l'Angleterre n'avait donc pas plus le droit de céder le territoire sur lequel se trouvent Lado, Wadelaï, Fachoda, que le roi Léopold n'avait celui de le prendre. Le khédive seul, avec l'assentiment du sultan, son suzerain, pouvait conclure un tel marché, et encore l'assentiment des puissances garantes de l'intégrité de l'Empire turc serait-il nécessaire.

Nous ne pouvions, à un autre point de vue, permettre que les Belges s'établissent dans le Bahr-el-Ghazal. Dans quel but nous sommes-nous, en effet, avancés dans le Haut-Oubanghi et vers le Tchad? Ce n'est certes pas pour y fonder des établissements permanents, puisque l'Européen ne se reproduit pas dans ces régions ; ce n'est pas non plus dans un intérêt purement commercial, car les entreprises agricoles et l'exploitation des richesses du sol ne seront pas de longtemps possibles, à cause des difficultés des communications. Nous avons pris position dans ces contrées pour empêcher la consolidation de l'influence anglaise dans le Bas-Nil, en Égypte et dans le Soudan égyptien ; nous voulons nous ouvrir un accès vers le Haut-Nil, non certes pour nous établir dans ces provinces détachées de l'Égypte, mais pour nous donner une meilleure posture, quand s'ouvriront les négociations sur le règlement de la question d'Égypte.

C'est ce que redoutent les hommes d'État anglais ; aussi demandent-ils avec instance que l'Angleterre occupe toute la partie du Nil qui traverse le Soudan égyptien.

« Une grande puissance européenne qui occuperait une partie quelconque du Nil, dit sir Ashmead-Bartlett, à la séance du 28 mars 1895 à la Chambre des Communes, et exercerait sa domination sur les eaux de ce fleuve, tiendrait pratiquement l'Égypte à sa discrétion et serait capable d'imposer tout arrangement qui lui plairait au peuple égyptien ou au gouvernement britannique qui exerce son contrôle sur l'Égypte, et qui est responsable de la politique du pays. Le grand danger consiste en ce que nous pourrions nous trouver un jour devant un fait accompli ou que nous serions obligés, soit d'abandonner notre œuvre en Égypte, soit d'entreprendre la tâche très difficile de déloger une grande puissance européenne du voisinage du Nil. Une action prompte est nécessaire de la part du gouvernement britannique et une occupation effective s'impose de la partie du cours du Nil qui se trouve en dehors du territoire égyptien. Tant que cela ne sera pas fait, nous n'aurons aucune garantie que les Français ne s'y installent pas avant nous. Les Français sont actuellement établis dans les hautes régions du Congo. Notre traité avec l'État Libre du Congo a été tourné par les Français et notre gouvernement a subi une nouvelle humiliation, en permettant que ce traité soit remplacé par un autre traité entre la France et l'État du Congo, par lequel ce dernier État est invité à renoncer au territoire en possession duquel il a été placé. Cela leur permet l'accès du Nil et les met à même de rouvrir un jour la question égyptienne, d'une façon favorable à leurs intérêts.

« Il est évident, ajoute l'orateur, que l'avenir de l'Égypte sera aux mains de la puissance qui réussira, la première, à s'assurer la domination effective du cours du Nil. »

Nous avions, en outre, à formuler des réserves en ce qui concerne l'État Indépendant. Le nouvel État, dès qu'il fut reconnu, fut territorialement constitué dans des limites précises; ces limites sont le 30° méridien Est de Greenwich et le 4° parallèle au Nord. En qualité d'État neutre, dont les frontières ont été déterminées par les puissances représentées à Berlin, il n'a pas le droit de sortir des limites qui sont la condition même de son existence, et n'a pas, à plus forte raison, le droit de s'étendre dans des régions dont la neutralité n'a été reconnue par personne.

D'un autre côté, l'abandon par l'État du Congo d'une bande de territoire allant du lac Albert au Tanganyka n'était-elle pas une violation de droit de préférence ou de préemption qui nous a été reconnu? Le gouvernement belge faisait, il est vrai, valoir que ce territoire était cédé à bail pour une durée déterminée, que l'État congolais le reprenait en cas de liquidation; cet argument ne trompait personne; ce bail n'était qu'une cession déguisée, et cette cession n'est pas admise dans les relations de puissance à puissance.

Les négociations avec la France traînèrent en longueur; c'est qu'indépendamment des questions soulevées par le traité anglo-congolais, il fallait trancher le conflit qui avait surgi entre les deux pays, pour la détermination des frontières sur le Haut-Oubanghi (1). Le roi Léopold était d'ailleurs vivement pris à partie par la presse libérale, qui lui reprochait son attitude incorrecte, vis-à-vis d'une puissance amie. Fort de son bon droit, le gouvernement français prit une mesure énergique; le lieutenant-colonel Monteil reçut le commandement des forces chargées de la défense de nos intérêts dans le Haut-Oubanghi. Nous avons dit comment le traité franco-congolais du 14 août 1894

---

(1) Voir plus haut, p. 68 et suivantes.

mit fin à sa mission. Le capitaine Marchand s'est embarqué (juin 1896) pour aller prendre le commandement des troupes du Haut-Oubanghi et occuper les postes abandonnés par l'État congolais.

Le 5 février 1895, un arrangement fut conclu entre la France et la Belgique, pour régler toutes les difficultés pendantes à propos des territoires du Congo. Il stipule que le gouvernement belge reconnaît à la France un droit de préférence sur ses possessions congolaises, en cas d'aliénation de celles-ci, à titre onéreux, en tout ou en partie; que tout échange de territoires congolais avec une puissance étrangère, toute location des dits territoires donnent ouverture au droit de préférence de la France, et feront, par suite, l'objet d'une négociation préalable entre la France et la Belgique, et qu'il ne sera jamais fait par le gouvernement belge de cession, à titre gratuit, de tout ou partie de ces territoires. L'État du Congo s'engage à renoncer à toute occupation et à n'exercer aucune action politique à l'Ouest et au Nord d'une ligne déterminée par le 30° de longitude Est de Greenwich, au point où ce méridien rencontre le 5°30', puis par ce parallèle jusqu'au Nil, c'est-à-dire que les Belges renoncent aux avantages que leur accordait la convention anglo-congolaise, qui leur cédait, à bail temporaire, tout le Bahr-el-Ghazal et la partie méridionale du Darfour jusqu'au 10° de latitude Nord. Ainsi furent annulées les dispositions du traité par lequel l'Angleterre voulait arrêter l'expansion de la France, à l'Est du Tchad, dans le Bahr-el-Ghazal. La route du Nil moyen nous reste ouverte.

C'était un échec pour la politique anglaise en Afrique. Mais ce traité ne lèse en rien, d'après le *Times*, les intérêts britanniques, et cela suffit à nos voisins d'Outre-Manche. « Il laisse intacte la question de nos droits, dit l'organe de la Cité, dans la vallée du Haut-Nil. Le titre de bailleur ne peut être affecté par la modification suivant laquelle le preneur du bail n'entre pas en possession.

« Il se peut cependant que la nouvelle convention ait pour résultat de forcer l'Angleterre à occuper effectivement le territoire que l'État du Congo aurait pu occuper en qualité de tenancier. »

L'article 1er du traité anglo-congolais reste seul en vigueur; il est relatif au tracé de la frontière entre l'État du Congo et les territoires de la *South Africa Company*, au Nord du Zambèze. Les deux parties contractantes se font des concessions mutuelles : la Compagnie renonce au Katanga, et l'État du Congo à la région comprise entre le lac Benguélo et la Louapoula.

La convention franco-belge fut suivie d'un arrangement pour reconnaître et préciser le droit de préemption accordé à la France sur les territoires de l'État Indépendant, en cas de liquidation de l'entreprise. La France renonçait à exercer le droit de préférence en faveur de la Belgique, mais obtenait la reconnaissance formelle de ce droit, au cas où la Belgique renoncerait à sa colonie congolaise.

L'Allemagne a, de son côté, protesté contre la cession, faite par l'État du Congo à l'Angleterre, de la bande de 25 kilomètres qui isolait les possessions allemandes de la colonie congolaise, et obtenu gain de cause. Enveloppée au Nord et à l'Est par les possessions anglaises, l'Afrique orientale allemande n'aurait pu prétendre, dans le cas où la Belgique renoncerait à poursuivre son entreprise de colonisation, à une partie de l'État congolais.

Ainsi l'Angleterre était obligée de reléguer au rang des chimères le rêve d'un immense territoire placé sous l'autorité de la reine Victoria, et s'étendant, sans solution de continuité, du Cap au Nil. Jusqu'en 1884, la constitution de cet Empire paraissait réalisable : l'Angleterre, en effet, était prépondérante dans l'Afrique orientale, bien qu'elle n'y eût aucune possession territoriale : le suzerain nominal était le sultan que dominaient les consuls anglais; elle pouvait espérer, tôt ou tard, se substituer à ce *nouvel homme malade,* et prendre possession de toutes les portions du continent qu'on lui attribuait, c'est-à-dire de toutes les parties comprises entre l'Océan Indien et les grands lacs. Les possessions allemandes de l'Afrique orientale ont coupé l'Afrique orientale anglaise en deux tronçons. Pour rattacher les deux parties de son Empire, l'Angleterre a conclu la convention anglo-congolaise; mais la France et l'Allemagne ont réussi à contrarier ses projets.

On sait avec quelle unité de vue les Anglais poursuivent leur programme politique en Afrique; ils ont cette supériorité sur nous, qu'ils savent parfaitement ce qu'ils veulent, et ils apportent, dans l'exécution de leurs desseins, une persévérance et une énergie que rien ne lasse ni ne rebute.

Le traité anglo-congolais est une preuve de la fusion, opérée depuis longtemps, des intérêts belges et anglais en Afrique. Or, cette alliance anglo-congolaise persiste et se traduit, en ce moment, sous la forme d'une action combinée des troupes des deux États pour soumettre les derviches du Haut-Nil; tandis que le Sirdâr Kitchener remonte le Nil vers Dongola et Khartoum, les troupes congolaises occupent Lado, sur le fleuve. L'*Écho d'Orient*, journal du Caire, pense que cette entente aura des conséquences plus graves, dont la France et l'Allemagne ne tarderont pas à ressentir les effets :

« A la bande de 25 kilomètres, l'Angleterre et la Belgique sont en train de substituer un chemin qui marche : c'est le Nil.

« Le Congo belge s'est engagé à ne pas dépasser Lado dans son expansion vers le Nord; eh bien, il ne dépassera pas Lado; mais (il y a un mais) l'Angleterre l'y rejoindra, et Lado sera la ville qui délimitera les frontières des deux États, lesquels mettront en pratique le *do ut des*.

« L'Angleterre prêtera au Congo la voie du Nil, et le Congo l'autorisera à construire, en prenant comme point de départ Lado, un petit, tout petit chemin de fer, qui reliera Lado à la pointe Nord du Tanganyka, et le tour sera joué sans avoir éludé aucune convention, puisque l'État belge a le droit d'accorder des concessions de voies ferrées à qui il lui plaît, sur le territoire qui lui appartient légitimement.

. . . .

« Nous ne croyons pas que la livraison à l'Angleterre, par le Congo belge, d'un moyen de trafic entre Lado et le Tanganyka soit acceptée par la France et l'Allemagne, sans résistance ; la France, parce que c'est l'équivalent de la fameuse bande à bail ; l'Allemagne, parce que c'est le drainage, par le Tanganyka, de l'exportation qu'elle se préparait à organiser sur son chemin de fer, dont la tête de ligne est Dar-ès-Salam, et parce qu'elle peut prévoir, dès à présent, que la nouvelle voie de communication devant être reliée, sans nul doute, à Mombasa, ce serait l'annihilation de sa propre ligne (1). »

Quel que soit le sort réservé à ces projets l'Angleterre se préoccupe de la mise en valeur de ses possessions de l'Est africain. Elle prévoit déjà qu'elles offriront un débouché pour le sur-

---

(1) *L'Écho d'Orient*, Bulletin du Comité de l'Afrique française, octobre 1896.

croît de la population de l'Inde. Ce sera un champ ouvert aux planteurs de café, de thé, d'indigo et de tabac. Mais le développement de ces cultures, et par conséquent de la colonisation, est subordonné à l'établissement de bonnes voies de communication. Des routes ont été tracées dans l'Ouganda; on a commencé les travaux de la voie ferrée de Mombasa au lac Victoria; au 1ᵉʳ janvier 1897, 150 kilomètres de rails étaient posés de Mombasa à l'intérieur.

CHAPITRE III

Partage de l'Afrique orientale; l'Abyssinie et l'Erythrée.

Acquisitions de l'Italie dans la baie d'Assab. — Occupation de Massaouah. — Importance de ces positions sur la mer Rouge. — Premières relations de l'Italie avec le Négus. — Défaite des Italiens à Dogali. — Mort de Johannès; Ménélick est proclamé Négus. — Traité d'Ucciali. — Ménélick repousse le protectorat qu'on veut lui imposer. — Annexions faites par l'Italie sur la côte orientale. — Traités anglo-italiens du 24 mars et du 15 avril 1891; délimitation des territoires des deux États. — Le cabinet Crispi et la politique d'aventure. — Rapports de l'Abyssinie avec la France et la Russie. — Occupation de Kassala par l'Italie. — Nouvelle attaque contre Ménélick; déroute de l'armée italienne à Amba-Alaghi et à Adoua. — Traité de paix. — Importance de l'Abyssinie comme puissance africaine.

L'Italie avait à peine constitué son unité qu'elle songea à faire des acquisitions sur le continent africain. Ses hommes d'État furent en cela dominés par les souvenirs de la Rome antique, qui avait rayonné dans tout le bassin méditerranéen. Ils adoptèrent avec d'autant plus d'enthousiasme la politique d'expansion en dehors de la péninsule, que l'émigration italienne fournit annuellement un contingent fort élevé; 150 à 200,000 Italiens passent annuellement les mers et se dirigent vers l'Amérique, à la Plata, au Brésil et aux États-Unis. Il fallait chercher, sur un point non occupé de l'Afrique, une contrée qui pourrait devenir pour l'Italie une colonie de peuplement. Elle avait longtemps convoité la Tunisie; ses droits sur la Régence lui paraissaient très anciens et peu contestables : Rome n'avait-elle pas établi sur les ruines de Carthage des colonies florissantes? Ce fut une cruelle épreuve et une amère déception pour nos voisins d'au delà les Alpes, quand ils nous virent occuper la Tunisie.

Partout ailleurs la place était prise. L'Italie se serait volontiers contentée de la Tripolitaine, pays pauvre; mais elle aurait soulevé, en portant atteinte à l'intégrité de l'Empire ottoman, les protestations des puissances garantes de cette intégrité. Sur la côte occidentale, Français, Anglais, Allemands, Espagnols et Portugais ont tout occupé. Le bassin du Congo avait été attribué au roi des Belges, et la région Sud-Orientale était partagée entre Anglais et Allemands.

En 1869, au moment de l'ouverture du canal de Suez, la compagnie Rubattino, société génoise de bateaux à vapeur, avait acheté, sur le littoral de la mer Rouge, un petit territoire dans la baie d'Assab; c'était un port de relâche et de ravitaillement pour ses navires faisant voile pour l'Extrême-Orient. Par différents traités conclus de 1870 à 1880, ces possessions s'agrandirent de tout le littoral, depuis le cap Darnah jusqu'au cap Sinthier, et des îles voisines. La compagnie négocia avec les tribus des Adels et des Danakils, pour nouer des relations de commerce.

C'est sur ce point de la côte que le cabinet Depretis jeta, en 1882, son dévolu pour l'établissement d'une colonie italienne en Afrique ; le gouvernement voulait donner satisfaction à l'opinion publique mécontente de l'échec subi à Tunis. La compagnie céda ses droits de propriété, moyennant une indemnité de 416,000 francs. Il était difficile de faire d'Assab, sur une côte brûlée par le soleil et dépourvue d'eau, le centre d'une colonie importante ; ce ne pouvait être qu'une escale pour les navires italiens. Les événements dont l'Égypte fut alors le théâtre vinrent à point favoriser les projets ambitieux de l'Italie. Le Soudan égyptien était en pleine révolte, et Gordon était assiégé dans Khartoum. L'intérêt de l'Italie était de concourir avec l'Angleterre à la répression du Mahdisme ; elle avait tout à gagner à cette alliance, l'Angleterre étant la grande dispensatrice des territoires africains qui ne lui appartiennent pas. D'ailleurs, le *Foreing Office* n'avait rien à redouter d'un tel allié ; il se sentait de taille à modérer facilement ses appétits. Pendant que l'Angleterre prenait Souakim, l'Italie fut autorisée à débarquer un corps de troupes à Massaouah

(1882), qu'une ligne de postes, échelonnés le long du littoral, relia à ses possessions d'Assab.

Dans une discussion à la Chambre des Députés (1er février 1895) sur la question du Harrar, M. Flourens a parfaitement exposé dans quel but l'Angleterre a favorisé l'établissement de l'Italie sur le littoral de la mer Rouge. « Le but que poursuivait alors l'Angleterre était de se rendre les mains plus libres, en vue des complications à craindre pour elle à cette époque et de la lutte qu'elle soutenait contre le Mahdi. Elle se disait que si cette portion du littoral de la mer Rouge, trop insalubre pour qu'elle consentît à y risquer la vie de ses soldats et de ses fonctionnaires, demeurait au pouvoir nominal de l'Égypte, elle risquerait, au cours des péripéties de la lutte, de tomber entre les mains des Derviches, et qu'alors sa position à Souakim, prise à revers et menacée sur le fleuve, pourrait se trouver gravement compromise.

« C'est donc pour assurer le complet achèvement de ses plans le long du cours du Nil, que l'Angleterre a amené l'Italie à fonder son principal établissement colonial au milieu des fièvres paludéennes de Massaouah.

« C'est dans le même but qu'elle veut aujourd'hui lui donner le littoral de la mer Rouge. En effet, faire occuper par des troupes alliées les hauts plateaux de l'Abyssinie, en même temps que le littoral africain de la mer Rouge, c'est évidemment consolider la situation stratégique des troupes britanniques en Égypte.

« Mais la France ne peut pas perdre de vue qu'en confiant aux troupes d'un allié la garde du littoral d'une mer dont son canon commande déjà l'issue, l'Angleterre fait de la mer Rouge un canal italo-britannique, et pour nos escadres, une souricière anglaise. »

Depuis les projets de percement du canal de Suez, l'attention des puissances de l'Europe s'est portée vers les côtes de la mer Rouge, qui est devenue une des routes commerciales les plus importantes : en 1862, nous avons occupé Obock ; à l'époque de la guerre contre Théodoros, les Anglais avaient pris Zoulla, qu'ils ne tardèrent pas à abandonner pour s'établir à Zeila, Boulhar et Berbera, sur la côte du Harrar, et à Socotora, qui surveille l'entrée de la mer Rouge.

Les Anglais pouvaient craindre de notre part des tentatives d'extension : nous avions été, en effet, les premiers à renouer, au XIXe siècle, des relations commerciales avec l'Éthiopie ; la contrée avait été parcourue par un grand nombre d'explorateurs français ; l'un d'eux, M. Arnoux avait pénétré au Choa, gagné la faveur de Ménélick et formé le projet de révolutionner l'Abyssinie ; pour cela, il fallait la faire sortir de son isolement et la mettre en communication directe avec la mer. L'insurrection mahdiste parut fournir à l'empereur d'Éthiopie, Johannès, qui avait réussi à grouper autour de lui les diverses tribus de ce pays, l'occasion de posséder enfin un débouché sur la mer Rouge ; il espérait s'emparer de Massaouah, menacé par les Derviches, et que les Égyptiens n'étaient pas en état de défendre. L'occupation de ce port par l'Italie irrita profondément le Négus. L'Abyssinie serait donc toujours condamnée à rester sans communication directe avec la mer ! D'un autre côté, l'Italie ne voulait pas rester confinée sur cette côte, qui est une vraie fournaise ; elle aspirait à prendre pied sur les plateaux de l'intérieur plus frais et qui offraient quelques ressources à la colonisation. Mais elle ne pouvait le faire qu'aux dépens des populations vassales de l'Abyssinie.

Italiens et Abyssins devaient inévitablement se heurter. Après avoir occupé la plaine comprise entre la côte et les premiers escarpements du plateau, les Italiens s'avancèrent progressivement dans l'intérieur. C'était violer les engagements conclus avec Johannès, qui avait renoncé à Massaouah, à la condition que les Italiens ne dépasseraient pas l'enceinte de la ville. Le Négus demanda que les Italiens évacuassent tous les postes occupés. Ceux-ci refusèrent. Un faible détachement italien fut écrasé à Dogali (1887) par le ras Aloula. Ce désastre produisit la plus vive émotion dans la Péninsule, mais la *Consulta* ne renonça pas cependant aux projets de conquête du plateau abyssin. Ils prirent corps surtout lorsque M. Crispi fut appelé, après la mort, en 1887, de M. Depretis, diplomate prudent et avisé, à la direction de la politique étrangère. Une nouvelle expédition fut décidée ; un corps expéditionnaire de 20,000 hommes, sous le commandement de San-Marzano, fut réuni autour de Massaouah. Le négus Johannès, avec des forces supérieures en nombre, occupait, en arrière de Saati, à 27 kilomètres de Massaouah, des positions formidables, d'où les Italiens n'auraient pu le déloger. Des pourparlers engagés ne purent aboutir.

Bientôt Johannès se trouva dans une situation des plus critiques : tandis que les forces mahdistes se préparaient à envahir ses États, Ménélick, roi de Choa, après avoir refusé à son suzerain les contingents qu'il réclamait pour combattre les Italiens, finit par se déclarer contre lui. L'empereur se porta à la rencontre des Derviches et fut tué à la bataille de Metemneh (1889).

L'armée italienne profita de l'anarchie qui désola l'empire abyssin après la mort de Johannès, pour réoccuper les postes qu'elle avait été obligée d'évacuer, Dogali, Saati ; en même temps furent signés, avec les tribus voisines de la côte, des traités par lesquels elles acceptaient le protectorat de l'Italie.

Johannès avait désigné son fils Mangascia, ras du Tigré, pour son successeur ; mais plusieurs ras lui disputèrent le trône. Ménélick l'emporta sur tous ses rivaux. En dehors des droits qu'il prétendait avoir au trône, comme descendant en ligne directe du roi Salomon et de la reine Saba, il fut fortement appuyé par l'Italie, qui avait espéré trouver en lui un prince disposé à accepter un traité de protectorat. Après avoir soumis, à la tête des troupes choannes, les diverses provinces éthiopiennes, à l'exception du Tigré, et s'être fait couronner à Antotto, il se montra disposé à négocier avec l'Italie, qui l'avait reconnu comme souverain d'Abyssinie. Le 2 mai 1889, fut signé, entre les deux gouvernements, le traité d'Ucciali. L'article 17 réglait les rapports des deux gouvernements ; il est ainsi conçu, d'après la version italienne : « S. M. le roi des rois d'Éthiopie consent à se servir de S. M. le roi d'Italie pour toutes les tractations d'affaires qu'il pourra avoir avec d'autres puissances et gouvernements. » En acceptant même les termes vagues de ce traité, il semble difficile d'admettre qu'il établit la reconnaissance du protectorat italien sur l'Abyssinie, ainsi que le prétendent les négociateurs du roi Humbert. Le texte amharique, qu'invoque Ménélick pour maintenir son indépendance, paraît, *a priori*, plus conforme aux traditions et au rôle de l'Abyssinie en Afrique ; il dit que le roi d'Éthiopie *pourra demander* l'aide du royaume d'Italie pour les affaires qu'il aurait avec les autres États d'Europe. On se demande, en effet, pourquoi Ménélick se serait reconnu bénévolement le vassal d'Humbert ; pendant dix siècles, l'Abyssinie a lutté victorieusement pour son indépendance et a maintenu, dans l'Afrique envahie par l'islamisme, les traditions de la civilisation occidentale, et le Négus, déchirant ce passé glorieux, aurait accepté la souveraineté de l'Italie ! C'aurait été de sa part une abdication que rien ne commandait ni ne justifiait, ni les intérêts politiques de l'empire et encore moins les intérêts religieux. Aussi, quand Ménélick proteste contre les fourberies du traité d'Ucciali, le bon droit paraît de son côté. « J'ai stipulé, écrivait-il au roi Humbert, en septembre 1890, que, par amitié, les affaires éthiopiennes pourraient être traitées par la diplomatie italienne, mais je n'ai pas entendu prendre cet engagement par traité. Votre Majesté doit comprendre qu'aucune puissance indépendante ne ferait jamais pareille chose. »

Quoi qu'il en soit, le gouvernement italien pouvait être fier des résultats qu'il avait obtenus : il avait reconquis tout le pays qu'il avait été obligé d'abandonner après la défaite de Dogali. Keren avait été pris sans coup férir ; Asmara était occupé peu de temps après ; enfin, un traité de paix et d'amitié avait été signé avec le Négus.

C'est au moment où une ère pacifique semble s'ouvrir que commencent les difficultés ; elles ne viennent pas seulement des diverses interprétations à donner au traité d'Ucciali ; elles résultent surtout, ce qui a lieu d'étonner quand on considère l'habileté déployée jusqu'à présent par la diplomatie italienne, du manque de sens politique des hommes d'État de la Péninsule. Ils n'ont pas compris que leur intérêt était de maintenir cet état anarchique dans lequel l'Abyssinie était plongée à la mort de Johannès, qu'il fallait favoriser l'indépendance des ras et empêcher l'unité monarchique de s'établir. Cette unité, qu'elle se constituât sous le sceptre du roi du Tigré ou sous celui du roi de Choa, devait être dangereuse pour ceux qui rêvaient de conquérir l'Éthiopie. D'ailleurs, les avertissements sur les dangers d'une telle entreprise ne leur ont pas manqué ; mais ils étaient persuadés que l'armée italienne était capable de renouveler la campagne entreprise par les Anglais, en 1867-1868, contre le négus Théodoros. Ils oubliaient que les Anglais, avant de se mettre en campagne, avaient eu soin de s'assurer la neutralité des princes abyssins, à qui ils avaient promis de ne pas occuper le pays. Cette habile politique de l'Angleterre assura le succès de l'expédition. Théodoros ne recevant de ses vassaux ni contributions, ni secours, fut réduit à son seul camp de Magdala. « La neutralité bienveillante de Kassai, roi du Tigré, fut une circonstance heureuse, et, on peut le dire, provoquée. Elle permit à l'armée anglaise d'obtenir des vivres sur place. Les Abyssins se liguant pour repousser l'envahisseur, comme ils le firent plus tard pour les Égyptiens et les Italiens, eussent à coup sûr, malgré l'infériorité de leur armement, causé un désastre à l'armée anglo-indoue. Peut-être même le cabinet anglais, toujours si bien renseigné en matière de politique coloniale, eût-il reculé devant les frais et les difficultés d'une pareille lutte ! (1) »

---

(1) A. Hans, « L'armée de Ménélick », *Revue des Deux Mondes*, 15 juin 1896.

Le traité d'Ucciali déterminait la ligne frontière entre la colonie italienne de l'Érythrée et les États de Ménélick. La limite devait se diriger du fort d'Arafalé, sur le golfe de Zoulla, vers Asmara, pour suivre le cours du fleuve Anaba, vers le Nord, jusqu'au territoire des Bogos, et de là descendre, en suivant la rive droite du fleuve Lebka, jusqu'à l'embouchure de ce même cours d'eau dans la mer Rouge.

Ces limites fixées à l'expansion de l'Italie ne furent pas respectées ; quelques jours après la conclusion du traité, les troupes italiennes occupèrent Keren, Asmara et Agordat, sur la route de Kassala, et élevèrent, au Sud-Ouest des monts Asmara, des forts qui devaient assurer leur domination sur tout le territoire compris entre Asmara et Godafelassi (1889). L'année suivante, le général Orero entrait à Adoua, sans coup férir. Des difficultés intérieures empêchèrent alors le gouvernement d'engager à fond la guerre contre Ménélick : à ce moment avait éclaté l'affaire des banques, le *Panamino* ; des soulèvements avaient eu lieu en Sicile ; une crise économique sévissait sur toute la Péninsule et les budgets se soldaient avec des déficits considérables.

En attendant, le gouvernement italien négocie pour s'établir sur d'autres points de la côte orientale ; c'est ainsi qu'il annexe les sultanats de Medjourtines et d'Opia, contrées sans doute d'une fertilité médiocre et habitées par des peuples hostiles, mais qui ne sont pas à dédaigner pour ceux qui ont l'ambition de dominer les hauts plateaux abyssins. Par l'occupation du Somaliland, les Italiens investissaient du côté du Midi les Éthiopiens et les Gallas, qui ne pouvaient déjà atteindre la mer Rouge qu'en passant à travers les possessions italiennes de l'Érythrée.

Les Anglais étaient déjà depuis quelques années maîtres de la partie septentrionale de la côte zanzibarite, depuis la rivière Wanga jusqu'à l'embouchure de la Tana avec les ports de Kismayou, Brawa, Merka, Magadoxo et Varsheik. Ils étaient donc les voisins des Italiens établis au Somaliland. D'ailleurs, l'Angleterre avait favorisé cette occupation. Depuis que les Italiens étaient à Massaouah, les deux pays marchaient d'accord en Afrique, poursuivant un but commun, la défaite du Mahdisme et la conquête des régions du Haut-Nil. Leurs efforts n'avaient pu empêcher ni la prise de Khartoum en 1883, ni celle de Kassala en 1885 par les Madhistes; les deux puissances n'en avaient pas moins un égal intérêt à rétablir l'ancien état de choses dans le Soudan égyptien : les Anglais ne pouvaient laisser passer sous une autre domination une contrée arrosée par le Nil, le fleuve nourricier de l'Égypte ; d'un autre côté, les Italiens ne pouvaient s'établir en Éthiopie, tant que ces régions du Haut-Nil seraient troublées. De cette communauté d'intérêts sont sortis les traités du 24 mars et du 15 avril 1891. Le premier fixe le point de démarcation des territoires anglais et italiens à la côte du Somal : la ligne frontière part de l'embouchure du Djouba dont elle longe le cours jusqu'au 6° degré de latitude nord qu'elle suit à l'ouest jusqu'au 35° longitude Est de Greenwich, pour longer ensuite ce parallèle jusqu'au Nil-Bleu. Le second trace la frontière entre l'Éthiopie et le Soudan égyptien : cette frontière va du Ras-Kasar, sur la mer Rouge jusqu'à l'intersection du 17° latitude nord et du 37° longitude Est de Greenwich. Elle suit de là ce méridien jusqu'au 16° 30' latitude nord et se dirige, en ligne droite, jusqu'au village de Sabderah qu'elle laisse à l'est. Elle rejoint ensuite la rivière Gach, à une trentaine de kilomètres en amont de Kassala, puis l'Atbara ; une ligne irrégulière la prolonge jusqu'au Nil-Bleu sous le 35ᵉ méridien. Ces traités ont été complétés par la convention du 5 mai 1894, qui trace les limites des possessions anglaises de la côte d'Aden, entourées à l'est, au sud et à l'ouest par les possessions italiennes, et qui attribue à l'Italie le Kaffa et le Harrar; or, par une convention signée en 1888, la France et l'Angleterre s'engageaient ni à annexer ni à placer le Harrar sous leur protectorat. Ainsi, en dehors de ses possessions de l'Érythrée, l'Italie obtenait la côte aride et sablonneuse des Gallas et des Somalis jusqu'à la rivière Djouba, toute l'Abyssinie et ses dépendances du Sud, le Kaffa et le Harrar. Elle avait réussi, en occupant toute la côte qui restait à prendre, depuis Massaouah jusqu'à la rivière Djouba, à fermer tout accès vers la mer aux tribus éthiopiennes ; désormais, soit vers la mer Rouge, soit vers l'Océan Indien, les Abyssins se heurtaient à un cercle de possessions italiennes. Tout commandait au gouvernement italien de persévérer dans cette politique sage et prudente qui lui avait valu de tels résultats, sa situation économique et financière et l'avenir de son expansion, qui pouvait être compromis par une marche précipitée et par le désir de faire grand.

Les difficultés allaient commencer avec l'arrivée au pouvoir, en 1891, de M. Crispi, qui succéda à M. le marquis di Rudini, comme président du Conseil. Partisan de la politique d'expansion, il allait apporter dans la direction des affaires coloniales les qualités et les défauts de sa nature passionnée, agitée et inquiète. Son tempérament l'a toujours poussé aux aventures ; si le révolutionnaire s'est un peu assagi au pouvoir, il a conservé, en revanche, à sa politique une allure agressive qui a failli troubler l'Europe. Comme Bismarck, son héros et son modèle, il a voulu, plein d'une confiance en lui-même sans limite, courir les hasards d'une grande politique. Dédaigneux des obstacles et impatient des retards, il n'a pas su préparer les résultats et mesurer l'effort aux difficultés de l'entreprise. Aussi était-il d'avance condamné à échouer misérablement et à précipiter son pays dans des catastrophes.

A peine maître d'Adoua, le général Orero fut obligé d'abandonner la capitale du Tigré, en vertu du traité d'Ucciali ; par une convention additionnelle à ce traité, signée le 6 février 1891, entre le Négus et le comte Antonelli, le gouvernement italien s'engageait à faire évacuer les forts et les points occupés dans cette province, mais l'ordre d'évacuation ne fut jamais envoyé. La lutte ne pouvait dès lors être évitée; d'ailleurs Ménélick avait affermi son autorité sur les ras et déclaré formellement, au camp de Borromieda, où il avait rassemblé toutes ses forces, qu'il ne serait jamais le protégé de l'Italie. La paix n'était possible que si l'Italie acceptait le maintien des anciennes frontières, et il n'était pas dans les desseins de M. Crispi d'abandonner les positions conquises. En Europe, en dehors de la *Triplice*, qui soutenait l'Italie, le sentiment public était pour Ménélick contre Crispi, pour l'Abyssinie luttant pour son indépendance contre l'Italien envahisseur. Notre intérêt n'était pas de voir l'Italie solidement établie dans la mer Rouge par la conquête de l'Abyssinie; ce serait fortifier la puissance de l'Angleterre sur une mer qui est devenue une des grandes routes commerciales du monde, notre sœur latine s'étant condamnée au rôle de satellite de notre puissante voisine d'Outre-Manche. Nous pouvions compter, pour combattre l'influence italienne en Abyssinie, sur le concours actif et dévoué de la Russie. Restés fidèles à l'antique religion du prêtre Jean, introduite au IV° siècle, les chrétiens d'Éthiopie appartiennent à la communion copte et relèvent de l'Église alexandrine; par leurs dogmes et leurs rites, ils sont frères des Russes; de là, les rapports étroits qui existent, surtout depuis 1848, entre les deux pays et l'influence religieuse et morale qu'exerce la Russie sur une contrée moins avancée en civilisation. Le but poursuivi est la réforme de l'Église éthiopienne sous la direction du clergé russe, mais en lui laissant son autonomie, et l'union des deux Églises. Le protectorat religieux du Tsar serait, par conséquent, en rivalité directe avec le prétendu protectorat politique des Italiens. On s'explique dès lors pourquoi, même avant les protestations du Négus contre l'interprétation donnée au traité d'Ucciali, le gouvernement de Saint-Pétersbourg a considéré l'Abyssinie comme un État disposant de ses destinées et n'a pas donné acte, au gouvernement italien, de la notification du traité, même par un simple accusé de réception. Il ne saurait admettre que l'Abyssinie soit placée sur le même rang que les petits sultanats d'Afrique, parce que c'est un État chrétien qui a su, pendant de longs siècles, défendre son indépendance contre les peuples musulmans et même contre l'Égypte, en 1875 et 1876. Notre diplomatie a été moins avisée ou moins prévoyante; M. Goblet ne paraît pas avoir compris la portée du premier établissement des Italiens à Massaouah, et M. Spuller ne s'est pas demandé, quand il a donné acte de la notification du traité d'Ucciali, s'il y avait des réserves à faire. Ni l'un ni l'autre ne semblent avoir compris que nos intérêts se confondent, en cette question, avec ceux de la Russie; favoriser l'influence russe en Abyssinie, c'est travailler à fortifier le Négus, c'est l'aider à maintenir son indépendance et à repousser ce protectorat qu'on veut lui imposer par la force. Nous devons donc faciliter aux missions russes, religieuses ou scientifiques, l'accès de l'Abyssinie par notre territoire d'Obock. On sait cependant l'ordre étrange transmis par M. Goblet au gouverneur d'Obock, en février 1891, quand la mission Atchinof, envoyée en Abyssinie par le Saint-Synode, débarqua sur notre territoire, à Sagallo. Le chef de la mission refusa d'abord de se rembarquer ; il n'y consentit qu'après un bombardement qui tua cinq ou six personnes. De nouvelles tentatives, faites depuis par le gouvernement russe, ont été mieux accueillies : en 1893-94, c'est M. Mascow qui accomplit en Abyssinie une mission politique; en 1895, la *Société impériale russe de géographie* envoie la mission Léontieff, que notre gouverneur d'Obock conduisit à Djibouti et accompagna sur la route du Harrar. C'est à l'occasion du départ de cette mission que les *Novosti* ont montré le danger, pour la France et la Russie, de la domination italienne dans cette région de l'Afrique par la conquête de l'Abyssinie. « Les Anglais à Aden, les Italiens à Massaouah, gardent avec un soin jaloux l'accès du canal de Suez, qui est une création française, et c'est là que se trouve le point dangereux pour la Russie et la France, qui doivent assurer leurs communications avec leurs possessions dans l'Extrême-Orient. La neutralité du canal de Suez ne sert à rien, car les Italiens et les Anglais peuvent en interdire l'accès ou la sortie aux navires de guerre russes et français. Le problème peut être résolu par l'établissement d'un contrepoids dans la mer Rouge, au profit de la France et de la Russie, avec l'aide de l'Abyssinie. C'est vers ce but que doivent être dirigés les efforts de ces trois puissances. »

Avant de se tourner contre Ménélick, les Italiens devaient protéger les frontières occidentales de leurs possessions, où les Derviches faisaient de fréquentes incursions ; au mois de décembre 1893, ceux-ci s'étaient avancés jusqu'à Agordat, qui défend les approches de Keren ; ils furent battus par le colonel Arimondi. Le général Baratieri profita de ce succès pour attaquer Kassala et l'occuper, quand les négociations engagées avec l'Angleterre auraient permis à l'Italie de prendre cette place. On remarquera, en effet, que dans le traité délimitant la zone d'influence italienne, la frontière est tracée en deçà de cette ville. L'Angleterre tenait à garder pour elle Kassala, qui commande la vallée de l'Atbara, un des plus importants affluents du Nil. C'est lui qui charrie la plus grande partie du limon fertilisant qu'il dépose dans la basse vallée du fleuve. La puissance maîtresse de l'Atbara tient dans ses mains le contrôle de l'irrigation de l'Égypte. En outre, Kassala se trouve sur la route la plus facile pour atteindre Khartoum. L'Italie ne pouvait rien entreprendre contre les Abyssins, tant que Kassala serait au pouvoir des Mahdistes. Ce furent ces considérations stratégiques qui décidèrent le gouvernement britannique à permettre à l'Italie d'occuper provisoirement cette place. Kassala fut pris au mois de juillet 1894.

Solidement établis dans leurs postes fortifiés, les Italiens se croyaient invincibles : « Notre position est indestructible, disait déjà dans une séance du mois de mars 1890 M. Crispi, en parlant de l'Abyssinie; nous l'avons conquise en dépensant, depuis 1882, près de cent millions. » Les événements ont récemment donné un cruel démenti à ces paroles. C'est que l'armée italienne avait affaire à de redoutables adversaires; les Abyssins, auxquels on ne conteste ni la fierté ni la bravoure, ont su, à toutes les époques, lutter et mourir en braves pour conserver leur indépendance. Du haut de leur citadelle inexpugnable, formée de hauts plateaux de 2,000 à 4,000 mètres isolés par de profondes crevasses, ils ont résisté à tous les envahisseurs et n'ont jamais consenti à porter le joug. Les Italiens n'avaient franchi encore que les premiers gradins de cet *escalier du diable*, comme les soldats anglais appelaient ce chaos de roches colossales qu'il faut escalader avant de parvenir sur les hauts plateaux.

Le Tigré, qui confine à l'Erythrée, devait être le théâtre des opérations militaires. Cette province était gouvernée par Mangascia, fils de Johannès, dont les Italiens n'avaient pas su exploiter la rivalité contre Ménélick. Ils commirent même la faute impardonnable de s'en faire un ennemi irréconciliable, en annexant le Tigré sans lui offrir de compensation. Dès lors, le ras Mangascia se réconcilia avec Ménélick, auquel il jura fidélité ; l'impératrice Taïtou, tigréenne de naissance, voyait avec regret son pays au pouvoir de l'étranger. Tout conspirait donc à pousser Ménélick à reprendre cette province sur les Italiens qui, ne se contentant plus du protectorat, marchaient résolument à la conquête de l'Abyssinie, en violation des engagements les plus sacrés.

Baratieri, informé de ce qui se préparait, prit l'offensive ; il bat les troupes de Mangascia à Coatit et à Senafé (janvier 1895). La nouvelle de ces victoires excita dans toute la péninsule un enthousiasme dont Crispi se fit l'écho, en télégraphiant au vainqueur : « Je me félicite avec toi et l'Italie pour les victoires remportées sur les Abyssins. Nous devons louer non seulement la valeur des soldats, mais aussi la stratégie du capitaine qui sut, en vrai garibaldien, vaincre avec des forces minimes un ennemi plus fort. » Baratieri, oubliant toute prudence, poursuivit ses succès ; il s'empara d'Adigrat, la principale place forte du Tigré, envoya ses avant-postes à Antallo et à Makallé, où furent élevées quelques fortifications, et fit une entrée triomphale à Adoua, la capitale historique du Tigré, et à Axoum, la ville sainte de l'Abyssinie. Ménélick ne pouvait rester indifférent au sort de son vassal ; il ne pouvait permettre, sans laisser porter une atteinte grave à ses droits de souverain, que l'Italie dépossède un de ses vassaux de la province dont il l'a investi, pour y installer un autre ras. Désormais, les Italiens n'auront plus seulement devant eux les forces de Mangascia, ils vont se trouver en présence de toutes les forces de l'Abyssinie, Choa, Asmara, Tigré, Harrar, pays Galla, réunies sous les étendards de Ménélick, armées de canons à tir rapide, de fusils nouveau modèle et pourvues d'abondantes munitions. Une colonne italienne, forte de 2,000 hommes, envoyée sous le commandement du major Toselli, en reconnaissance en avant d'Antallo, fut massacrée par les Abyssins à Amba-Alaghi (décembre 1895). Antallo fut abandonné, Adoua et Axoum furent évacués, et Makallé, assiégé par le ras Mangascia, fut obligé de capituler. Tout le Tigré était menacé.

Après ces échecs, le ministère Crispi envoya de nouveaux renforts; bientôt le général Baratieri disposa d'une armée de 65,000 hommes, y compris 8 à 10,000 indigènes Ascaris. Les deux armées en présence se préparent à une action décisive. La bataille d'Adoua (1er mars 1896) fut pour les armes italiennes un échec sanglant; attaqués avec impétuosité par l'armée choanne, les Italiens furent mis en pleine déroute et laissèrent 8 à 10,000 hommes sur le terrain; leur artillerie fut prise avant qu'ils aient pu s'en servir. Désormais, c'en est fait des projets grandioses formés par l'Italie en Afrique; elle doit renoncer au protectorat de l'Abyssinie; elle ne pourra pas même garder le Tigré.

Après de longues négociations, le traité d'Ucciali a été déchiré (novembre 1896); l'Italie reconnaît l'indépendance de l'Ethiopie et abandonne cet empire de l'Erythrée, qui devait embrasser la plus grande partie de l'Afrique orientale baignée par la mer Rouge, le golfe d'Aden et l'Océan Indien. La frontière entre les possessions italiennes, réduites désormais à une étroite bande sur la côte brûlée de Massaouah et l'empire abyssin, sera ultérieurement fixée. Nul doute que Ménélick revendique tous les territoires qu'il considérait, dès 1891, comme faisant partie de l'Abyssinie, dans la lettre qu'il adressait alors à tous les chefs d'État européens. « Partant de la limite italienne d'Arafalé, dit-il, qui est située sur le bord de la mer, cette limite se dirige vers l'Ouest sur la plaine de Gegra-Meda, va vers Mahija-Halaï, Digsa, Goura, et arrive jusqu'à Adibaro.

« D'Adibaro, la limite arrive jusqu'à l'endroit où le Mareb et le fleuve Atbara se réunissent.

« Cette limite, partant ensuite du dit endroit, se dirige vers le Sud et arrive à l'endroit où le fleuve Atbara et le fleuve Setit (Takazzeh) se rencontrent et où se trouve la ville connue sous le nom de Tomat.

« Partant de Tomat, la limite embrasse la province de Kedaref et arrive jusqu'à la ville de Kargag sur le Nil Bleu...

Nous ne suivrons pas le monarque abyssin dans le tracé des frontières méridionale et orientale de ses États; la fin de sa lettre mérite cependant d'être citée, parce qu'elle est une menace pour l'expansion anglaise dans le bassin du Nil.

« En indiquant aujourd'hui les limites actuelles de mon empire, je tâcherai, si Dieu veut m'accorder la vie et la force, de rétablir l'ancienne frontière de l'Éthiopie jusqu'à Khartoum et jusqu'au lac Nyanza avec les pays Gallas. »

Les événements dont cette partie de l'Afrique vient d'être le théâtre peuvent être gros de conséquences. C'est une puissance militaire qui s'est révélée en Afrique; personne ne conteste aux Abyssins les vertus guerrières, dont ils avaient déjà donné des preuves dans leurs luttes contre les musulmans, et plus récemment contre les Egyptiens. Il a fallu la victoire retentissante d'Adoua, pour convaincre l'Europe qu'il y a, en Afrique, un peuple avec lequel elle devra dorenavant compter, et qui peut travailler avec elle au progrès de la civilisation. Par leurs mœurs, leur religion, leurs institutions, les Abyssins se rapprochent de nous. Avant que la conquête arabe les isolât du monde chrétien, ils entretenaient avec les nations de l'Europe des relations suivies. Depuis la seconde moitié de ce siècle, cet isolement a pris fin; les négus ont signé avec quelques puissances européennes des traités d'amitié et de commerce. Il suffirait, pour que ces rapports deviennent plus étroits, que l'Abyssinie pût enfin mettre la main sur le littoral dont elle a besoin, pour entrer en contact avec le monde entier. La mission confiée à M. Lagarde, gouverneur d'Obock, et à M. Bonvalot (1897) aura pour résultat, il faut l'espérer, de doter l'Abyssinie de la voie ferrée d'Antotto à Djibouti, qui est le débouché naturel du Harrar et de l'Éthiopie méridionale; des communications faciles avec le monde civilisé seraient ainsi assurées à l'Abyssinie, à travers nos possessions d'Obock.

La France et la Russie ont, dans l'empereur Ménélick, un allié puissant, disposant d'une armée nombreuse, brave, disciplinée, en état de se mesurer, sur son propre territoire, avec les plus solides troupes d'Europe. Quand cette armée aura été dressée à l'européenne, sous la direction d'instructeurs russes ou français, et pourvue d'armes perfectionnées, elle deviendra redoutable pour ses voisins. L'Ethiopie sera, dans les questions africaines, un facteur important qui devra entrer en ligne de compte. Son chef, le Négus-Négesti, est digne de figurer dans l'élite des monarques; il est doué d'une grande intelligence et d'une rare faculté d'assimilation. C'est un esprit curieux, désireux de s'instruire. Il n'a pas l'intention de rester confiné dans sa haute forteresse de montagnes; il a déjà soumis les pays environnants, le pays des Gallas, le Harrar et plus récemment l'Aoussa; il n'a pas oublié que, du côté du Nil, la frontière de ses États allait jusqu'à Khartoum. La conquête du Soudan égyptien pourrait présenter pour l'Angleterre de sérieuses difficultés, si la nation éthiopienne, consciente de sa force et de son avenir, revendiquait une partie de la vallée supérieure du Nil. Les Anglais savent qu'un tel adversaire n'est pas à dédaigner et qu'il est de taille à se faire une part dans le partage de l'Afrique. A leur tour, ils ont envoyé auprès de Ménélick, au commencement de cette année, une ambassade sous la direction de M. Rodd, second secrétaire de la légation britannique au Caire, dans le but d'obtenir sa neutralité bienveillante à leurs projets d'expansion dans la vallée du Haut-Nil.

« Quels moyens M. Rodd a-t-il été autorisé à mettre en œuvre pour gagner Ménélick à sa cause? Les journaux d'Égypte se sont faits l'écho d'un bruit d'après lequel le chef de la mission anglaise serait autorisé à offrir à Ménélick l'arrière pays de la côte des Somalis, voisin des possessions abyssines et convoité par les négus d'Éthiopie depuis le roi Jean (1). »

---

(1) Bulletin du Comité de l'Afrique française, mai 1897.

CHAPITRE IV

L'Égypte et la question du Nil. — Le Soudan égyptien.

I. — Influence française en Égypte sous Méhémet-Ali — Réformes de Méhémet. — Lutte de Méhémet contre Mahmoud, sultan de Turquie, son suzerain. — La question d'Orient. — Note du 27 juillet 1839, plaçant la Turquie sous la tutelle de l'Europe. — Accord des quatre grandes puissances contre la France, protectrice de Méhémet. — Le hatti-chérif du 19 avril 1841; fin du conflit. — Les successeurs de Méhémet-Ali ; détresse financière de l'Égypte sous Ismaïl. — Réveil de la question d'Égypte. — Le condominium. — Arabi-Pacha. — Politique hésitante de M. de Freycinet. — Le protocole de renoncement. — Conférence du 23 juin à Constantinople. — Bombardement d'Alexandrie; occupation de l'Égypte par l'Angleterre. — Échec des négociations entre les cabinets de Paris et le Foreign Office pour l'évacuation de l'Égypte. — Avènement d'Abbas-Hilmy; le parti national égyptien.

II. — Le Soudan égyptien. — Révolte du Mahdi; progrès de l'insurrection. — Gordon-Pacha ; prise de Khartoum par les Mahdistes. — Abandon par l'Angleterre du Soudan égyptien. — Déclin de la puissance mahdiste — Prétentions de l'Angleterre sur le Soudan égyptien. — Déclaration de sir Gray à la Chambre des Communes (séance du 28 mars 1895). — Interpellation de M. de Lamarzelle au Sénat (séance du 5 avril 1895). — Déclaration de M. Hanotaux.

I. — L'Égypte et le Cap sont les deux contrées de l'Afrique qui ont la plus grande importance, parce qu'elles commandent la route des Indes et de l'Extrême-Orient. L'Angleterre est maîtresse de la route du Cap depuis la fin du xviiie siècle ; elle a fortifié sa position dans la mer Rouge, dès que les travaux du canal de Suez ont été entrepris, en s'emparant de Périm et de Socotora et en combattant l'influence que nous avions acquise en Égypte, pour faire prédominer la sienne. Depuis 1881, elle occupe militairement l'Égypte ; mais elle comprend qu'elle ne peut se maintenir dans la vallée du Nil qu'à la condition de posséder le haut bassin du fleuve. Les traités signés, en 1890 et 1891, avec l'Allemagne, l'Italie et l'État congolais lui ont permis de s'établir dans la région des lacs et dans l'Ouganda, c'est-à-dire dans la région des sources du Nil, qu'elle n'a pu rattacher encore à ses possessions de l'Afrique méridionale. L'Afrique orientale allemande empêche la jonction des deux tronçons de l'Empire africain anglais. Tout en poursuivant la réalisation de ce vaste projet, le gouvernement britannique se préoccupe surtout, depuis 1891, d'assurer sa domination sur tout le bassin du Nil.

La question égyptienne s'est posée à deux reprises, dans le courant de ce siècle, avec une certaine gravité. La diplomatie anglaise a su, dans les deux cas, manœuvrer avec une extrême habileté et s'assurer le concours des grandes puissances, tandis que nous restions seuls et par conséquent impuissants. Nous avons cependant beaucoup fait, depuis un siècle, pour la prospérité de ce pays. L'origine de l'influence que nous y exerçons remonte à l'expédition entreprise par le Directoire en 1798. Bonaparte emmène avec lui non seulement une légion de soldats, mais aussi une commission de savants, d'ingénieurs, qui font des fouilles, recueillent des manuscrits, ouvrent des chaussées, donnent l'essor au commerce, jettent, en un mot, les premières bases de cette civilisation à la française que Méhémet-Ali allait poursuivre. Le grand vice-roi continua l'œuvre commencée par Bonaparte. A ce travail de transformation, qu'il poursuivit avec courage et qui dura près de quarante ans, il associa la France, lui empruntant des médecins, des professeurs, des officiers, des marins, des mécaniciens, etc.

Pour réparer les ruines que la domination turque avait accumulées, il fallait avant tout étudier le régime du Nil, auquel l'Égypte doit sa merveilleuse fécondité, et doter le pays de routes et de canaux. Ce fut l'œuvre à laquelle se consacra Linant de Bellefonds, qui dirigea, pendant 40 ans, les travaux publics. Il procéda à l'endiguement du Nil, au creusement de canaux d'irrigations, à la création des canaux du Delta, à la reconstruction de la digue d'Aboukir détruite par les Anglais en 1799. On lui doit encore la première étude complète du percement de l'isthme de Suez. Mougel entreprit ce travail gigantesque d'un grand barrage du Delta, de près de 1,000 mètres de longueur, soutenant une belle route. Coste inaugure le canal de Mahmoudieh, fournissant l'eau du Nil à Alexandrie. Bien d'autres encore ont dirigé des travaux dignes du génie français et de l'antique Égypte. Est-il nécessaire de citer le grand initiateur du canal de Suez, Ferdinand de Lesseps, les ingénieurs Cordier, Brocard, Lasseron, et tous ceux qui, à des titres divers, comme Jumel, qui a importé le coton qui porte son nom, comme Clot-Bey, qui a propagé la médecine, comme Mariette, Maspéro, Morgan, qui ont dignement poursuivi l'œuvre de l'immortel Champollion, ont fait aimer et admirer la France en Égypte par leur dévouement à sa cause et par les services rendus?

Méhémet-Ali voulut avoir une armée organisée à l'européenne. Il en confia l'organisation au colonel Selves, plus connu sous le nom de Soliman-Pacha. Secondé par un groupe d'officiers qui, comme lui, avaient appartenu aux armées de Bonaparte, Soliman créa des écoles d'infanterie, de cavalerie, organisa l'artillerie. Ils firent régner la discipline parmi ces troupes, jadis ignorantes de tout ordre et de toute tactique, et qui, quelques années plus tard, étonnèrent l'Europe par leur marche triomphale en Syrie, leurs victoires éclatantes de Konieh et de Nézib. La marine fut réorganisée sous l'impulsion éclairée de M. de Cerisy.

C'est encore à la France que Méhémet-Ali s'adressa pour l'éducation scientifique et littéraire de l'Égypte. Quarante jeunes gens furent envoyés à Paris, avec mission d'étudier toutes les connaissances qu'ils devaient à leur tour enseigner à leurs concitoyens. En même temps, un grand nombre d'écoles, dirigées par des professeurs français, furent fondées. Tous les successeurs de Méhémet, Ibrahim, Abbas, Saïd, Tewfik, ont associé nos compatriotes à leurs projets de réformes ou de réorganisation.

Tant d'efforts dépensés n'ont pas été vains : « Pour nous, dit une circulaire en date du 16 avril 1880, l'Égypte est une terre arrosée autrefois de notre sang, fécondée aujourd'hui par nos capitaux (1), riche en produits qui alimentent notre trafic dans la Méditerranée ; elle constitue un débouché nécessaire pour notre activité commerciale et industrielle, et elle se rattache à la France par tout un ensemble de traditions que nous ne saurions laisser péricliter, sans qu'une des sources de notre grandeur nationale fût atteinte. »

La terre des Pharaons, qui depuis des siècles

---

(1) La part de la France dans la dette publique, administrée par une commission internationale, est d'environ 1,700 millions de francs, auxquels il faut ajouter les capitaux engagés dans des entreprises particulières, telles que le crédit foncier égyptien, les sucreries et raffineries d'Égypte, etc.

dépérissait sous la domination turque, semblait renaître à la vie. Ces résultats surprenants étaient dus à l'initiative hardie et à la protection éclairée de Méhémet-Ali — un illettré — mais dont l'esprit était ouvert à tous les progrès. D'abord, simple pacha ou gouverneur de l'Égypte, il ne tarda pas à exercer dans sa province une autorité absolue. Il en était le véritable maître, et lorsqu'on voulut à Constantinople lutter contre l'influence qu'il avait acquise et y mettre un frein, c'était trop tard.

Un différend avec le Pacha de Saint-Jean-d'Acre lui servit de prétexte pour envahir la Syrie, province ottomane. C'était se mettre en révolte ouverte contre le Sultan, son maître. En quelques années, il s'empara de Saint-Jean-d'Acre qui passait pour imprenable; les troupes de la Porte furent battues à Konieh (1832). La route de Constantinople était ouverte. Jamais la Turquie n'avait été si près de sa ruine. Le Sultan Mahmoud était fort perplexe; l'intérêt opposé des puissances en Orient paralysait tous les efforts. La Prusse et l'Autriche, sans se désintéresser de ces affaires, ne pouvaient prendre aucune initiative. L'Angleterre, préoccupée à ce moment par la question d'Irlande, avait intérêt à conserver le *statu quo*. L'intérêt du Tsar était de maintenir à Constantinople Mahmoud, affaibli et impuissant, prêt par conséquent à accepter le protectorat de la Russie. Le cabinet des Tuileries voulait marcher d'accord avec l'Angleterre à laquelle il était lié par l'*en-*

tente cordiale, et souhaitait, d'un autre côté, que Méhémet conservât ses nouvelles conquêtes. L'opinion publique ne lui aurait d'ailleurs pas permis l'abandon du vieux Pacha. La crainte de perdre la couronne jeta le Sultan dans les bras de la Russie. Par le traité d'Unkiar-Skelessi (1833), la Russie s'engage à garantir l'intégrité de l'Empire ottoman et obtient, pour sa marine, le libre passage du Bosphore, qui reste interdit aux navires des autres puissances. Le Tsar devenait le protecteur du Sultan; sur le conseil des puissances, celui-ci par deux hatti-chérifs abandonnait à son Pacha, outre l'Égypte, le gouvernement de la Syrie et celui du district d'Adana.

Mahmoud ne pouvait pardonner cet acte de rébellion à son vassal, ni se résigner à la perte de la Syrie. Quand il se crut de force à lutter contre lui, il tenta de nouveau la fortune des armes. Les troupes turques furent mises en déroute à la bataille de Nézib. A la nouvelle de cette défaite, le sultan mourut de douleur, laissant à un enfant de 16 ans un empire désorganisé, sans armée et sans flotte, le capitan-pacha Ahmet ayant fait défection et livré sa flotte à Méhémet. Le Divan ne vit d'autre solution aux difficultés présentes que de traiter avec le Pacha auquel on offrait l'Égypte à titre héréditaire. Mais Méhémet demandait davantage, et les ministres turcs allaient capituler, quand les cinq grandes puissances, par la note du 27 juillet 1839, s'opposèrent à tout arrangement direct conclu entre la Porte et le

Pacha, plaçant la Turquie sous la tutelle collective de l'Europe. « Que l'Autriche eût eu l'idée première de cet acte, c'était naturel; que l'Angleterre l'eût signé avec empressement, on le conçoit sans peine; que la Prusse, peu intéressée dans la question, eût donné son assentiment pour ne pas s'isoler du concert européen, on le comprend aussi; que la Russie, sur le moment, n'eût pas fait d'opposition, cela n'est pas trop surprenant, car, quels que fussent ses arrière-pensées et ses secrets desseins, ce qu'il y avait de plus urgent à ses yeux, c'était d'arrêter Méhémet-Ali. Mais on se demande pourquoi la France s'associait sans hésitation à ses ennemis pour faire la loi à ses amis. On ne peut s'expliquer cette fausse manœuvre que par l'habitude de ruse et de louvoiement que la monarchie de Juillet avait depuis longtemps prise en Orient et qui devait lui être si funeste (1). » Le cabinet de Paris ne tarda pas à comprendre la faute qu'il avait commise, car il refusa de souscrire aux mesures proposées par le *Foreign Office* pour réduire le pacha à l'Egypte et pour s'opposer, par la force, au passage des Dardanelles, dans le cas où les Russes s'approcheraient de Constantinople (2). Le ministère Thiers,

---

(1) Debidour, *Histoire diplomatique de l'Europe*.
(2) Guizot à Londres définissait ainsi la politique suivie par l'Angleterre : « Le gouvernement britannique croit avoir en Orient deux intérêts qui lui tiennent fortement à

qui remplaça le cabinet Soult, sans dénoncer le pacte du 27 juillet, engagea, dans le plus grand secret, des négociations pour amener un accord direct entre le Sultan et le Pacha. Il s'attendait, à tout moment, à recevoir l'heureuse nouvelle du traité, pour en faire part aux représentants des grandes puissances, réunis alors à Londres pour le réglement des affaires d'Orient. Mais le ministre anglais, Palmerston, qui n'ignorait pas les projets de Thiers, agissait pour empêcher toute entente entre la Porte et Méhémet. En même temps, il engageait avec la Russie, l'Autriche et la Prusse, des négociations secrètes pour résoudre avec elles la question d'Orient, à l'exclusion de la France. C'est le 15 juillet 1840, que l'accord fut signé par les quatre puissances. Il garantissait l'intégrité et l'indépendance de l'Empire ottoman ; il accordait à Méhémet-Ali la vice-royauté héréditaire de l'Egypte et la possession viagère du pachalik d'Acre. On lui laissait un délai de dix jours pour accepter cet ultimatum ; s'il refusait, on lui enlevait le pachalik d'Acre et même l'Égypte. Méhémet refusa d'accepter ces conditions. La Syrie tout entière fut enlevée à sa domination ; toutes les villes de la côte, Saint-Jean d'Acre même,

---

cœur. Il redoute la Russie à Constantinople, la France l'offusque en Égypte.... Il désire affaiblir le pacha d'Égypte de peur qu'il ne soit pour la France, dans la Méditerranée, un trop puissant et trop utile allié. »

se rendirent sans résistance à la flotte anglo-autrichienne. Lord Palmerston poursuivant ses avantages approuvait la déclaration du sultan, qui ne consentait à laisser l'Égypte à Méhémet qu'à titre viager. La crise devenait plus aiguë que jamais, car le gouvernement français avait déclaré que déposséder Méhémet-Ali de l'Egypte serait l'obliger à déclarer la guerre. Les cours de Vienne et de Berlin travaillèrent à la pacification de l'Orient et décidèrent le cabinet anglais à accepter la note du 31 janvier 1841, invitant la Porte « non seulement à révoquer l'acte de destitution prononcé contre Méhémet-Ali, mais à lui accorder la promesse que ses descendants, en ligne directe, seraient nommés successivement par le Sultan au pachalik d'Égypte. » Un hatti-chérif de 19 avril 1841 mettait fin au conflit : le Sultan accordait à Méhémet-Ali l'Égypte héréditaire par ordre de primogéniture mâle; le Pacha ne pouvait avoir sur pied plus de 18,000 hommes d'armée permanente ; les officiers ne seraient nommés par lui que jusqu'au grade de colonel inclusivement; il devait payer comme tribut annuel une somme fixe; il ne pouvait construire aucun navire de guerre sans l'autorisation du Sultan. Un firman de 1873 reconnaît au Khédive le droit de conclure, avec les puissances étrangères, des traités concernant les douanes, le commerce, la police des étrangers, et de disposer de toutes les ressources financières, sous la réserve des engagements internationaux. Il ne peut céder aucune parcelle des territoires dont les limites sont minutieusement indiquées dans les firmans.

Les deux fils de Méhémet, Abbas-Pacha (1848-1854) et Saïd-Pacha (1854-1863), ne surent pas continuer l'œuvre de leur père : Abbas voulut même renvoyer les Européens qui avaient collaboré avec Méhémet à l'œuvre de régénération de l'Égypte; il recula devant les protestations énergiques de la France. Saïd, entouré de conseillers perfides, dilapida les finances; de Lesseps obtint de lui la concession du canal de Suez. Notre situation en Egypte était alors hors de pair. Elle n'allait pas tarder à changer à notre désavantage : le cabinet Decazes ne sut pas empêcher, en 1875, l'acquisition, par l'Angleterre, des 176,602 actions que la compagnie du canal avait remises au Khédive Ismaïl. « Le gouvernement anglais, écrivait alors M. de Mazade, n'est qu'un gros actionnaire de plus qui, dans les affaires du canal, n'a qu'une faculté d'immixtion et un nombre de voix limité; mais il serait parfaitement inutile, ce serait même montrer de la naïveté, de se faire illusion sur la gravité et les conséquences possibles de ce coup de théâtre qui vient d'éclater en Europe.

« Oui, assurément, l'acte est tout politique, et c'est là précisément ce qui en fait la gravité; car enfin, si ce n'est pas une prise de possession matérielle territoriale de l'Égypte, c'est un premier pas. L'Angleterre s'est donné un client qui a besoin de plus de 100 millions pour liquider ses dettes; elle ne peut plus l'abandonner, elle surveillera ses finances, elle viendra encore une fois, et sous d'autres formes, à son secours, et, naturellement il lui faudra d'autres gages, des sûretés nouvelles. Où cela conduira-t-il » (1) ? Ces lignes résument la conduite politique suivie par nos rivaux en Égypte. Si quelques publicistes ont su prévoir, nos hommes d'État n'ont rien su empêcher. Il faut l'avouer, notre diplomatie n'a pas montré plus de clairvoyance ni plus d'habileté sous la troisième République que sous Louis-Philippe et sous Napoléon III. Il est dit qu'à toutes les époques nous serons les dupes de l'Angleterre.

Les fastueuses dépenses d'Ismaïl (1863-1879), fils d'Ibrahim, ses quatorze emprunts successifs, à des conditions exorbitantes, l'avaient mis dans l'impossibilité de faire face à ses engagements ; le paiement des intérêts de la Dette fut suspendu. Les porteurs de titres réclamèrent. La question d'Égypte se réveillait à nouveau, mais sous un autre aspect. Il s'agissait, pour les puissances, de sauvegarder les droits de leurs créanciers et de mettre un terme au gaspillage, par un contrôle sérieux et effectif.

La France et l'Angleterre agirent de concert « en vue de conserver intacts, par une politique amicale fondée sur un respect juste et réciproque, leurs intérêts respectifs dans la vallée du Nil » (2) ;

---

(1) *Revue des Deux-Mondes*, Chr. de Ch. de Mazade.
(2) Lettre de M. Waddington à notre ambassadeur à Londres.

le gouvernement égyptien fut contraint de leur donner des garanties. A cet effet, le Khédive créa une *Caisse de la dette publique,* administrée par des fonctionnaires européens et à laquelle étaient affectées des ressources spéciales. Par un décret du 18 novembre 1876, il accepta le contrôle de deux agents, l'un français, l'autre anglais, dont la mission était d'assurer l'observation des engagements pris envers les créanciers. Ils siégeaient au conseil des ministres pour donner leur opinion dans les questions financières. Ce partage égal de pouvoir et d'attributions, entre la France et l'Angleterre en Égypte, constitue ce qu'on a appelé le *condominium.* Pour faciliter l'œuvre de réorganisation entreprise d'un commun accord par la France et l'Angleterre, le Khédive, par un rescrit du 28 août 1876, inaugurait un régime politique nouveau : il abandonnait le pouvoir personnel et acceptait de ne gouverner qu'avec un conseil des ministres; il devait exécuter les décisions prises à la majorité des voix.

Mais cette mainmise de l'Europe sur les finances égyptiennes pesait à Ismaïl, qui ne pouvait plus donner libre cours à ses goûts dépensiers; il souffrait aussi de l'ingérence des deux puissances dans l'administration ; c'était à ses yeux, et surtout aux yeux de ses sujets, une grave atteinte portée à sa prérogative souveraine. Il ne peut se résigner à ce rôle effacé, et veut aussi échapper au contrôle financier des deux puissances. Les deux ministres européens furent congédiés. Le refus persistant d'Ismaïl d'accepter le concours de la France et de l'Angleterre décida M. Waddington à écrire à notre consul général : « Nous sommes aujourd'hui d'accord avec le cabinet anglais pour recommander officiellement à ce Prince d'abdiquer et de quitter l'Égypte. »

Sous Tewfik-Pacha (1879-1892), le successeur d'Ismaïl, le service du contrôle fut rétabli. Ce condominium fonctionna, de 1879 à 1881, sans difficulté et au grand avantage de l'Égypte. Le passé fut liquidé ; l'équilibre fut rétabli dans les finances et l'administration améliorée.

Ces événements avaient eu pour résultat de faire naître, au sein d'une partie de la population indigène, qui a toujours montré le plus grand respect pour le pouvoir absolu, une vive agitation. Il se forma alors, sous la direction d'Arabi-Pacha, un parti qui protesta surtout contre l'ingérence des puissances européennes dans les affaires de l'Égypte ; c'est ce parti qu'on a qualifié de national ; il se proposait d'affranchir le Khédive de la tutelle de la France et de l'Angleterre.

La situation était très troublée à la fin de 1881 ; la faiblesse du Khédive enhardissait les insurgés, qui savaient pouvoir compter sur quelques ministres. L'accord entre la France et l'Angleterre n'était pas complet ; le cabinet Ferry, dont l'existence était menacée, était partisan d'une politique d'attente, de temporisation et d'effacement ; le gouvernement anglais ne vise qu'au maintien du *statu quo* et veut empêcher que l'Égypte soit annexée ou occupée par une autre puissance. Enfin, la Porte espère profiter de ce désaccord pour resserrer les liens de vassabilité qui unissaient le Khédive au Sultan.

Notre rôle change après la formation du *grand ministère;* Gambetta propose à l'Angleterre, qui accepte, l'envoi au Khédive d'une note identique, dans laquelle les deux puissances affirmaient leur volonté de le maintenir dans les conditions stipulées par les firmans et leur « résolution de parer, par leurs communs efforts, à toutes les causes de complications intérieures ou extérieures qui viendraient à menacer le régime établi en Égypte. » Gambetta était d'avis que la question égyptienne devait être réglée par la France et l'Angleterre ; aussi, désirait-il s'entendre avec l'Angleterre pour une action militaire en commun, dans le cas où les événements l'exigeraient. Mais lord Granville se refusait à participer avec la France à une expédition en Égypte ; il ne voulait pas s'associer à un gouvernement qui, à cause de l'instabilité ministérielle, n'était pas assuré du lendemain, et il se refusait à s'engager dans des opérations militaires, dont on ne pouvait prévoir les conséquences ni surtout les profits.

M. de Freycinet remplaça Gambetta au mois de janvier 1882. Il ne sut pas comprendre le rôle de la France en Égypte ; sa politique consiste à ne rien prévoir et à voir venir. En attendant, il est opposé à toute intervention de la France, de l'Angleterre ou de la Porte, et le Parlement français, à la remorque duquel se traîne le ministère, approuve cette politique d'abdication. Ce n'est pas tout encore : pour surveiller les finances égyptiennes la France avait, comme l'Angleterre, un contrôleur-général ; ce contrôleur est rappelé ; c'était travailler, de nos propres mains, à ruiner notre influence en Égypte, et lorsque lord Granville « propose que les deux gouvernements envoient chacun un conseil pour aider les agents diplomatiques des deux puissances à régler la situation financière, M. de Freycinet objecte que les autres puissances verraient sans doute dans cet acte l'intention de la France et de l'Angleterre d'agir isolément et pourraient en prendre ombrage (1). »

On peut déjà se rendre compte du terrain que nous avons perdu en Égypte : plus de contrôleur général français ; au lieu du *condominium*, ingérence des six grandes puissances sans le consentement desquelles il est impossible de rien faire. L'inaction de la France et de l'Angleterre donne de l'audace à Arabi et à ses partisans ; le Khédive tomba sous leur domination.

La situation n'était pas encore irrémédiablement compromise pour nous, si nous avions eu un ministre capable de prendre une résolution virile et conforme à nos intérêts ; mais M. de Freycinet, ondoyant et divers, est par excellence

---

(1) H. Pensa, *L'Égypte et le Soudan égyptien*.

l'homme des demi-mesures et des moyens termes. Sa politique, hésitante et faible, acheva la ruine de notre influence politique en Égypte.

Pour fortifier l'autorité du Khédive et obliger Arabi à abandonner le pouvoir, la France et l'Angleterre décident l'envoi d'une flotte à Alexandrie. Arabi fut avisé que les deux puissances n'engageraient aucune action militaire et recourraient aux troupes turques en cas de troubles, et l'agitation reprit. Le Khédive, intimidé par une manifestation du parti militaire, qui avait menacé de le déposer, consent à réinstaller Arabi au ministère de la guerre (28 mai). Cet acte de faiblesse du vice-roi eut pour résultat d'accroître l'audace du parti militaire; des travaux de fortification furent commencés pour mettre Alexandrie en état de défense. L'Angleterre proposa alors à la France de s'unir à elle pour obtenir des puissances l'intervention de la Porte. La politique traditionnelle de la France a toujours consisté à empêcher toute intervention de la Turquie dans les affaires de l'Afrique. M. de Freycinet répondit à ces ouvertures par la proposition d'une conférence européenne. A Londres on accepte (2 juin). Le 11 juin éclate à Alexandrie un mouvement populaire. La vie des Européens n'est plus en sécurité. Une intervention devient inévitable; M. de Freycinet sent qu'il ne pourra l'empêcher; il veut cependant assurer le maintien du *statu quo,* et il espère y parvenir en proposant aux puissances de signer le fameux *protocole de renoncement* ainsi conçu : « Les gouvernements représentés par les soussignés s'engagent, dans tout arrangement qui pourrait se faire par suite de leur action concertée pour le règlement des affaires d'Égypte, à ne rechercher aucun avantage territorial, ni la concession d'aucun privilège exclusif, ni aucun avantage commercial pour leurs sujets que ceux que toute autre nation ne puisse obtenir. »

Pendant que M. de Freycinet cherchait à éviter toute intervention, le gouvernement anglais envoyait à ses représentants des instructions proposant de faire agir les troupes turques. Le cabinet français adhère aux propositions anglaises d'envoyer des soldats turcs en Égypte. La conférence se réunit, le 23 juin, à Constantinople : la Portese rapproche de l'Angleterre qui est autorisée à occuper militairement l'Égypte, à la condition qu'elle souscrive aux conditions du protocole de renoncement.

L'Angleterre saisit dès lors un prétexte pour intervenir. Les travaux de défense continuent à Alexandrie ; l'amiral anglais ouvre le feu le 11 juillet contre cette place, et s'en empare après l'avoir en partie incendiée. La veille, l'escadre française avait reçu l'ordre de s'éloigner, laissant le champ libre à l'Angleterre, qui avait su habilement se débarrasser de sa rivale en Egypte.

La politique hésitante de M. de Freycinet avait conduit à ce résultat, la diminution de notre influence en Égypte. L'Angleterre va y prendre pied, sous prétexte de pacifier le pays, et continuera à l'occuper, alléguant que la pacification est incomplète. Le ministère Gambetta avait eu cependant la perception nette de la politique à suivre : sa seule préoccupation était de « conserver à la France la situation privilégiée qu'elle a en Égypte et de maintenir l'indépendance de l'Égypte, telle que les firmans l'ont établie. » Pour y arriver, la France et l'Angleterre devaient agir seules, sans le concours des autres puissances. Le ministère Freycinet suit une politique vacillante ; il est d'abord opposé à toute intervention ; nous avons vu comment lord Granville était parvenu à le faire dévier de cette ligne de conduite, et à l'entraîner, à sa suite, dans une voie toute différente, celle d'une conférence européenne et de l'intervention turque. Nous allons le voir prendre une attitude nouvelle.

Après le bombardement d'Alexandrie, il y avait lieu de s'occuper du canal de Suez pour protéger la navigation internationale. M. de Freycinet, que lord Granville avait réussi encore à convaincre et à gagner à sa cause, demanda aux Chambres un crédit pour l'envoi en Égypte de quelques milliers d'hommes qui devaient s'attacher exclusivement à la protection du canal, sans s'occuper de la situation intérieure du pays. Cette demande fut repoussée par tous les groupes parlementaires, y compris les amis de Gambetta. La France fut réduite à l'inaction, pendant que les Anglais se rendaient maîtres de l'Égypte par la facile victoire de Tel-el-Kébir, gagnée surtout par la *cavalerie de Saint-Georges*, c'est-à-dire grâce aux livres sterling distribuées aux troupes d'Arabi. Les Anglais entrèrent au Caire sans coup férir. « Le gouvernement de la Grande-Bretagne, déclare alors M. Gladstone, n'a aucune visée ambitieuse ; elle envoie des troupes en Égypte pour y rétablir l'ordre et rendre au Khédive l'autorité qu'il a perdue ; elle a l'intention formelle de soumettre au concert européen le règlement définitif de la question égyptienne. » M. Gladstone disait encore que le gouvernement de la Reine, « une fois le but militaire visé atteint, réclamera le concours des puissances pour prendre les mesures en vue du futur bon gouvernement de l'Égypte (1). »

En réalité, il voulait assurer à son pays les avantages de la victoire qu'il venait de remporter, par la mainmise sur tous les services. Il fallait d'abord que l'Angleterre pût disposer à sa guise des revenus de l'Égypte ; des négociations eurent lieu avec la France, pour obtenir la suppression du contrôle, nous offrant, en compensation, la présidence de la commission de la Dette créée en 1876. Notre gouvernement jugea cette compensation insuffisante. Un décret du Khédive, rendu sur la proposition de l'Angleterre, supprima le contrôle le 7 novembre 1882. La France se trouve en présence d'une situation de fait qu'elle n'a pas sanctionnée et qui laisse la porte ouverte à toutes

---

(1) Note à Lord Dufferin, 2 août 1882.

ses revendications. En même temps, l'action de l'Angleterre se faissait sentir partout : sur le Khédive, qui se montra docile à tous ses conseils, sur les ministres, qu'elle désignait au choix du souverain, sur l'administration provinciale et communale, sur la police, à la tête de laquelle elle plaçait des hommes sûrs et dévoués, enfin sur l'armée, qu'elle réorganisait avec des cadres anglais et dont le chef suprême effectif, le Sirdar, est un officier anglais.

Depuis lors, le gouvernement français s'est appliqué à obtenir de l'Angleterre l'exécution de ses engagements; le *Foreign Office* s'y est toujours dérobé par ses échappatoires. En 1884, des négociations eurent lieu entre lord Granville et Waddington pour l'évacuation de l'Egypte à date fixée, en 1888. Les Anglais ont, à partir de cette époque, joué du Soudan, afin de démontrer à l'Europe que la sécurité de l'Egypte était perpétuellement menacée par les bandes des Mahdistes.

La guerre du Soudan avait mis les finances égyptiennes en mauvais état; il fallut emprunter 225 millions. Notre diplomatie fut assez habile pour faire reconnaître par l'Angleterre le principe de l'ingérence des puissances dans les affaires égyptiennes.

En 1886, une convention anglo-turque chargeait deux commissaires, sir Drummond-Wolf et Mouktar-Pacha, de la réorganisation de l'armée égyptienne et des moyens de pacifier le Soudan. Ces résultats obtenus, le gouvernement ottoman et l'Angleterre pourraient s'entendre pour « la conclusion d'une convention réglant le retrait des troupes britanniques de l'Egypte dans un délai convenable. » Des dissentiments s'élevèrent entre les deux commissaires, et leur mission prit fin.

De nouvelles négociations s'ouvrirent en 1887. Le cabinet de Paris crut qu'un projet d'évacuation conditionnelle aurait des chances d'aboutir. Les propositions de l'Angleterre forment ce qu'on appelle la *Convention Drummond-Wolf*. Elle consentait à l'évacuation totale de l'Egypte, dans un délai de trois ans, mais à la condition que la Porte lui reconnaisse le droit : 1° de maintenir ses troupes en Egypte au-delà du terme fixé, si elle le jugeait nécessaire; 2° de réoccuper la vallée du Nil, si elle le croyait opportun. Le gouvernement ottoman ne pouvait accepter une convention qui portait atteinte à ses droits souverains; la France et la Russie y étaient aussi opposées. Une transaction eût pu aboutir; elle venait de la France, qui demandait que le délai d'évacuation fût fixé à trois ans, et à deux années ultérieures la période pendant laquelle l'Angleterre se réservait de réoccuper l'Egypte pour rétablir la sécurité ou repousser une invasion. A Londres, on refusa de négocier sur ces nouvelles bases; la convention Drummond-Wolf était le minimum des concessions du cabinet anglais.

La question de l'évacuation fut encore ouverte en 1889, à propos de la conversion de la dette privilégiée, dont l'intérêt devait être ramené de 5 à 4 0/0. « Dans ce pays, disait M. Spuller à lord

Salisbury, les questions financières n'ont jamais été considérées en dehors des questions politiques. Cette distinction aurait aujourd'hui moins de raison d'être que jamais, car le projet de conversion est une marque éclatante des progrès faits par l'Egypte dans l'ordre politique aussi bien que dans l'ordre économique : il semblait donc que le moment était venu pour l'Angleterre de réaliser les promesses d'évacuation qu'elle nous avait faites si souvent. » Lord Salisbury répondit que la prospérité de l'Egypte était le résultat de l'occupation anglaise, que si les troupes britanniques se retiraient la situation financière serait gravement compromise, et que, dans l'intérêt de l'Egypte, elle devait rester sur les bords du Nil pour qu'elle pût poursuivre jusqu'au bout la tâche qu'elle avait assumée. « Dites à sa Seigneurie, écrivait M. Spuller à la date du 7 juin, que nous avons cru les progrès de ce pays plus réels et plus solides qu'il ne nous les présente. Nous étions d'ailleurs d'autant plus disposés à regarder ces progrès comme assez avancés pour permettre l'évacuation que, dans les négociations de 1884, le gouvernement anglais avait indiqué l'année 1888 comme date, à peu près certaine, de cette opération. Si lord Salisbury a des craintes sérieuses au sujet de l'Egypte, il comprendra que le projet de conversion nous présente un aspect nouveau et différent de celui sous lequel nous l'avons d'abord aperçu. Nous aurons à nous demander si, en consentant à la conversion, nous n'exposerions pas les intérêts de nos nationaux dans un pays dont l'avenir reste aussi incertain. A nos yeux, la conversion ne peut être qu'une marque de confiance, et nous sommes surpris que cette confiance fasse précisément défaut au gouvernement anglais. » Pour la première fois, depuis que la question d'Egypte était soulevée, notre diplomatie prenait une attitude nette et bien française; « de toutes les pièces diplomatiques échangées depuis vingt ans au sujet de l'Egypte, dit M. H. Pensa, la dépêche de M. Spuller (7 juin 1889) est la plus fine et la plus agréablement tournée. » Le gouvernement anglais refusant de lier la question de l'évacuation à celle de la conversion, M. Spuller voulut du moins que les économies provenant des conversions (car au projet primitif de conversion de la dette privilégiée, on ajoutait la conversion des fonds de la Daïra et de l'emprunt de 1888) et qu'on estimait à 5 millions, fussent affectées à des dépenses déterminées. En fin de compte, la conversion de la dette égyptienne fut accordée par son successeur, M. Ribot, sans condition. C'était une reculade; nous perdions tout le terrain gagné pied à pied par M. Spuller. Il fut convenu cependant que l'argent provenant de ces fonds resterait entre les mains des commissaires de la dette, jusqu'à ce qu'un accord entre les puissances en ait indiqué l'emploi.

En résumé, tous les pourparlers engagés par la France pour obliger l'Angleterre à tenir les engagements contractés ont échoué. Les Anglais sont

restés sur les bords du Nil, parce que la France
s'est toujours trouvée isolée en face de l'Angleterre.
L'Allemagne, l'Autriche, l'Italie et même la
Russie, ont paru se désintéresser de la question
d'Egypte et ont laissé l'Angleterre agir comme
elle l'entendait ; il leur suffit que, par la convention internationale du 22 décembre 1888, elles
aient obtenu la neutralisation du canal, qui a été
déclaré libre, même pour les navires de guerre.
L'Angleterre a su, en somme, tirer habilement
parti des divisions entre les puissances continentales pour affermir son pouvoir en Egypte. La
Triplice n'a pas cherché à combattre l'influence
anglaise par haine pour la France et dans l'espoir
d'attirer l'Angleterre dans son orbite.

L'Angleterre exerce donc en Egypte, depuis
1882, sinon en droit, du moins en fait, un protectorat qui n'en est pas moins réel. Elle dispose
de trois moyens d'action : le consul général,
l'armée et les fonctionnaires à la tête des services
administratifs. Le consul général est le véritable
maître du gouvernement ; c'est lui qui inspire le
Khédive, qui lui donne, au nom de son pays, des
conseils, c'est-à-dire des ordres, qui le guide dans
le choix des ministres et dans tous les actes où
son intervention est nécessaire. Le gouvernement
anglais ne saurait souffrir aucune opposition de
la part du Khédive aux ordres du consul ; lord
Granville l'a dit en termes fort nets : « Il est à
peine nécessaire de vous dire, écrivait-il en 1888
à sir Baring, qu'à l'égard des questions impor-

tantes où il y va de l'administration et de la sécurité de l'Egypte, il est indispensable que le gouvernement de S. M., tant que dure l'occupation provisoire par les troupes anglaises, soit assuré que le Khédive suivra les conseils qu'il croit devoir lui présenter. Il faut convaincre les ministres égyptiens et les gouverneurs des provinces que la responsabilité de l'Angleterre veut que la politique recommandée par elle prédomine; les ministres et les gouverneurs qui n'acceptent pas les conseils doivent se retirer. »

La puissance du consul général repose surtout sur l'armée, signe visible de l'influence anglaise. « L'effet moral est hors de proportion avec sa force réelle. Un seul régiment donne aux conseils du consul général une force qu'ils n'auraient pas sans cela. Sans les troupes, on courrait le risque de voir diminuer l'influence anglaise, ou il faudrait chercher un autre appui, problème non insoluble peut-être, mais difficile » (1).

Les fonctionnaires anglais assurent le fonctionnement de la machine administrative et veillent à l'exécution des ordres émanant du pouvoir central.

Sous Tewfick, souverain insignifiant, résigné et docile, il ne s'est produit aucun heurt; il s'est soumis, sans protester, à ce rôle de protégé de l'Angleterre, et n'a rien fait pour entraver l'action du

---

(1) *England in Egypt*, par Milner, (cité par M. Pensa).

gouvernement anglais qui a pu travailler, par une série d'empiétements, à prendre plus fortement position en Egypte. Abbas-Hilmy, fils aîné d'Abbas-Pacha, lui a succédé en 1892 ; c'est un prince jeune, intelligent, doué d'une volonté tenace, qui veut s'émanciper de la tutelle anglaise. Les indigènes, qui s'étaient résignés, comme Tewfick, à l'état des choses qui existait depuis 1882, se sont repris à espérer un changement dans la situation politique de l'Egypte ; ces aspirations se sont surtout manifestées chez les jeunes et ont trouvé un écho dans la presse indigène, *Al-Arham*, *Al-Moagyard*, qui sont les interprètes de l'opinion égyptienne. Grâce à la fermeté du jeune Khédive, qui par son attitude et son initiative hardie n'avait pas tardé à conquérir les sympathies de ses sujets, il s'est formé un parti national, ouvert à la civilisation occidentale, éclairé et instruit, ambitionnant une part du pouvoir et prêt, par conséquent, à soutenir Abbas luttant pour le maintien de ses propres prérogatives. Le fellah lui-même commence à secouer sa léthargie séculaire et acclame celui qui, à ses yeux, représente la patrie égyptienne.

La vitalité de ce parti s'est manifestée avec une force et une sagesse qui font bien augurer de l'avenir qui lui est réservé. Il existe en Egypte, depuis l'occupation anglaise, un conseil législatif comprenant 14 membres permanents, désignés par le Khédive, et 16 membres délégués, élus par les villes les plus importantes et par les conseils provinciaux. Cette assemblée, composée de membres choisis sous le contrôle et l'inspiration des agents anglais, a souvent déconcerté le gouvernement anglais par son indépendance ; elle ne s'est pas contentée d'émettre des vœux en faveur de l'évacuation de l'armée d'occupation anglaise, de la suppression de la police anglaise, de réformes financières, elle a, en 1894, protesté au nom de la nation égyptienne, contre l'occupation de Kassala par les Italiens. « Ainsi ce conseil, dit M. Pensa, créé sur l'initiative de lord Dufferin, fait appel seulement à l'opinion, et cela en dehors de l'initiative du Khédive qui, à ce moment, voyage en Europe, et de l'influence du premier ministre, Nubar-Pacha ; cette assemblée de fonctionnaires pour moitié élève la voix au nom du sentiment patriotique blessé ; c'est l'affirmation la plus solennelle des idées nationales que nous avons retrouvées sans cesse dans la vie politique de l'Egypte depuis l'avènement d'Abbas-Hilmy. »

La naissance et le développement de ce parti national doivent régler dorénavant notre conduite politique ; nos efforts doivent tendre à le fortifier et à lui donner conscience de ses droits et de ses revendications. D'après les traités sanctionnés par les grandes puissances de l'Europe, l'Egypte est un Etat autonome, sous la suzeraineté de la Porte, gouvernée par un souverain héréditaire. L'occupation du pays par les troupes anglaises n'a rien changé, en droit, à cet état de choses. D'ailleurs l'Angleterre, en intervenant sur les bords du Nil, a pris l'engagement formel, renouvelé depuis par tous les hommes politiques qui ont eu la direction des affaires étrangères, vis-à-vis de la France et des autres puissances, de n'occuper l'Egypte que d'une façon provisoire. Si elle a jusqu'ici cherché à échapper à l'exécution des engagements qu'elle a pris, elle n'a jamais nié que sa situation ne fût contraire aux traités, et, par conséquent, illégitime et irrégulière. Notre politique doit être, non seulement de nous constituer les défenseurs des droits des puissances intéressées comme nous à intervenir en Egypte, à garantir les privilèges accordés par les capitulations à leurs nationaux, à empêcher les empiétements de l'Angleterre, mais encore de réveiller cet esprit d'indépendance que l'ingérence de plus en plus grande de l'étranger, dans l'administration du pays, a fait naître et a développé. L'Angleterre aura beau chercher à étouffer la libre manifestation de la pensée nationale par des réformes politiques et judiciaires imposées brutalement, les grandes puissances, qui ont jusqu'à présent sacrifié l'Egypte à l'ambition de l'Angleterre, devront un jour tenir compte de la constitution de ce parti pour obliger le gouvernement britannique à opérer ce retrait des troupes, depuis si longtemps promis, mais toujours différé.

II. — L'Angleterre tient la vallée du Nil par les deux bouts; elle est établie en Egypte, et s'est emparée du bassin supérieur en occupant l'Ouganda et la région des grands lacs; la région intermédiaire, c'est-à-dire le Soudan égyptien, lui a échappé; elle faisait cependant partie du domaine des Khédives.

On désigne, sous le nom de Soudan égyptien, tout le pays arrosé par le Nil moyen et supérieur, au sud de Wady-Halfa, et par ses affluents; on y joint encore, à l'ouest les régions formées du Darfour et du Kordofan, et à l'est les pays, en grande partie déserts, compris entre le Nil, Souakim et Massaouah.

Une partie de cette contrée avait été conquise sous Méhémet-Ali. Son fils, Ismaïl-Pacha, remonta le Nil (1821), dispersa, à Dongola, les débris des Mamelucks qui avaient échappé au massacre ordonné par le vice-roi, atteignit le confluent des deux Nils et reçut la soumission du Sennaar. Une seconde armée, commandée par Mohammed-Bey, s'était dirigée vers l'ouest et avait conquis le Kordofan (1821), après la victoire de Bara.

La conquête des pays du Haut-Nil fut poursuivie par le Khédive Ismaïl, qui chargea, en 1870, Samuel Baker d'atteindre la région des grands lacs. L'extrême limite, au sud, des possessions du vice-roi était la province d'Equatoria, organisée par Gordon-Pacha. Les Khédives avaient même de ce côté étendu leur protectorat sur l'Ouganda. Ils étaient donc les maîtres incontestés de tout le centre africain. Ils y avaient élevé 10 places fortes : Gondokoro, Fashoda, Sennaar, Kassala, Halfaya, Singal, Tokar, Khartoum, Berber et Dongola.

Dans la partie orientale, Souakim et Massaouah étaient des ports égyptiens unis par des routes de caravanes à Berber et Khartoum. Une expédition égyptienne avait même pris possession, en 1876, de toute la côte d'Aden, depuis Berbera jusqu'au cap Gardafuy ; elle ne renonça à la conquête des Somalis que sur les représentations du gouvernement anglais, qui se posait en défenseur des droits du Sultan de Zanzibar sur cette partie de l'Afrique.

Toute cette région, dont les terres dans le voisinage du fleuve sont d'une fécondité extraordinaire, était pressurée d'une manière indigne par les fonctionnaires égyptiens et soumise à un système de réquisitions volontaires ou forcées, dont Stanley nous a tracé le tableau dans les *Ténèbres de l'Afrique* : « Le système en vigueur au Soudan consiste à réquisitionner, par contributions volontaires ou par la force, tout ce dont on a besoin en fait de vivres, graines, bestiaux, troupeaux ou serviteurs. Or, les exigences sont illimitées ; chaque officier égyptien se donne trois ou quatre femmes légitimes, sans préjudice des concubines ; à toutes il faut des servantes... Les femmes des soldats ont aussi leurs suivantes ; les garçons, à mesure qu'ils grandissent et deviennent des hommes, font surgir de nouveaux besoins, auxquels les indigènes doivent satisfaire. » Cette oppression suffit pour expliquer le soulèvement général qui éclata parmi ces populations. « Le soulèvement mahdiste fut un élan vers l'idéal. Le

Mahdi avait été défini par le Prophète, un homme qui remplirait la terre de justice, autant qu'elle l'est d'iniquité; et les populations le suivaient. Pour les milliers et les milliers d'humbles qui se firent tuer pour lui, il représentait l'avènement de la justice (1) ». D'autres causes contribuèrent au progrès de l'insurrection : le fanatisme religieux qui souffrait de l'intrusion de l'élément européen dans l'administration de ces provinces; la faiblesse des contingents égyptiens, réduits au minimum par suite des événements du Caire; enfin la traite, qui, malgré les efforts de Gordon et d'Emin, *ces deux apôtres de la civilisation,* sévissait toujours avec ses horreurs et était même encouragée par les chefs de postes égyptiens.

Mohammed-Ahmed, originaire de Dongola, connu déjà par sa dévotion outrée, s'était acquis, dans le Khordofan, une grande réputation de sainteté et d'éloquence. En 1881, il jugea le moment favorable à ses desseins. Il adressa un message à tous les chefs religieux et fakirs de la vallée du Nil et du Soudan égyptien, et se proclama Mahdi. L'insurrection se propage avec d'autant plus de rapidité, que le gouvernement du Khédive était obligé de se défendre au Caire contre Arabi, et qu'il fut contraint de retirer une partie des troupes qui occupaient le haut fleuve. Les troupes mah-

---

(1) H. Dehérain, « Le Calife Abdullah », *Revue des Deux-Mondes*, 1ᵉʳ juillet 1896.

distes remportèrent un brillant succès à Jebel-Tungur, contre les 6,000 hommes partis de Khartoum, sous le commandement de Yousef-Pacha (1882). Cependant Abd-el-Kader-Pacha, le nouveau gouverneur du Soudan, qui avait reçu des renforts d'Egypte, mit Khartoum en état de défense, et infligea aux Mahdistes un sanglant échec sous les murs de Sennaar qu'ils assiégeaient. Il s'apprêtait à frapper un coup décisif, lorsqu'il fut rappelé. Dès lors, les Derviches marchèrent de succès en succès : en 1883, les deux places de Bara et d'El-Obéid, dans le Khordofan, tombent en leur pouvoir, et ils anéantissent presque entièrement l'armée d'Hiks-Pacha, à la bataille de Shekan et dans les défilés de Kasghil.

Dans le Soudan oriental, Osman Digma, le farouche lieutenant du Mahdi, s'empare de Tokar et de Sinkat, après la victoire d'El-Teb sur Baker-Pacha, et taille en pièces toutes les armées envoyées contre lui. Khartoum se trouve coupé de toute communication avec la mer Rouge.

Les provinces soudanaises étaient perdues pour le Khédive, qui ordonna la concentration de tous les détachements dans le Khordofan ; il fit appel au patriotisme et à l'expérience de Gordon pour défendre Khartoum menacé. Gordon s'enferme dans la place, où il est bientôt assiégé par les bandes mahdistes. Une colonne, sous le commandement de Baker-Pacha, essaie vainement d'arriver à Khartoum par Souakim, et est vaincue à Trinkinat. Toute tentative de ce côté est désormais impossible, les Mahdistes s'étant rendus maîtres de Berber. L'Angleterre, maîtresse de l'Egypte, se décide enfin à envoyer une armée de secours, sous les ordres de Wolseley, le vainqueur de Tel-el-Kébir. La place ne put être secourue, l'armée anglaise étant partie trop tard; lorsque l'avant-garde du corps expéditionnaire arriva devant Khartoum, cette place était depuis deux jours au pouvoir du Mahdi et Gordon était tué; après les combats sanglants d'Abou-Klea et de Métammeh (1885), les Anglais battirent en retraite jusqu'à Wady-Halfa.

Dans le Soudan oriental, les places de Kassala, Gera et Galabat tombèrent, après une héroïque résistance, au pouvoir d'Osman Digma.

Tout n'était pas encore perdu ; Slatin-Bey, dans la province de Darfour, Lupton-Bey, dans celle de Bahr-el-Ghazal, et Emin, dans l'Equatoria, étaient solidement appuyés par des troupes dévouées. Slatin-Pacha avait organisé dans sa province une résistance désespérée; il battit dans diverses rencontres les troupes du Mahdi et vint s'établir dans une importante position stratégique, sur la route d'El-Obéid, tendant la main aux renforts qu'il attendait d'Abd-el-Kader, alors sous les murs de Khartoum. Au lieu de renforts, on lui envoya l'ordre d'évacuer le pays, soit sur Dongola, soit sur Berber, c'est-à-dire de reculer et de livrer la province à l'ennemi. Il refusa.

La résistance était encore possible, et l'intérêt non seulement de l'Egypte, mais encore de la civilisation, était de la tenter à tout prix. On ne s'explique donc pas l'abandon de ces provinces du Haut-Nil, à moins que l'Angleterre n'ait voulu les livrer aux Mahdistes pour pouvoir les reconquérir plus tard pour son propre compte. C'est l'opinion soutenue par M. Picard dans une série d'articles qui ont paru dans le *Journal égyptien* : le succès de la campagne du Soudan dépendait de la jonction des troupes de Slatin et des renforts que devait lui amener Abd-el-Kader. A ce moment, le gouvernement britannique enleva à Abd-el-Kader la direction des opérations pour la donner à des officiers anglais. « De ce double obstacle, mis à la marche de Slattin-Pacha et d'Abd-el-Kader-Pacha, résultait bien clairement, déclare M. Picard, le dessein de l'Angleterre d'empêcher par tous les moyens la reprise du Soudan par les serviteurs du Khédive. »

Le *Darfour* et le *Bahr-el-Ghazal* furent alors envahis par des forces nombreuses; Slatin et Lupton furent faits prisonniers et jetés dans les fers. Emin fut plus heureux dans la province de l'Equateur; il repoussa toutes les attaques des envahisseurs. Wadelaï restait, dans ces régions, le seul rempart contre la barbarie. Stanley, à la tête d'une expédition organisée par l'Angleterre (1887), fut envoyé au secours d'Emin, qu'il décide à quitter sa province. Les Mahdistes remontent le Nil, attaquent Lado et s'en emparent; Kirri, Labore et Dufilé, sur le Nil, tombent peu après en leur pouvoir.

Ainsi tout le Soudan égyptien, depuis Dongola au Nord jusqu'à Wadelaï au Sud, depuis le Darfour à l'Ouest jusqu'aux portes de Souakim à l'Est, obéit à la volonté du Mahdi, chef des croyants.

Le Mahdi mourut en 1885, et son lieutenant Abdullah lui succéda. Alors prend fin la période héroïque de la lutte du Mahdisme : des révoltes partielles éclatent dans le Darfour, dans le Khordofan et dans la province de Dongola ; les indigènes se plaignaient d'une guerre trop longue, qui accumulait les ruines sans aucun profit pour eux. Des querelles intestines éclatèrent entre deux tribus rivales, celle des Baggara et celle des Ouled-Ballad ; ces derniers, traités en ennemis, virent se grouper autour d'eux tous les mécontents. Sur bien des points, les Mahdistes passèrent de l'offensive à la défensive : le Darfour fut en partie perdu pour eux et passa sous l'autorité d'un émir, Osman Adam, qui s'empara aussi du Khordofan ; dans le Bahr-el-Ghazal, les Dinkas se soulèvent et les chassent finalement de la province. Les communications entre Ondurman, la nouvelle capitale bâtie sur les ruines de Khartoum, et la province d'Équatoria sont entravées par les Shillouk, qui harcèlent le poste de Fashoda. Au Nord, près des frontières de la Basse-Égypte, une armée de Derviches est anéantie par les troupes anglo-égyptiennes commandées par Grenfell (1889), à la bataille de Toski.

Dans l'Est, Osman Digma échoue devant Souakim, et les Anglais reprennent Sinkat et entrent à Tokar (1891), après avoir taillé en pièces l'armée d'Osman Digma ; des traités d'alliance et d'amitié furent conclus par l'Angleterre avec les tribus du voisinage auxquelles l'aman fut accordé au nom du Khédive ; c'était un coup décisif porté à la puissance du nouveau Mahdi.

L'Italie et l'État du Congo, qui touchent à l'empire du Mahdi, entrent à leur tour en scène et commencent la lutte contre les Derviches. Dès 1891, les Belges, sous le commandement de Van Kerckhoven remontaient le cours de l'Ouellé, pénétraient dans la province d'Équatoria et s'installaient à Lado et Dufilé. Ils se retirent devant un mouvement offensif des Mahdistes qui envahissent même l'État du Congo ; battus à Moundou et à Dongou (1894) et menacés d'être pris entre les Dinkas du Bahr-el-Ghazal et les Belges qui ont réoccupé l'Équatoria, les Mahdistes reculent et se retirent au Nord de Lado, abandonnant à l'État congolais la province de l'Équateur.

Les Italiens, de leur côté, établis dans l'Érythrée, battent les Derviches à Agordat et leur enlèvent la place de Kassala (1894), qui commande les communications de Khartoum avec la mer Rouge. C'était un échec retentissant pour le Mahdisme.

Ainsi la puissance du Mahdi qui a paru un moment redoutable, quand elle a groupé tous les pays du Nil moyen, n'a pas tardé à se dissoudre. C'est qu'elle était faite de légendes merveilleuses qui sont se bientôt dissipées. « En Orient, a écrit Lamartine dans une page qui résume admirablement l'apparition victorieuse du premier Mahdi et son éphémère triomphe, comme il n'y a ni institutions, ni mœurs politiques, mais seulement un maître et des esclaves, un grand homme n'est qu'une grande individualité, un phénomène, un météore qui brille un moment dans la nuit d'une barbarie monstrueuse, qui fait de grandes choses avec la force des milliers de bras dont il dispose, mais qui n'élève nullement le niveau de son peuple jusqu'à lui, qui ne fonde rien, ni dynastie solide, ni institutions, ni législation, et dont on pourrait dire, si l'on ne craignait de se servir d'une expression trop poétique, qu'en mourant, il replie pour ainsi tout son génie après lui, comme il replie sa tente, laissant la place aussi nue, aussi ravagée qu'avant lui. »

Les plus fanatiques partisans du prophète n'ont pu ignorer que ce prétendu ascète est mort à la suite d'excès de table et de harem, et leur enthousiasme s'en est ressenti. Le Mahdi a ainsi travaillé de ses propres mains à ébranler la solidité de ce pouvoir qui paraissait capable de résister à toutes les attaques. Son autorité ne s'étend plus aujourd'hui que sur quelques territoires à droite et à gauche du Nil, depuis Bor, au Nord de la province de l'Équateur, jusqu'au Sud de Dongola, dont les Anglais viennent de s'emparer. On peut prévoir le moment où sa succession, dans ces régions du Nil, sera enfin ouverte; mais qui la recueillera, des Anglais, des Belges et des Français, dont les territoires sont limitrophes?

Les Anglais, grâce à l'appui des Belges, paraissent les mieux placés pour entreprendre cette conquête et obtenir la plus grande partie de cet héritage. Par l'Afrique orientale, l'Ouganda et l'Ounyoro, et par l'Egypte, ils ont des bases d'opération solides pour attaquer le Soudan, vers lequel ils s'avancent par deux routes, celle du Nil et celle de Mombasa, qui doivent se rencontrer toutes les deux au lac Victoria. Deux voies ferrées sont poussées activement vers les hautes régions du Nil; l'une remonte le fleuve; la seconde, de Mombasa au lac Victoria, inaugurée avec éclat, est poussée rapidement.

Le Belges, franchissant le 4e parallèle que la convention franco-congolaise avait fixé comme extrême limite septentrionale, avaient fondé des stations sur les cours de l'Ouellé et du Mbomou, et s'avançant toujours vers l'Est se sont établis à Lado et dans l'Équatoria. Une convention avec l'Angleterre (convention anglo-congolaise de 1894) leur cédait même à bail la province de Bahr-el-Ghazal. Nous avons dit comment la France avait réussi à faire déchirer cette convention. Mais l'Angleterre et l'Etat du Congo avaient trop d'intérêts communs pour renoncer à une entente, d'où pouvait sortir tant d'avantages pour l'une ou pour l'autre. L'Etat congolais cherchait à se ménager un débouché sur la vallée du Nil, et cette position sur le fleuve, il ne pouvait l'obtenir que grâce à l'Angleterre. Celle-ci, de son côté, ne renonçait pas à rattacher ses possessions du Haut-

Nil au Cap, et cette jonction ne pouvait s'accomplir qu'avec le concours de l'Etat Indépendant. Aussi est-ce sans surprise qu'on a appris l'arrivée des troupes congolaises, commandées par le baron Dhanis, sur les bords du Nil, à Lado. « L'arrivée prématurée du baron Dhanis à un rendez-vous dont il était impossible de fixer l'époque précise va servir à l'Angleterre pour justifier, à sa façon, la nécessité d'une jonction aussi hâtive que possible avec les troupes de l'Etat pour arriver à un contrôle immédiat de la vallée du Nil, pour arracher le Haut-Nil à ses barbares dominateurs (1). »

Le traité anglo-allemand du 1ᵉʳ juillet 1890 reconnaît que l'influence anglaise s'étend à l'Ouest jusqu'au versant occidental du Haut-Nil. Une autre convention entre les mêmes puissances du 18 novembre 1893 porte : « Il est convenu que l'influence allemande ne combattra pas l'influence anglaise à l'Est du bassin du Chari et que les pays du Darfour, du Khordofan et du Bahr-el-Ghazal seront exclus de la sphère d'intérêts de l'Allemagne. » Par ces deux traités, l'Allemagne se désintéressait du Soudan égyptien, qu'elle livrait aux compétitions des puissances qui, par leurs possessions, étaient limitrophes des provinces soudanaises. L'Italie, de son côté, par une convention signée en 1891, abandonnait à l'Angleterre la vallée supérieure du Nil.

---

(1) *L'Echo d'Orient, Bulletin du Comité de l'Afrique française*, octobre 1896.

Soutenue par l'Italie et par l'Etat congolais, l'Angleterre, avec le consentement du gouvernement de Berlin, s'est préparée à faire la conquête du Soudan égyptien. Des troupes anglo-égyptiennes ou anglo-indiennes, concentrées à Wady-Halfa, sur le Nil, à Souakim et à Wadelaï, ont marché contre les Derviches, auxquels elles ont repris Dongola. L'armée anglo-égyptienne, sous le commandement du Sirdar Kitchener, a remonté lentement le Nil et s'est avancée de Wady-Halfa à Kedden, où elle est entrée après un échec infligé aux Derviches à Firket. L'engagement principal a eu lieu à Kerma ; l'ennemi a été mis en pleine déroute. Dongola a été occupé le 19 décembre 1896 par l'armée anglo-égyptienne. Berber et Khartoum ne tarderont pas à subir le même sort. Alors c'en sera fait de l'*épouvantail derviche* que les Anglais ont longtemps agité pour justifier d'abord leur occupation de l'Egypte et ensuite leurs préparatifs contre le Soudan. La faiblesse du Mahdisme n'était cependant un mystère pour personne.

M. Picard ne s'explique pas la nécessité de cette campagne du Soudan ; il affirme, dans une série d'articles qui ont paru dans le *Journal égyptien* que, dès 1887, le Mahdi, affaibli par les soulèvements qui avaient éclaté, aurait voulu renouer des relations avec le gouvernement khédivial pour la remise des provinces du Sud ; les *agents anglais barrèrent la route à l'ambassade et l'empêchèrent de communiquer avec le gouvernement khédivial;* c'est sur les conseils de Slattin qui, quoique prisonnier, avait réussi à gagner la confiance du Mahdi, que cette décision avait été prise. Une nouvelle ambassade fut envoyée en 1889, suivie bientôt d'une troisième et d'une quatrième. *Toutes furent arrêtées par les officiers anglais qui eurent soin d'en tirer tous les renseignements utiles* au plan de campage qu'ils méditaient déjà. Nouvelle tentative en 1894. L'ambassade devait arriver à la frontière au moment où le Khédive devait l'inspecter (janvier 1895). « Les agents anglais inquiets s'arrangèrent pour empêcher et le Khédive et l'ambassade d'arriver à la frontière. Le Khédive fut arrêté par le fameux incident soulevé par le général Kitchener, l'ambassade le fut par un moyen quelconque. » Mais l'alarme avait été chaude, et c'est alors que les Anglais se promirent que le Soudan leur appartiendrait avant peu. Slatin, l'ancien gouverneur du Darfour, prisonnier des Mahdistes depuis douze ans, venait (mars 1895), après une course aventureuse, de gagner Assouah. Son ouvrage au titre sensationnel, *le Soudan à feu et à sang*, empreint d'une évidente exagération, paraissait fort à propos. « On n'a pas manqué en Angleterre de le faire servir aux besoins de la politique du jour, et le chef du gouvernement tout le premier, comme on l'a pu voir dans le grand discours prononcé par lui le 29 avril dernier à la réunion de la *Primrose League*. Les descriptions de la cruauté d'Abdullah, de la barbarie des bandes sur lesquelles il s'appuie, de la misère du reste des populations soudanaises, forment le commentaire très détaillé à ce passage du discours de lord Salisbury : « Une moitié de la puisssance égyptienne a été enlevée et est restée au pouvoir du despotisme le plus infernal qui ait jamais affligé une portion quelconque de l'humanité ». A cette conclusion de Slatin : « C'est une folie de croire que ce pays pourra jamais se relever de lui-même ; le secours doit venir du dehors, » répond cette phrase du ministre anglais : « Est-ce que nous nous conformerions à notre mission, est-ce que nous justifierions la confiance qu'on a mise en nous si nous prétendions notre tâche accomplie, alors que la moitié du dépôt qu'on nous a confié resterait soumise au sort terrible que je viens de décrire ? »

Il faut admirer avec quelle habileté les Anglais ont su tirer parti des événements pour fortifier leur position dans la vallée du Nil : au commencement de l'insurrection mahdiste, le Soudan était représenté comme un foyer de révolte menaçant pour l'Egypte, si la troupes anglaises n'étaient pas là pour la protéger ; il fallait alors faire accepter par l'Europe la nécessité d'une occupation permanente de ce pays. Plus récemment, les victoires des Abyssins sur les Italiens ont merveilleusement servi la politique anglaise ; la Triplice paraissait gravement atteinte par les échecs subis par les troupes italiennes ; n'était-il pas à craindre que les Mahdistes leur enlèvent Kassala que nos voisins d'au-delà les monts occupaient au nom du Khédive avec la permission des Anglais ? Il fallait à tout prix épargner l'humiliation d'une nouvelle défaite à l'Italie. L'Angleterre était prête à faire une diversion du côté de Wady-Halfa, si on l'autorisait à conquérir le Soudan. L'Allemagne n'a pas trouvé que c'était payer trop cher, par l'abandon des provinces du Haut-Nil, le concours donné par l'Angleterre à l'Italie. D'ailleurs, disent les hommes d'Etat anglais, c'est dans un but désintéressé et pour rétablir la civilisation dans un pays soumis à la plus affreuse barbarie, qu'ils ont entrepris la nouvelle expédition du Soudan. Nous savons par expérience ce que cache ce désintéressement; quant à ceux qui pourraient encore en douter, il suffira de leur rappeler les efforts et les sacrifices faits par l'Angleterre pour occuper l'Ouganda, afin de tenir les sources mêmes du Nil, et le mystère dont elle entoure tous les mouvements des troupes qui opèrent dans ces régions, celles qu'elle a levées pour son propre compte ou celles de l'Etat congolais qu'elle prend à sa solde. « Mais le silence même qui entoure ces mouvements de troupes dévoile les motifs secrets qui les déterminent. A qui fera-t-on croire que, venus les uns du Nord, et les autres du Sud, les officiers anglais qui se rencontreront quelque part aux environs d'Ondurman se retireront satisfaits d'avoir bien mérité de l'humanité, et laisseront au Khédive le soin de réorganiser le pays naguère conquis par ses ancêtres? (1) »

---

(1) Dehérain. Le Calife Abdullah.

Il y a lieu de craindre que la nouvelle expédition anglaise du Soudan ne fortifie la position de la Grande-Bretagne en Egypte et ne contribue à prolonger l'occupation. L'Angleterre excelle à couvrir, sous des apparences humanitaires ou philanthropiques, des actes de pure supercherie. Lord Salisbury nous a avertis sur les conséquences de cette nouvelle expédition ; c'est la conclusion de son discours à la *Primrose League :* « Il se peut que bien des années s'écoulent avant que notre tâche soit entièrement accomplie. »

En France, la question du Soudan égyptien n'a pas eu le don de passionner l'opinion publique ; il est triste de constater qu'elle captive moins les esprits que la question du lac Tchad, grand marécage africain qui a longtemps été l'objet d'un engouement général, ou même que Makoko, de joyeuse mémoire, ce chef des Batékés que M. de Brazza avait réussi à rendre un moment populaire ; et cependant la question du Soudan est intimement liée à celle d'Egypte : à toutes les époques de l'histoire, les maîtres du cours inférieur du Nil ont cherché à dominer les régions du haut fleuve.

Dans nos assemblées, quelques hommes politiques se sont cependant préoccupés des événements qui se préparaient au Soudan. On a d'abord ouvert les yeux sur les empiétements des Belges qu'on a rappelés au respect des traités : la frontière de l'Etat congolais a été déterminée dans la vallée supérieure de l'Oubanghi ; nous avons ensuite signé avec eux la convention franco-congolaise qui a réglé les deux dernières questions en litige. Après cet arrangement, le lieutenant colonel Monteil, qui devait se porter dans la région du Haut-Oubanghi avec un bataillon de tirailleurs pour y défendre nos droits, reçut contre ordre et fut envoyé contre Samory. Les Belges ne peuvent plus nous fermer l'accès des provinces de Bahr-el-Ghazal, du Darfour et du Wadaï, où nous pouvons pénétrer, si nous le jugeons nécessaire pour le règlement définitif de la question égyptienne.

Pour l'occupation de ces contrées, nous allons nous trouver en compétition avec la Grande-Bretagne, dont les prétentions à la possession de la vallée, du bassin ou du cours du Nil n'ont jamais été affirmées avec plus d'assurance qu'à la séance du 28 mars 1895. Cependant sir Edward Grey, Sous-Secrétaire d'Etat aux Affaires Etrangères avait déclaré, dans une séance du 5 juin 1894, que le protectorat de l'Angleterre serait limité à l'Ouganda et qu'il ne s'étendrait ni à l'Ounyoro ni au Wadelaï. Ces déclarations si précises, devaient être démenties, peu de temps après, par le Sous-Secrétaire d'Etat lui-même, dans la séance du 28 mars 1895, où l'on interpellait le gouvernement, afin d'appeler son attention sur les projets de la France d'une occupation du Bahr-el-Ghazal.

Les orateurs qui ont pris part au débat, le major Darwin, M. J. W. Lowther, déclarent que la nécessité d'une occupation effective pour la validité des droits de souveraineté ne saurait s'appliquer à l'intérieur de l'Afrique ; que les droits de l'Angleterre sur ces régions résultent des conventions signées avec l'Allemagne, l'Italie et l'Etat congolais, et contre lesquelles la France n'a pas protesté. La Belgique a, il est vrai, refusé d'exécuter l'engagement qu'elle avait signé en n'occupant pas le Bahr-el-Ghazal, mais le droit de l'Angleterre sur ce territoire reste intact. L'Angleterre ne doit pas se borner à la prise de possession de cette province, toute la vallée du Nil doit lui appartenir, parce qu'elle est la puissance dominante en Egypte. Maîtresse de l'Ouganda, de l'Ounyoro et de la Basse-Egypte, l'Angleterre devrait s'assurer la partie du fleuve comprise entre ces deux régions. Le drapeau britannique doit flotter à Khartoum, au point de jonction du Bahr-el-Abiad et du Bahr-el-Azreck.

Les déclarations du Sous-Secrétaire d'Etat, sir Grey, ne sont qu'une affirmation catégorique des prétentions anglaises à la revendication de tout le bassin du Nil : « J'ai dit l'autre jour que par suite des revendications de l'Egypte dans la vallée du Nil, la sphère d'influence britannique couvre tout le cours du Haut-Nil.

« Quant à penser qu'une expédition française se dirige à l'Ouest de l'Afrique vers la vallée du Nil, il n'en faut acccepter ces rumeurs qu'à bon escient, parce que la marche en avant d'une expédition française, munie d'instructions secrètes et se dirigeant de l'Afrique occidentale vers un territoire sur lequel nos droits sont connus depuis si longtemps, ne serait pas seulement un acte inconséquent et inattendu, le gouvernement français doit savoir parfaitement que ce serait un acte peu amical (unfriedly) et qu'il serait considéré comme tel par l'Angleterre. »

M. de Lamarzelle, dans la séance du Sénat du 5 avril 1895, a montré la valeur des arguments mis en avant par le Sous-Secrétaire d'Etat, pour prétendre à la possession de la vallée du Nil : l'Angleterre réclame le Nil, parce que le Nil est à l'Egypte et que l'Egypte est à elle. Et à ce propos, l'honorable sénateur rappelle les engagements qu'elle a pris le lendemain même du bombardement d'Alexandrie, engagements qu'elle a renouvelés depuis dans maintes circonstances.

« Mais, de plus, ces territoires sont-ils à l'Egypte en toute souveraineté ? L'Egypte n'est-elle donc plus un Etat mi-souverain ? La Porte n'a-t-elle pas réservé de la façon la plus formelle ses droits incontestables dans tous les firmans d'investiture des vice-rois d'Egypte.

« Elle les a réservés notamment dans le hatti-chérif du 13 février 1841, qui conférait le gouvernement des provinces égyptiennes à Méhémet-Ali.

« Elle a renouvelé ces réserves dans le firman tout récent du 14 avril 1892, qui donne l'administration de l'Egypte au Khédive actuel Abbas-Hilmy-Pacha.

« En lui donnant le gouvernement de ces territoires, la Porte lui a-t-elle conféré le droit d'en disposer ? Nullement. Voici ce que dit textuellement le firman ; il stipule que le Khédive ne saurait, sous aucun prétexte, abandonner à d'autres personnes, en tout ou en partie, les privilèges accordés à l'Egypte, qui lui sont confiés et qui sont une émanation des prérogatives inhérentes au pouvoir souverain, ni aucune partie du territoire. »

Et l'Angleterre a reconnu et garanti tous les termes de ce firman par une lettre signée de son consul au Caire. Le véritable souverain de la vallée du Nil, ce n'est pas le Khédive, mais la Porte. Or, l'Europe, depuis cinquante ans, par des traités qui portent la signature de l'Angleterre, article 7 du traité du 30 mars 1856, article 8 du traité de Londres du 13 mai 1871, article 63 du traité de Berlin du 19 juillet 1873, a formellement garanti l'intégrité de l'empire ottoman. L'Angleterre n'a donc aucun droit sur les territoires qu'elle convoite.

C'est à cette même conclusion qu'a abouti M. Hanotaux, Ministre des Affaires Etrangères, dans sa déclaration. L'Angleterre demandait à la France de reconnaître sa sphère d'influence telle qu'elle était inscrite dans la convention de 1890. Les pourparlers n'ont pu aboutir, parce que les revendications sont vagues, incertaines, formulées dans des termes peu précis qui prêtent à des interprétations diverses : le *Foreign-Office* confond la sphère d'influence de l'Egypte et la sphère d'influence de l'Angleterre. Où s'arrête l'une, où commence l'autre ? Le gouvernement ne pouvait acquiescer à des propositions aussi peu précises; il s'est refusé à accorder à l'Angleterre le blanc-seing qu'elle demandait et a réservé notre entière liberté.

CHAPITRE V

Possessions anglaises du Cap; les républiques boërs du fleuve Orange.

Etablissement et progrès des Anglais au Cap. — Les missions protestantes de l'Afrique du Sud. — Opposition entre Boërs et Anglais; fondation des républiques du fleuve Orange et du Transvaal. — Découverte de champs diamantifères dans l'Etat Libre; développement économique du Cap. — L'Etat Libre d'Orange et le Transvaal menacés dans leur indépendance. — Victoire des Boërs à Majuba-Hill. — Convention de Londres du 27 février 1884. — Le président Krüger lutte pour le maintien de l'indépendance économique du Transvaal. — Réveil de l'esprit national chez les Boërs du Cap, de l'État Libre et de Natal. — L'Afrikander Bond. — Gisements aurifères du Transvaal; un nouvel Eldorado. — Les Uitlanders et l'Union nationale du Transvaal. — Equipée du docteur Jameson. — Démission donnée par M. Cecil Rhodes du conseil d'administration de la Chartered. — Discussion sur le rapport de la commission d'enquête.

Le Cap, découvert par Berthélemy Diaz en 1486, ne fut, pour les Portugais, qu'un point de relâche pour les vaisseaux qui se rendaient dans les pays de l'Extrême-Orient. Les Hollandais comprirent les premiers la valeur de ce point extrême de l'Afrique et y fondèrent un établissement qui tirait son importance de sa situation sur la route de leurs possessions des Indes, *a spot half way to the Indies;* les premiers aussi, ils entreprirent la colonisation de la contrée. L'Angleterre s'en empara au commencement des guerres de la Révolution : la Hollande ayant été conquise par nos armes, une flotte anglaise prit le Cap, possession importante pour nos voisins, devenus au xviiie siècle maîtres des Indes.

A cette époque s'est produit en Angleterre, comme dans tous les pays protestants, un réveil religieux qui a eu les plus heureux résultats pour les progrès de l'Afrique du Sud. Dès 1737, les frères Moraves s'étaient établis chez les Hottentots; plus tard, la London Missionary, les Wesleyens, la Glasgow Missionary society, l'Eglise évangélique de Paris ont, à leur tour, fondé des missions chez les Cafres, les Bushmen, les Zoulous, les Bechouanas, etc. Ces missionnaires ont été les premiers pionniers du Cap; ils ont initié ces peuplades sauvages à la culture du sol, réprimé leurs instincts barbares et leur ont appris les premiers arts manuels. Ils ont aussi contribué au progrès des découvertes dans l'Afrique du Sud. Quelques-uns de ces missionnaires ont été de hardis explorateurs s'avançant sans cesse vers le Nord, pénétrant dans des régions inconnues, entrant en relations avec de nouvelles tribus, montrant à leurs successeurs la route qui devait les conduire du Cap dans l'Afrique centrale; ils ont été, en un mot, les initiateurs de ce mouvement d'expansion, qui a eu pour résultat d'établir la domination anglaise du Cap à la région des lacs, et de faire pénétrer, dans ces contrées naguère barbares, la civilisation européenne (1).

L'histoire de l'Afrique australe, depuis un siècle, se résume dans la lutte entre les Anglais et les Cafres, les Zoulous et les descendants des anciens colons hollandais, désignés sous le nom de Boërs ou paysans. Les Cafres occupaient, sur l'Océan Indien, tout le territoire compris entre les monts Drakenberg et l'Océan, depuis la baie d'Algoa jusqu'à la baie de Delagoa. Ils étaient partagés en un grand nombre de tribus souvent en lutte les unes contre les autres; ces divisions intestines fournirent aux Anglais des motifs d'intervention et favorisèrent la conquête du pays. Le conflit le plus sérieux éclata en 1834 : les Cafres, alliés aux Hottentots, dévastèrent les récoltes, enlevèrent les troupeaux, massacrèrent les colons sans défense; les troupes de la colonie soumirent sans peine les révoltés, et de nouveaux territoires, le pays entre la Keiskamma et l'Umtata, furent ajoutés au Cap. Mais la paix ne pou-

---

(1) Voir : *A Historical geography of the British colonies*, par Lucas, chap. IV, vol. IV, *The Missionary movement*, etc.

vait régner dans l'Afrique du Sud qu'après la soumission complète de ces peuples; leur dernier soulèvement éclata en 1850; l'insurrection ne prit fin qu'en 1853.

Depuis leur mainmise, en 1843, sur le Natal, les Anglais devenaient les voisins des Zoulous. Le Zoulouland est un petit territoire resserré entre le Transvaal, le Natal et l'Océan Indien. Il est habité par des tribus vivant dans des luttes perpétuelles jusqu'au jour où Chaka, la terreur de l'Afrique australe, les réunit sous son autorité et les organisa militairement. En 1879 commença, sous le roi Cettiwayo, cette fameuse campagne marquée par le terrible désastre d'Isandhlwana, mais qui se termine par la défaite de la nationalité zouloue. En 1887, le Zoulouland fut déclaré territoire britannique.

La lutte entre l'Anglais et le Boër se poursuit encore; ce sont deux éléments profondément antipathiques et réfractaires : le Boër a pour l'indépendance un amour passionné, qu'il puise dans la lecture de la Bible et dans cette vie d'isolement au milieu des espaces sans fin; aussi a-t-il difficilement accepté le joug de l'Angleterre. La fondation de missions, pour l'évangélisation et l'amélioration du sort des indigènes, irrita les Boërs contre leurs nouveaux maîtres; l'émancipation des esclaves (1834), Cafres et Hottentots, qu'ils employaient dans leurs travaux, provoqua la première émigration; sous couleur de philanthropie, l'Angleterre voulait atteindre deux résultats à son avantage, faciliter le placement de ses coolies et troubler, dans leurs vieilles habitudes, les communautés hollandaises. Profondément atteints dans leurs intérêts, les Boërs attelèrent leurs bœufs à leurs chariots de voyage et allèrent à la recherche d'une patrie nouvelle avec leur famille et leurs troupeaux. Cet exode a un nom dans leur langue ; on l'appelle le *trek*, et *trekken*, c'est quitter le pays, émigrer en masse.

Fuyant la domination anglaise, les Boërs remontèrent vers l'Est et s'arrêtèrent au Natal, où, après une longue lutte contre le chef zoulou Dingan, ils fondèrent une république. Ils étaient à peine installés dans leurs nouveaux territoires, que l'émigration anglaise, qui s'était étendue sur la côte où se trouvent Port Elisabeth et East London, les rejoignit. Pour échapper à l'ennemie de leur race, les Boërs franchirent le Drakenberg (1843), et se dirigèrent dans l'intérieur du continent, vers des régions inconnues qu'arrose le Vaal, où, pensaient-ils, l'Angleterre ne les poursuivrait pas. Alors fut fondée, dans de vastes plaines herbeuses habitées par les Bushmen et quelques autres tribus indigènes, la première République boër de l'Afrique australe, l'Etat Libre d'Orange, qui ne tarda pas à avoir le sort du Natal ; en 1848, l'Angleterre, après la sanglante rencontre, à Bloomplatz, entre les Boërs et les troupes du Cap, annexa le nouvel Etat. Mais Prétorius, un des principaux chefs des Boërs, décida un grand nombre de ses compatriotes à franchir le Vaal ; ils fondèrent, au-delà de ce fleuve, le Transvaal ou Zuid Afrikaan Republick, la République Sud-Africaine, dont Pretoria est la capitale. L'Angleterre accourut encore à leur suite, et ne comptant pas sur la résistance de la nouvelle Républipue, qu'elle espérait d'ailleurs facilement réduire, elle prononça son annexion. La domination anglaise s'étendait ainsi sur les nouveaux territoires de l'Afrique australe, à mesure qu'ils étaient occupés; mais ce fut pour peu de temps; l'amour de la liberté qui animait les Boërs, se réveilla plus ardent que jamais. Après quelques années d'hostilités, le gouvernement anglais dut reconnaître l'autonomie des deux républiques (1854); il était d'ailleurs persuadé, qu'enserrés dans une ceinture étroite de protectorats britanniques, pauvres et isolés, faibles et sans appui, les Boërs ne tarderaient pas à disparaître pour se fondre dans le flot toujours croissant des émigrants venus des Iles-Britanniques.

Tandis, en effet, que les colonies du Cap et de Natal, renforcées par de nombreux immigrants, se développaient aux dépens des populations indigènes, Cafres et Zoulous, qu'ils refoulaient devant eux, les deux républiques du fleuve Orange végétaient tristement. Leur disparition paraissait prochaine et inévitable; l'Angleterre voulut la précipiter, surtout après la découverte, en 1869, des mines de diamant dans le Griqualand, une des provinces de l'Etat Libre. La précieuse trouvaille provoqua aussitôt ce que les Anglais appellent un *rush*, une ruée de chercheurs, de piocheurs, excités par la fièvre diamantaire. On vit affluer, vers les rives du Vaal, des milliers de *diggers ;* le Cap profita largement de cette heureuse découverte ; il s'est édifié des fortunes colossales par spéculations sur les diamants ; l'industrie a pris pied dans l'Afrique australe, et, avec elle, les cultures se sont développées et le commerce des ports a grandi. Le gouvernement du Cap aspira à plus encore ; il voulut mettre la main sur le territoire où se trouvaient les champs diamantifères ; il fit revivre de vieilles prétentions ; la force armée envahit le Griqualand, et le pays fut déclaré réuni au Cap. L'Etat Libre ne put que protester. Dès lors furent constituées ces puissantes sociétés minières dont M. Cecil Rhodes a été l'âme, et qui ont appliqué à l'exploitation des terrains diamantifères, grâce aux capitaux dont elles disposent, toutes les ressources de la mécanique ; dès lors l'État Libre, quoique conservant toujours son autonomie, se trouva, à la suite de conventions douanières et autres, de plus en plus sous la dépendance économique du Cap. Les ports de la colonie étaient les seuls débouchés du Free State, et c'est par eux seulement qu'il pouvait communiquer avec le monde civilisé. Le même danger menaçait le Transvaal ; les hommes d'État de Pretoria en eurent le sentiment net, et pour empêcher l'absorption qu'ils redoutaient et maintenir leur indépendance économique, ils voulurent s'assurer de libres relations avec l'Europe, hors du territoire anglais. Le port de Lourenzo-

Marquès, dans la baie de Delagoa, est le plus rapproché du Transvaal, et c'est vers ce point que le gouvernement chercha à diriger le commerce du pays. C'est alors que l'Angleterre éleva sur la baie de Delagoa des prétentions que rien ne justifiait, afin de fermer à la République Sud-Africaine toute issue vers la mer. La sentence arbitrale rendue, en 1879, par le maréchal de Mac-Mahon, empêcha l'Angleterre de prendre le port convoité.

Pendant ce temps le Président du Transvaal venait en Europe négocier un emprunt pour la construction d'un chemin de fer de Pretoria à Lourenzo-Marquès. Mais personne ne voulut risquer des capitaux pour un pays qu'on supposait pauvre et sans ressources. La situation du Transvaal était des plus critiques; sans cesse en lutte contre les tribus indigènes, il fit, en 1877, contre les Basoutos une campagne qui se termina malheureusement. Le trésor était vide et le gouvernement sans autorité; les Boërs étaient divisés : un parti puissant demandait la réunion à l'Angleterre, qui saurait les défendre contre les Basoutos toujours menaçants. Aussi quand, en 1877, le gouverneur de Natal, Théophilus Sheptone, accompagné d'une faible escorte, vint à Pretoria, et que, profitant des discordes intestines où était plongé le Transvaal et de la pénurie du trésor, il proposa au gouvernement le protectorat britannique, force fut de l'accepter.

Trois ans après, le parti favorable à l'indépendance du Transvaal relève la tête; l'Angleterre avait commis la faute de refuser à ses nouveaux sujets les institutions parlementaires qu'elle leur avait cependant promises. Elle se trouvait alors aux prises avec les Zoulous, dont le chef Cettiwayo avait infligé, au commencement de 1880, une sanglante défaite aux troupes anglaises. C'était l'occasion si impatiemment attendue par les Boërs : pendant que lord Wolseley luttait contre les Zoulous, quelques courageux citoyens expulsèrent les Anglais et proclamèrent la République au Transvaal ; sous la conduite de Krüger, Joubert et Prétorius, les Burghers se préparèrent à repousser toute attaque de la part des troupes anglaises ; ils furent victorieux dans diverses rencontres, et anéantirent, à Majuba-Hill (1881), un détachement anglais composé de plus de 800 hommes et soutenu par 2 batteries d'artillerie.

La suprématie de la Grande-Bretagne dans l'Afrique du Sud se trouvait gravement atteinte ; une guerre était nécessaire pour soumettre le Transvaal ; le gouvernement du Cap l'aurait volontiers entreprise ; mais l'Angleterre n'était pas disposée à dépenser des millions pour reconquérir un pays qui ne lui paraissait pas d'un grand avenir. Aussi M. Gladstone donna l'ordre au général Wood de traiter. Le traité provisoire signé à Pretoria, le 3 août 1881, fut complété par la convention de Londres (27 février 1884). Les premiers articles de cet acte diplomatique fixent les frontières du Transvaal ; les derniers traitent des questions relatives au Swaziland, à l'abolition de l'esclavage, aux droits des indigènes et aux douanes. L'indépendance de la jeune république est reconnue, mais sous certaines réserves; l'article 4, en effet, dit que « le Transvaal accepte de ne conclure aucun traité ou engagement avec aucun État ou nation autre que l'État Libre d'Orange ou aucune tribu indigène située à l'est ou à l'ouest de la république, jusqu'à ce que les traités ou engagements aient été approuvés par S. M. la Reine, étant entendu que cette approbation sera considérée comme accordée si, dans un délai de six mois comptés à partir du jour où aura été reçue copie du traité ou engagement proposé, le gouvernement de S. M. Britannique n'a pas notifié au gouvernement transvaalien que le dit traité ou engagement est en conflit avec les intérêts de la Grande-Bretagne ou quelqu'une de ses possessions de l'Afrique du Sud ». Il ne semble pas résulter de l'examen de cette convention que le Transvaal se trouve placé, vis-à-vis de l'Angleterre, dans une sorte de vasselage politique. Cet état de dépendance existerait si l'Angleterre exerçait un contrôle sur l'administration du Transvaal, si un résident, représentant l'État suzerain, était chargé du contrôle et de la direction des affaires étrangères; or l'autonomie a été reconnue à la République Sud-Africaine qui a, en outre, le droit d'avoir une représentation diplomatique à l'étranger et de négocier elle-même ses traités. L'article 3 de la convention de Londres reconnaît bien qu'un agent britannique résidera à Pretoria, mais il y remplira seulement les fonctions de consul, *consular office*.

L'indépendance politique du Transvaal semblait assurée ; mais de nouvelles tentatives n'étaient-elles pas à redouter, en présence du flux toujours croissant de l'émigration anglaise, et les Boërs ne se verraient-ils pas encore obligés de livrer de nouveaux combats pour repousser des envahisseurs d'autant plus audacieux qu'ils seraient plus nombreux ? C'est à ce moment que furent découverts de riches gisements aurifères aux environs de Pretoria. La République Sud-Africaine, jusque-là si pauvre et dont les finances étaient en si mauvais état qu'elle n'avait pu trouver crédit en Europe, s'était enrichie subitement ; le commerce prit un vif essor ; les cultures se développèrent autour des centres, des villes nouvelles grandirent et se peuplèrent, en quelques années, de milliers d'habitants. Les budgets se soldèrent, chaque année, par des excédents considérables. Si les Anglais avaient pu prévoir une transformation aussi complète, il n'auraient pas hésité, en 1884, à continuer la lutte pour soumettre définitivement les Boërs. Ils ne pouvaient songer à détruire violemment la République, dont l'Allemagne s'était constituée la protectrice ; mais ils étaient bien placés pour y dominer économiquement. Les produits du Transvaal ne devaient-ils pas emprunter les territoires du Cap et du Natal pour atteindre la mer ? Le chemin de fer, en maintenant le Transvaal sous la dépendance commerciale de l'Angleterre, ne pourrait-il pas devenir un merveilleux outil pour détruire l'indépendance politique de la République ?

Le président Brandt, de l'État Libre d'Orange, avait autorisé les Anglais à pousser les voies ferrées qui partaient du Cap, de Port Elisabeth et d'East London jusqu'à Bloemfontein ; mais il avait autorisé aussi la colonie de Natal à faire dans la région montagneuse du Drakenberg les études pour la prolongation jusqu'à Harrismith de la voie ferrée de Dúrban à Pietersmaritzbourg. Natal et le Cap luttaient pour devenir les grands marchés de l'or de l'Afrique et draîner le commerce des deux républiques. Mais les Boërs et leur président Krüger n'étaient nullement disposés à se laisser absorber ; ils prétendaient sauvegarder leur liberté politique et leur indépendance économique. Ils ont retardé l'ouverture de la voie ferrée reliant Johannesbourg au Cap jusqu'à ce que le railway de la baie de Delagoa, qui doit mettre la République en rapport avec le reste du monde en dehors du territoire anglais, eût atteint les hauts plateaux.

Cependant, à la nouvelle de la découverte des mines d'or, de nombreux colons, en grande majorité Anglais, avaient afflué à Johannesbourg et sur tous les champs d'or, et on pouvait prévoir le moment où ils seraient assez forts pour mettre la main sur le gouvernement. C'était là le nouveau danger auquel il fallait parer au plus tôt. Pour préparer l'assimilation des nouveaux venus, le président Krüger leur imposa, devant les tribunaux et dans tous leurs rapports avec l'administration, l'usage de la langue boër ; il fut mieux inspiré en prenant des dispositions contre l'envahissement de l'élément étranger au *Volksraad* (parlement).

Grâce au bon état des finances, il put reprendre le projet qu'il caressait depuis longtemps, pour lequel l'Europe lui avait refusé son concours, et qui consistait à unir Pretoria à Lourenzo-Marquès par voie ferrée ; c'était assurer l'indépendance économique du Transvaal ; une société anglo-américaine fournit les capitaux pour le tracé de la ligne, de la baie de Delagoa à la frontière des Boërs, tandis qu'une société néerlandaise travaillerait à la construction de la voie, depuis la frontière jusqu'à Pretoria. Mais ces travaux exigeraient beaucoup de temps, à cause des difficultés qu'opposait le terrain dans une région très montagneuse. Il était à craindre que l'Angleterre, poussant ses voies ferrées à travers l'État d'Orange jusque sur les frontières du Vaal, de manière à enserrer la République Sud-Africaine, il ne s'établisse des courants commerciaux contre lesquels les compagnies de Delagoa seraient impuissantes à lutter. Pour prévenir ce danger, le président Krüger obtint de l'Etat Libre l'engagement de ne jamais prolonger jusqu'au Vaal, sans le consentement de la République, les futures lignes de pénétration anglaise ; en même temps, le gouvernement du Transvaal s'engageait à n'autoriser la construction d'aucune voie ferrée sur son territoire avant l'achèvement de la ligne de Pretoria à la baie de Delagoa, sous peine de payer à la compagnie une indemnité de cinquante millions. Cette clause, le président Krüger pouvait l'invoquer comme un argument à toute demande de concession faite par le gouvernement du Cap.

Les Boërs des deux républiques de l'Afrique australe, par leur courage à défendre leur indépendance, et grâce à une politique fort habilement conduite, avaient réussi à se maintenir libres, à empêcher une annexion politique et une absorption économique.

Leur nationalité fut de nouveau gravement mise en danger par leurs frères du Cap, les Boërs qui s'étaient résignés à subir la domination anglaise. Courbés sous la toute puissance des gouverneurs britanniques, ils étaient restés éloignés des affaires, s'occupant exclusivement de culture et d'élevage. Le vieux sang hollandais n'a rien perdu de sa vigueur en Afrique, et ils ne tardèrent pas à augmenter en nombre. La prudence conseillait de ménager ces vieux descendants des colons hollandais, qui nourrissaient toujours des haines profondes contre les émigrants anglo-saxons, qui supportaient mal le joug de l'Angleterre et réclamaient le *self-government* ou pour parler leur langue le *zelf-standigheid*. La métropole dota alors la colonie du Cap d'un gouvernement représentatif (1853). Les longues luttes soutenues par les Boërs des deux républiques provoquèrent sans doute chez leurs congénères un éveil du sentiment national et les incitèrent à faire usage des droits politiques qu'on leur conférait. Pour donner satisfaction à ces aspirations nouvelles, fut promulgué l'acte de 1872, qui érigeait le Cap au rang des colonies à gouvernement responsable et admettait dans le gouvernement colonial l'usage de la vieille langue hollandaise. Les descendants des anciens Boërs aspirèrent alors à l'autonomie, et pour l'obtenir, ils formèrent un parti puissant, qui fit appel à leurs frères de l'Orange et du Vaal. Une ligue naquit de cette union, l'*Afrikander Bond*, dont le chef fut M. Hofmeyer. Le *Bond* fut au début une ligue purement hollandaise, organisée en haine de l'Angleterre. L'*Afrique aux Afrikanders*, appellation sous laquelle se désignaient encore les Boërs, c'est-à-dire aux descendants des vieux colons hollandais, tel était son cri de guerre. Le Sud-Afrique, c'est-à-dire le Transvaal, l'Orange et le Cap *Régénéré* devaient former, sous leur hégémonie, une puissance unie ayant son drapeau.

L'*Afrikander Bond* servit d'abord la cause du Transvaal et de l'Orange. Les craintes que l'Angleterre en conçut ne furent pas étrangères aux arrangements conclus par M. Gladstone, après la défaite de Majuba. Avec une habileté qui témoigne du sens pratique et de la sagesse des hommes politiques, MM. Gordon Sprigg et C. Rhodes qui dirigeaient les affaires au Cap, la partie ardente de la ligue, celle qui tendait à la séparation pour former une république Sud-Africaine ou une fédération comprenant le Cap et les deux républiques boërs, fut peu à peu affaiblie et finalement éliminée, grâce aux concessions qui mirent les deux races sur un pied d'égalité parfaite; c'est ainsi que les vieilles haines s'éteignirent et qu'un mouvement, à l'origine séparatiste, ne fut plus qu'un mouvement unioniste des deux nationalités qui constituent le Cap; le mot *Afrikander* a perdu son sens étroit et exclusif; il s'applique de nos jours aussi bien aux colons anglais que hollandais dont la formule n'est plus : *vivre séparés de l'empire*, mais : *vivre unis dans l'empire*. Les chefs les plus écoutés du *Bond*, aujourd'hui que l'union et l'égalité des races a fait place aux rivalités, sont devenus de loyaux sujets de la Couronne. M. Hofmeyer répudie hautement toute tentative séparatiste : « On a prétendu, disait-il dans un discours, que l'*Afrikander Bond* n'avait d'autre but que de renverser le drapeau britannique dans l'Afrique du Sud et d'y substituer le drapeau républicain. Si tel était l'objet du *Bond*, je n'en serais point un des chefs. Il se peut qu'il y ait des républicains au sein du *Bond*; mais s'il y en a, je voudrais les voir exposer leurs vues dans une de nos assemblées; on leur fera un accueil dont je ne voudrais pas être l'objet. Et si l'on me demande quel est le grand mobile de ma politique, je dirai qu'il ne faut pas de divisions nationales dans notre colonie. Qu'importe qu'il y ait des différences de races, des Anglais, des Hollandais, des Allemands? Le même fait n'existe-t-il pas en Angleterre? Écossais, Gallois, Irlandais n'ont-ils pas d'autres origines que les Anglais? Ce que je m'efforce d'obtenir, c'est que mes concitoyens Hollandais usent des droits et des privilèges que leur confèrent les institutions représentatives de la colonie, et que des sympathies s'établissent entre eux et les autres éléments du pays. Si c'est là être déloyal, ce n'est pas être plus déloyal que les Écossais, qui veulent qu'on ne discute pas sans eux les autres questions écossaises au sein du parlement britannique (1). »

Sur ce nouveau terrain, les Boërs des deux républiques ne pouvaient faire cause commune avec leurs frères du Cap; les divisions entre eux étaient trop profondes pour qu'une entente fût possible; elle ne put même se faire au point de vue économique. Dans la pensée des Boërs du Cap, une union douanière devait être le prélude d'une union politique; mais les Boërs du Transvaal ne tardèrent pas à comprendre que cette union douanière était un piège, tendu peut-être de bonne foi, mais qu'il fallait éviter, sous peine de perdre cette liberté si chèrement conquise. Le président Krüger rejeta donc tout projet d'union et refusa de laisser pénétrer, sur le territoire de la république, les voies ferrées que le Cap avançait rapidement.

---

(1) Discours prononcé dans un banquet à Cape Town. Cité par M. Leclercq, *A travers l'Afrique Australe*

Cependant les hommes d'État du Cap espéraient venir à bout, par d'autres moyens, de la résistance obstinée du Transvaal. La question du Swaziland, depuis longtemps soulevée, offrit un nouveau sujet de négociation. C'est un petit territoire limité de trois côtés par le Transvaal et à l'Est par le Pongoland et la partie méridionale des possessions portugaises du Mozambique. Le gouvernement de Pretoria le convoitait, parce que la possession de ce petit pays reculait les frontières de la République vers l'Est, et les reportait à une petite distance du littoral de l'Océan Indien. Le Cap consentait à lui abandonner la haute main sur une partie de l'administration de Swaziland, mais il demandait, en compensation, que les Boërs du Transvaal reconnaissent le Limpopo comme limite de leur État au Nord, qu'ils ne s'opposent pas à la pénétration des chemins de fer du Cap jusqu'à Pretoria et aux autres centres miniers, ni à la liberté des échanges, en attendant qu'une union douanière soit conclue. Accepter ces conditions, c'était renier, d'un trait de plume, un passé qui ne manquait pas d'originalité par l'obstination héroïque avec laquelle on avait repoussé les tentatives d'annexion du Cap. C'est ce que comprit le *Wolksraad*, qui allait rejeter en bloc ces conditions, lorsque M. Hofmeyer intervint. Il fit comprendre aux Boërs que leur avantage était de les accepter, sous peine de perdre le Swaziland sans compensation. D'ailleurs la République d'Orange avait conclu une union douanière avec le

Cap et avait autorisé le rattachement de la capitale à la grande ligne tronçale; mais il fut convenu qu'on ne pousserait pas cette ligne au-delà de Blœmfontein, sans le consentement du président Krüger. Le *Wolksraad* céda à son tour; il ne réserva que l'article qui avait trait aux rapports commerciaux des deux États.

La crise la plus grave qu'ait subie de nos jours la République Sud-Africaine a été provoquée par la découverte des champs d'or. Les Boërs avaient pressenti que le précieux métal, qui avait fait de leur pays un véritable *Eldorado*, serait la cause d'une transformation politique et sociale où leur indépendance pourrait être mise en grand péril. Aussi est-ce avec une véritable consternation qu'ils apprirent la présence, sur leur territoire, de nombreux gisements aurifères, L'or allait être un appât à l'immigration étrangère. C'en est fait de l'existence calme et fière des paysans boërs, dont toute la richesse consistait en céréales et en bétail; le Transvaal fut envahi par des légions de mineurs à la recherche du métal jaune, de prospecteurs, d'ingénieurs, de spéculateurs accourus de toutes les parties du monde. On évaluait, en 1896, ces nouveaux venus, en grande majorité d'origine anglaise, à 150,000 environ, c'est-à-dire aux deux tiers de la population blanche du Transvaal. Un recensement de 1891 fixait leur nombre à 29,280.

Autrefois les Boërs n'auraient pas hésité à vendre leurs fermes pour s'établir dans d'autres régions; mais aujourd'hui toute expansion leur est interdite au-delà du Limpopo : ils ne peuvent chercher un refuge dans ce Mashonaland et ce Matabéléland que l'Angleterre vient de placer sous sa souveraineté, et force leur est de supporter, dans ce Transvaal habité jusque-là par des colons de sang hollandais, l'élément nouveau, en grande partie anglo-saxon, attiré par l'ardente soif de l'or. Partout, dans les districts miniers, des villes nouvelles se fondent et grandissent avec la rapidité des cités américaines; Johannesbourg, qui n'était, il y a quelques années, qu'une misérable bourgade, est aujourd'hui un grand centre industriel de 100,000 habitants ; l'élément anglais y est prépondérant et c'est lui qui administre la cité.

Le gouvernement du Transvaal a été obligé de céder aux réclamations des nouveaux venus, les *Uitlanders*, qui demandaient, à cause des intérêts qu'ils représentent, à avoir une part dans les conseils du gouvernement. Le pouvoir législatif appartenait, jusqu'en 1890, à une assemblée, le *Volksraad*, composé de 41 membres. Les Boërs ne pouvaient consentir à modifier les conditions très rigoureuses d'éligibilité pour permettre aux hommes nouveaux d'avoir accès dans cette assemblée politique; ç'aurait été livrer la République aux Anglais. Il fut décidé que ceux-ci auraient une chambre à leur usage, où ils seraient seuls représentés ; cette chambre, purement consultative, et dont les résolutions n'auraient pas, par conséquent, force de loi, s'occuperait exclusivement des mines, des travaux publics, des entreprises industrielles, des postes et télégraphes. Les décisions de cette assemblée doivent être approuvées par le premier *Raad* pour pouvoir être exécutées. Il faut, pour être élu, justifier qu'on appartient à la religion protestante et qu'on réside, depuis cinq années, sur le territoire de la République. Rien ne fut modifié aux conditions d'éligibilité au *Volksraad* qui reste toujours composé de Boërs : comment, en effet, les étrangers pourraient-ils forcer les portes d'une assemblée quand on exige des candidats, outre les conditions de cens, d'âge et de religion, cinq ans de résidence et quinze ans de bourgeoisie?

Pour soutenir leurs revendications, les étrangers avaient formé, en 1891, l'*Union nationale du Transvaal*. Mais tous les étrangers n'étaient pas unanimes à réclamer des droits politiques ; le plus grand nombre n'est attiré au Transvaal que dans l'espoir d'acquérir, en peu de temps, une immense fortune dont ils iront jouir ensuite dans leur pays d'origine ; ceux-là ne sont que des passants qui ne demandent qu'à exercer leur industrie sans prétendre s'immiscer dans le gouvernement. On pouvait, en effet, distinguer, dans le mouvement que préparait le comité de réformes, plusieurs partis : en tête étaient les révolutionnaires dirigés par les grands financiers, anglais et juifs, et soutenus par les immigrants d'origine anglaise ; ils se proposaient de renverser le gouvernement, d'établir la souveraineté britannique sur le Transvaal et de monopoliser l'exploitation des mines, sous la direction d'une grande compagnie. Ces partisans de l'action violente ne manquèrent pas, dans leurs meetings, de froisser le sentiment national des Boërs par des manifestations sur la portée desquelles il n'était pas possible de se méprendre : c'était le *God save the Queen* entonné et écouté religieusement, tandis que l'hymne national du Transvaal était écouté avec indifférence ; c'étaient des toasts portés à la Reine comme au véritable souverain ; c'était le drapeau du Transvaal enlevé. Ces *Uitlanders* ne voulaient rien sacrifier de leur nationalité, tout en réclamant leurs droits de citoyens ; M. Drew, pasteur protestant, se faisait l'écho de leurs pensées, quand il disait dans un banquet de Gallois, à Johannesbourg, le 29 février 1896 : « Nous voulons devenir des Burghers et de loyaux Burghers, mais il faut qu'en même temps, nous restions des Anglais, reconnaissant l'allégeance de cet État pendant que nous y vivons, mais sans renoncer à l'allégeance de S. M. qui en garantira l'indépendance. » Les étrangers non Anglais, Afrikanders, Américains, Australiens, Allemands, Français, etc., tout en réclamant quelques réformes, politiques ou économiques, suivant leur nationalité, étaient opposés à l'emploi de la force et surtout à l'annexion à l'Angleterre.

L'action commença le 27 décembre 1895 par la publication du manifeste de l'*Union nationale,* qui réclamait l'établissement du régime parlementaire, les droits politiques pour les étrangers, l'égalité des langues, anglaise et hollandaise, des réformes judiciaires et administratives, le libre échange pour les produits de l'Afrique du Sud, etc. Les signataires du manifeste ne cachaient pas qu'ils recourraient à la force, si le gouvernement ne faisait pas droit à leurs revendications. C'était se mettre en révolte ouverte contre le gouvernement du Transvaal. Le Comité de réforme se prépara d'ailleurs à la lutte ; il distribua des armes à ses partisans ; des canons Maxim furent introduits à Johannesbourg ; les mineurs furent enrôlés. Le succès de l'*Union nationale* ne fit doute pour personne, quand on apprit que la *Compagnie anglaise de l'Afrique du Sud* envoyait à son secours 700 hommes de troupes exercées, sous le commandement du docteur Jameson.

Le principal instigateur de ce mouvement insurrectionnel, celui qui en était l'âme, M. Cecil Rhodes, entra alors directement en scène ; c'est lui qui organisa l'équipée du docteur Jameson ; c'est sous son inspiration, que la compagnie à charte de l'Afrique du Sud, la *Chartered*, recruta des volontaires qu'il réunissait à Buluwayo, d'où ils étaient dirigés sur Mafeking, près de la frontière du Transvaal. Or rien ne justifiait une concentration de troupes sur ce point ; en supposant même que le parti avancé de l'*Union nationale* fût résolu à prendre les armes et à provoquer des troubles dans la République Sud-Africaine, ce n'était pas aux troupes de la *Chartered* qu'il appartenait d'intervenir.

Cependant le docteur et ses partisans s'avan-

13.

çaient à marches forcées; la petite troupe avait parcouru 300 kilomètres en trois jours, à travers un pays sans route et à peu près désert. Elle fut vaincue et cernée par les Boërs à Krügersdorf, à 30 kilomètres de Johannesbourg (2 janvier 1896).

Le gouvernement britannique, secrètement favorable à l'entreprise de Jameson et aux menées de l'*Union nationale*, ne pouvait cependant approuver l'acte de piraterie internationale dont la compagnie à charte s'était rendue coupable. Le gouverneur du Cap, Haut-Commissaire de la Reine, somma dans une proclamation le Dr Jameson de revenir en arrière et interdit aux sujets britanniques de lui prêter aucun secours. Le comité de l'Union espéra-t-il que le Dr Jameson vaincrait facilement les Boërs ou qu'il pénétrerait sans lutte dans Johannesbourg? Quoi qu'il en soit, les chefs de la conjuration, MM. Philips, Farrar et Rhodes, n'osent enfreindre l'ordre du gouverneur, et les 5 ou 6,000 hommes armés dont ils disposaient, restèrent l'arme au bras à Johannesbourg, pendant que Jameson était aux prises avec les Boërs. Le gouvernement du Transvaal triomphait sur toute la ligne : la troupe de Jameson était prisonnière, et les insurgés de Johannesbourg avaient consenti à se laisser désarmer. Il pouvait dès lors, sans crainte de faire acte de faiblesse, se montrer modéré dans la victoire : il gracia le Dr Jameson, qu'une cour martiale avait condamné à mort, et ne retint, pour les juger, que les cinq signataires de la lettre au Dr Jameson.

Il ne paraît pas contestable que l'Angleterre, chez laquelle couve toujours un vieux levain de haine contre les Boërs, s'est habilement servie des troupes de la *Chartered*, avec l'espoir d'étrangler la République du Transvaal. Il existe, en effet, entre Boërs et Anglais, des haines que les récents traités n'ont pas apaisées. Les griefs formulés par les *jingoes*, les chauvins d'Outre-Manche partisans de l'*impérialisme*, contre ce vaillant petit peuple sont nombreux ; quelques-uns même ne manquent pas d'une certaine saveur : le Transvaal n'est, aux yeux des Anglais, qu'une oligarchie déguisée sous le nom de république ; le gouvernement hait, par tradition, tout ce qui est Anglais, et n'a de sympathie que pour les Hollandais et tout ce qui rappelle la patrie d'origine ; les Boërs n'ont pu s'assimiler les populations indigènes, au milieu desquelles ils sont restés étrangers ; la paix et la sécurité de l'Afrique du Sud ne peuvent exister tant qu'ils seront indépendants (1). C'est probablement pour assurer la *pax britannica* que M. Cecil Rhodes a organisé le complot dont le résultat devait être la mainmise sur le Transvaal, dans l'intérêt de la *Plus Grande-Bretagne*.

De toutes parts, les sympathies sont allées à ceux qui ont été les victimes de la violation du droit des gens. On n'a pas oublié la dépêche cha-

---

(1) Wilmot, *Story of the expansion of Southern Africa* pages 241 et 242.

leureuse par laquelle l'empereur d'Allemagne félicitait l'*oncle Paul*, ainsi que les Boërs désignent familièrement leur président, d'avoir repoussé les flibustiers qui avaient envahi la République ; en France, on suivait aussi avec anxiété les événements dont l'Afrique du Sud était le théâtre.

En Afrique même, les Boërs injustement attaqués, étaient soutenus par leurs frères de l'Orange, du Natal et de la colonie du Cap. Le gouvernement de Pretoria n'eut pas à invoquer le traité signé en 1890, à Potchefstroom, avec l'État d'Orange, et en vertu duquel les deux républiques se garantissaient l'indépendance et l'intégrité de leurs territoires ; le gouvernement de l'État Libre convoque immédiatement un premier contingent qu'il réunit sur la frontière du Transvaal, prêt à accourir, au premier signal, au secours des Boërs menacés. Les Boërs de Natal passaient en masse la frontière pour combattre à côté de leurs frères, et le gouvernement dut prendre des mesures pour empêcher ce mouvement de se généraliser. Ceux du Cap manifestaient ouvertement leurs sentiments ; des félicitations au président Krüger furent votées dans des meetings, après l'échec de Jameson. M. Hofmeyer, le chef du parti boër à la Chambre des députés, télégraphia à M. Krüger et déclara, dans une interview, que Dieu seul savait le parti qu'il prendrait, si la guerre éclatait entre l'Angleterre et le Transvaal. Déjà en 1884, l'agitation qui s'était manifestée chez tous les Boërs de l'Afrique du Sud, avait décidé l'Angleterre à reconnaître l'indépendance du Transvaal ; les événements qui viennent de s'accomplir témoignent assez que les passions de races sont aussi vivaces que par le passé, et qu'il serait dangereux, pour sa domination dans l'Afrique australe, de chercher à les réveiller.

Les Boërs, dont les sentiments de justice sont si rigoureux, ne peuvent comprendre que celui qui a été le moteur initial de toute l'aventure, continue à ne pas être même inquiété. Le président Krüger n'a pas craint de manifester hautement son mécontentement : « Que dire de celui qui a poussé les chiens à se battre et qui a causé tout le scandale ? Il est toujours libre et exempt de châtiment. » Ainsi a parlé le Président aux délégués des villes Sud-Africaines. Il a fait plus encore : il a insisté auprès du Haut-Commissaire britannique dans l'Afrique du Sud, pour que le gouvernement de la Reine ouvre un procès contre MM. Cecil Rhodes, Alfred Beit et le Dr Ruthersford-Harris, et pour que l'enquête, qui doit porter sur la complicité et la responsabilité de la Compagnie à charte, soit rapidement faite, ajoutant « qu'il est d'urgente nécessité que tout contrôle et administration, tant civil que militaire, soient enlevés à la compagnie à charte et transférés au gouvernement de Sa Majesté Britannique ». Le gouvernement a cru devoir faire quelques concessions aux réclamations du Transvaal; M. Cecil Rhodes a donné sa démission du conseil d'administration de la *Chartered*. Est-ce le prélude d'une action judiciaire contre lui? Quoi qu'il en soit, M. Chamberlain a annoncé aux Communes qu'une nouvelle enquête approfondie serait faite sur l'invasion du Transvaal. De la discussion du rapport présenté à la Chambre des Communes (1897), il ressort que M. Cecil Rhodes a été complice ou même organisateur d'un complot, dont l'objet était de renverser le gouvernement d'un pays ami ou même d'annexer ce pays, que cette insurrection armée était encouragée et soutenue par le gouvernement britannique. M. Chamberlain, ainsi mis en cause, en qualité de chef du *Colonial Office*, après avoir proclamé devant la Chambre sa propre innocence, a déclaré que le rôle joué dans cette affaire par M. Cecil Rhodes, bien que constituant une faute très grave, n'incriminait pas son honneur, que c'était « la noble faiblesse d'une grande âme. »

CHAPITRE VI

Le Sud-Ouest allemand et la Zambèzie britannique; conflit anglo-portugais.

Le Sud-Ouest allemand; limites de la nouvelle colonie allemande. — Droits historiques du Portugal sur la région du Haut-Zambèze. — Projets d'union du Mozambique à l'Angola. — Conflit avec l'Angleterre. — Les missions anglaises de la région des Lacs et l'*African Lakes Company*. — M. Cecil Rhodes et la *South Africa Company* (Chartered). — Conflit entre Serpa-Pinto et les Makololos. — Ultimatum de l'Angleterre au Portugal. — Traité anglo-portugais du 11 juin 1891. — Guerre de la *South Africa Company* contre Lobengula, chef des Matabélés. — Situation financière de la Chartered; étendue de ses territoires. — Attaque injustifiée de la Chartered contre le Transvaal. — Échec de l'expédition Jameson et des vastes projets des coloniaux anglais. — Situation politique de l'Afrique du Sud ; nécessité de la conciliation.

La région au Nord du fleuve Orange, jusqu'aux frontières de l'État Libre du Congo était l'objet d'ardentes convoitises de la part des Boërs du Transvaal, qui voulaient jeter leur dévolu sur le Bechouanaland, des Portugais, qui aspiraient à joindre leurs possessions de l'Atlantique à celles de l'Océan Indien, par la mainmise sur les pays du Haut-Zambèze. L'Allemagne, en quête de terres inoccupées, n'hésita pas à arborer son drapeau sur la partie de l'Afrique du Sud-Ouest, entre le fleuve Orange et le Cunéné, que l'Angleterre considérait depuis longtemps comme une dépendance du Cap. C'est en 1883, qu'un négociant de Brême, M. Lüderitz, s'était fait céder, par des traités signés avec les indigènes, la baie d'Angra Pequeña et une bande de littoral au Nord du fleuve Orange, sur une longueur de territoire s'étendant de la côte à vingt milles dans l'intérieur. Le docteur Nachtigal agrandit les possessions allemandes de la portion du littoral comprise entre Angra-Pequeña et le cap Frio. Toute la côte entre ce cap et l'embouchure de l'Orange devint allemande, à l'exception de Walfich-Bay et des îles annexées antérieurement par les Anglais. C'est la première, en date, des colonies allemandes en Afrique. Des traités conclus, de 1885 à 1888, avec les chefs indigènes de l'intérieur placèrent dans la sphère d'influence de l'Allemagne le Namaqualand, le Damaraland et le pays des Hereros; en vertu du traité signé le 30 décembre 1886 avec le Portugal, la colonie s'agrandit de la région comprise entre le cap Frio et le rio Cunéné.

Le Bechouanaland était depuis longtemps ouvert, grâce aux explorateurs anglais, aux missions protestantes de la Grande-Bretagne, et aussi aux entreprises des commerçants, qui avaient fondé la *British Bechuanaland Company;* le voisinage inquiétant des Allemands établis à l'Ouest et l'hostilité contre l'Angleterre des deux républiques boërs, qui pouvaient se rencontrer dans le Bechouanaland, étaient un danger pour l'expansion anglaise. Le Limpopo fut fixé comme limite à la République du Transvaal; différents traités furent signés avec les chefs indigènes, qui depuis longtemps demandaient sur les conseils de leurs pasteurs, à s'abriter sous les larges plis du drapeau de la Grande-Bretagne, et le protectorat anglais fut proclamé sur le Bechouanaland, en 1885; c'était un coin hardiment enfoncé entre les pays boërs et la nouvelle colonie allemande. Un autre pas en avant fut fait, en 1887, par l'annexion du royaume de Khama, où des missionnaires apprenaient aux indigènes des procédés de culture et d'irrigation; en 1888, par l'annexion du pays à l'Ouest du lac Ngami et par la prise du pays des Matabélés, où les missionnaires avaient préparé les esprits à accepter la nouvelle domination, et où des sociétés commerciales (la *Central British Company*, le *British Bechuanaland Company*) travaillaient, depuis longtemps, à fortifier les positions de l'Angleterre. L'œuvre d'évangélisation de l'Afrique australe, qui devait préparer les voies à la domination anglaise commence, en effet, vers 1820. A cette époque, diverses stations furent fondées par des agents des sociétés de Londres, de Brême, de Paris, à l'ouest, dans le pays des Namaquas et Damaras, au centre, entre le désert de Kalahari et les Drakenberg, et à l'Est, entre les Drakenberg et l'Océan Indien. Cafres, Basoutos, Bechouanas furent les premiers convertis. Les missions se multiplièrent; aux ouvriers de la première heure vinrent se joindre des missionnaires de Bâle, de Lausanne, de Berlin, les Vesleyens, les Méthodistes, les Presbytériens, qui se répandirent dans les contrées entre le Limpopo et le Zambèze, chez les Matabélés et les Makololos.

Restait à fixer les frontières entre les possessions de l'Allemagne au Sud-Ouest et les nouvelles acquisitions de l'Angleterre dans l'Afrique australe : le fleuve Orange, le 20° degré de longitude jusqu'à son intersection avec le 22° degré de latitude et une ligne se dirigeant vers l'Est jusqu'au 21° degré de longitude, et de là vers le le Nord, le long de ce degré, jusqu'à son intersection avec le 18° degré de latitude, et de ce point vers l'Est, en suivant la rivière Ichobi, jusqu'à son confluent avec le Zambèze, telles sont les limites qui furent tracées à la nouvelle colonie allemande. L'Allemagne touchait de ce côté au Zambèze, sur une bande de territoire de vingt milles; mais l'Angleterre gardait le territoire de Ngami. La nouvelle démarcation mettait fin au rêve, un moment caressé par les Allemands, de tendre la main aux Boërs des républiques Sud-Africaines, auxquels les unissent des affinités de races et de langue, et d'arrêter l'expansion de l'Afrique australe anglaise vers le Zambèze, à travers le Bechouanaland et le désert de Kalahari. Ce recul, le gouvernement allemand le justifiait par le peu de valeur des territoires un moment convoités, mais le véritable motif, il faut le chercher dans la crainte que la politique coloniale n'engage l'Allemagne dans des complications qui pourraient affaiblir son rôle politique en Europe. C'est la même crainte qui l'empêcha d'annexer la contrée habitée par les Somalis, que convoitait la société de colonisation allemande. Des traités avaient été passés avec les sultans d'Opia et des Medjourtines; mais le gouvernement allemand désavoua les traités conclus, et l'Italie prit possession de tout le pays somal abandonné par l'Allemagne.

Une autre pensée a dicté, dans ces deux circonstances, la conduite de l'Allemagne. Elle voulait bien donner satisfaction au sentiment public, qui réclamait des possessions coloniales, mais elle ne voulait pas s'aliéner les sympathies de l'Angleterre, qui pouvait, en cas de complications européennes, lui être d'un si puissant secours. Sur ce point, l'empereur pensait comme son ex-chancelier, le prince de Bismarck : « L'Angleterre est plus importante pour nous que le Zanzibar et toute l'Afrique orientale (1). »

Le Portugal avait échoué dans sa tentative de mainmise sur l'embouchure du Congo; serait-il plus heureux dans ses projets de jonction, depuis

---

(1) Phrase de Bismarck, citée dans un rapport au Reichstag du 6 février 1891.

longtemps caressés, entre ses établissements d'Angola, sur l'Océan Atlantique, et ceux du Mozambique, sur l'Océan Indien? S'ils se réalisaient, il aurait réussi à se tailler une bonne part dans le partage du continent africain et à constituer à son profit un vaste empire, par l'annexion de contrées où il avait précédé tous les explorateurs européens. Les Portugais ne se contentèrent pas, en effet, ainsi que l'ont écrit pendant longtemps les contempteurs de leur glorieux passé, d'occuper quelques points de la côte, ils pénétrèrent dans l'intérieur, établirent des stations pour le commerce et firent d'importantes acquisitions territoriales. C'est un Anglais, le voyageur Bowdich, qui a donné sur les expéditions et les établissements des Portugais dans l'Afrique australe « un résumé d'autant plus précieux, dit M. G. Marcel, qu'il est presque entièrement rédigé sur des documents officiels. Il est assez piquant, ajoute-t-il, que ce soit justement un Anglais qui ait pris le soin d'accumuler les preuves de l'occupation effective d'un pays que ses compatriotes ont disputé au Portugal avec tant d'âpreté. » Francisco Barreto, le fondateur de Sena et Tété, sur le Zambèze, pénètre dans les États du souverain de Monomotapa (1569) et conclut avec lui un traité qui ouvre aux négociants portugais le marché du Manica; dans le courant du xviie siècle, le cours du Zambèze et de quelques-uns de ses affluents est reconnu; les renseignements qui figurent sur les cartes publiées à cette époque établissent, d'une façon irréfutable, que cette partie de l'Afrique attirait déjà l'attention des commerçants et des industriels lusitaniens, et que des colonies avaient été fondées dans la vallée du Chiré et aux environs du Nyassa. Pendant les siècles qui suivirent, les Portugais ont pénétré plus avant, complétant les renseignements recueillis précédemment. Les deux voyages les plus remarquables furent entrepris, à la fin du xviiie siècle, par le jeune Pereira, qui aperçut l'Arouangoa (Louanga) et les sources du Tchambézi, et par Lacerda, qui pénétra dans la Cazembé et atteignit le lac Moero. Les récits des voyageurs Monteiro et Gamitto démontrèrent que les relations et alliances conclues avec le Monomotapa continuaient encore au commencement de ce siècle. Du côté de l'Angola, les Portugais s'étaient avancés assez loin dans l'intérieur, et Da Costa, au commencement de ce siècle, était entré dans la capitale du Muata-Yamvo. C'est donc à tort que dans la Scottish geographical Magazine (vol. IV, p. 298), M. Arthur Silva White affirme, qu'avant Serpa Pinto et Cordoso, en 1885, aucun Portugais n'avait exploré l'intérieur de l'Afrique australe, n'avait contribué à la connaissance de la région des lacs, parcourue uniquement, dit-il, par des voyageurs anglais. Il est aujourd'hui reconnu que ce sont les traces des voyageurs portugais qu'avait suivies Livingstone, que c'est à eux que nous devons la connaissance du Chiré et du Nyassa, l'exploration du Tchambézi, des lacs Moero et Benguélo, du cours supérieur du Zambèze et de la plupart de ses affluents, et que ce sont des Portugais qui, bien avant le célèbre explorateur anglais, ont accompli les premières traversées de l'Afrique, d'un océan à l'autre. Les droits historiques du Portugal sur les contrées de l'Afrique, arrosées par le Zambèze et ses affluents, sont établis d'une façon irréfutable; il est certain que les Portugais avaient placé, sous leur domination, les tribus de l'intérieur, Makololos, Barotsés, Matabélés. Mais depuis près de deux siècles, ils s'étaient appliqués à réduire leurs possessions dans cette partie de l'Afrique, et au moment où, après la découverte de Stanley, les convoitises européennes se portèrent sur le continent noir, les territoires portugais se trouvaient limités à la possession des villes de la côte du Mozambique les plus importantes.

La découverte par Stanley du Congo comme voie fluviale réveille l'activité coloniale du Portugal. Serpa Pinto, Cordoso, Capello et Ivens accomplissent, de 1877 à 1879, des voyages qui placent ce petit État dans un bon rang au point de vue de l'exploration africaine. L'idée hardie pour l'époque de Abreu de Brito, qui proposait, en 1592, d'unir l'Angola au Mozambique par l'établissement de postes fortifiés, et poursuivie, au XVIII° siècle, par le voyageur Lacerda, et, au commencement du nôtre, par Da Costa, germe de nouveau dans l'esprit du gouvernement portugais. N'était-il pas en droit de concevoir les plus légitimes espérances sur ces explorations qui eurent en Europe un grand retentissement, et ne lui était-il pas permis de croire qu'elles auraient pour résultat d'asseoir définitivement sa domination sur des contréees où existaient encore des vestiges de son établissement? Alors se trouverait constitué ce grand empire lusitanien, d'une mer à l'autre. Des traités signés, en 1886, par la France et l'Allemagne reconnaissaient au Portugal le droit d'exercer son influence suzeraine et civilisatrice dans ces territoires du Haut-Zambèze, sous la réserve des droits précédemment acquis par d'autres puissances, et aucune puissance ne pouvait légitimement prétendre à ces territoires. L'Angleterre elle-même semblait reconnaître la légitimité des droits du Portugal par le traité de Londres du 26 février 1884 qui, tout en limitant du côté du Nyassa les possessions portugaises au confluent du Ruo et du Chiré, admettait l'unité et la continuité de l'empire lusitanien d'un océan à l'autre. Malheureusement ce traité ne fut pas ratifié par la faute des coloniaux portugais, qui ne furent pas satisfaits de la part qu'on faisait à leur patrie.

Cependant le gouvernement préparait les voies à une occupation effective de ces territoires en s'attachant, par des liens plus étroits de vassalité, les chefs indigènes. C'est dans ce but que furent entreprises les expéditions du lieutenant Cordon, de Paiva d'Andrade et de Carvalho. Le lieutenant Cordon, parti de Zumbo, traversa la vallée de Pañamé, suivit le cours de Sañati, affluent du

Zambèze, et de l'Unfuli, recevant l'hommage et la soumission de tous les rois nègres établis sur le cours de ces rivières. Paiva d'Andrade parcourut le pays de Mashona, concluant, avec les chefs nègres, des traités où ils reconnaissaient la suzeraineté du Portugal. En 1886, huit chefs nègres de la région de l'Est du Nyassa vinrent à Ibo renouveler les liens de vassalité qui avaient déjà lié leurs ancêtres au Portugal. Entre l'Angola et l'État du Congo, Carvalho parcourait le vaste royaume, à demi-féodal, de Muata-Yamvo et fit accepter par le roi la présence d'un résident dans la capitale; c'était reconnaître le protectorat du Portugal. La gouvernement voulait se créer des droits à la possession de ces pays, en prévision des prétentions de l'Angleterre.

Le gouvernement s'occupait, en même temps, de la mise en valeur de ces vastes territoires, étudiant et préparant les moyens de les ouvrir au commerce et à la colonisation par la création de routes, de chemins de fer et l'établissement d'un réseau télégraphique. La voie ferrée de Saint-Paul à Ambaca (300 kil.) fut activement poussée; le célèbre ingénieur J. Machado fut chargé du tracé du railway qui doit unir Mossamédès aux régions fertiles et peuplées de l'intérieur où, grâce à la douceur de la température et aux eaux courantes, peuvent être cultivées les plantes de l'Europe méridionale. En juin 1885, furent inaugurés les travaux du chemin de fer de Lourenzo-Marquès à la frontière du Transvaal; des améliorations étaient apportées à la navigation des bouches du Zambèze, qui offraient de sérieuses difficultés.

Mais dans ces projets d'extension, le gouvernement portugais devait nécessairement se heurter avec l'Angleterre, dont l'essor vers le Nord aurait été arrêté par la constitution d'un empire lusitanien d'un seul tenant. Le Portugal s'était déjà trouvé en compétition avec l'Angleterre, qui voulait mettre la main sur la baie de Lourenzo-Marquès, afin de fermer au Transvaal, qu'elle prétendait dominer, toute issue vers la mer. Nous avons vu que l'Angleterre fut déboutée de ses prétentions. Un conflit plus sérieux allait éclater entre les deux pays pour la possession des contrées au Nord et au Sud du Zambèze, le Barotsé, le Manica, le Mashona, le pays des Matabélés, et pour la région du Nyassa et du Chiré.

La politique anglaise fut dans le Nyassaland admirablement secondée par les missions. D'importantes missions, anglaises et écossaises, s'étaient établies, dans cette partie de l'Afrique dès 1859, et avaient préparé le terrain aux entreprises commerciales et agricoles. Cette alliance de la religion et du négoce est un des traits caractéristiques des progrès de la domination anglaise en Afrique; on a représenté les missionnaires anglicans parcourant le continent noir, la Bible d'une main, une pièce de Manchester de l'autre; c'est ainsi que dans l'*African Lakes Company*, les mêmes personnes qui sont à la tête de la compagnie du commerce sont en même temps les directeurs des

14

missions Livingstonia. Nos missionnaires, uniquement préoccupés de leur ministère, dédaignent toute occupation mercantile. On ne saurait blâmer les premiers de comprendre autrement leur mission : le meilleur moyen de combattre la barbarie et d'appeler les indigènes aux bienfaits d'une civilisation supérieure n'est-il pas, en effet, de faire naître chez eux des besoins, de s'appliquer à développer cet amour du bien-être, sans lequel tout progrès est impossible ? Les missionnaires anglais du lac Nyassa ne tardèrent pas à prendre sur les indigènes une autorité qu'ils exercèrent aux dépens du Portugal qui les tolérait; il s'agissait, en effet, de défendre une exploitation commerciale dont la direction leur appartenait, et ils pouvaient compter, pour cela, sur la protection de leur gouvernement, puisqu'ils voulaient l'Angleterre toujours plus grande.

Les Anglais avaient fondé d'importants établissements dans ces régions du Chiré et du Nyassa ; les plus considérables étaient Blantyre, Bandawé, Livingstonia. Une route, la route Stvenson, fut construite entre le lac Nyassa et le lac Tanganyka ; des cultures furent entreprises et des lignes de navigation établies sur les lacs. Le développement du commerce britannique eut pour résultat la formation de l'*African Lakes Company*, qui a accaparé le monopole du commerce dans cette partie de l'Afrique. Ici, comme sur les bords du Niger, les Anglais ont fait échouer, directement ou indirectement, toute tentative d'établissement faite par des négociants étrangers. La seule différence, c'est que, sur le Niger, ils sont maîtres de l'embouchure du fleuve et de la côte, tandis que dans le Nyassaland, le Portugal possède indiscutablement le littoral et qu'il est, en droit, le souverain des bords du Chiré et d'une partie du territoire du Nyassa. Les Portugais n'ont eu qu'un tort, c'est de ne pas avoir cherché à exploiter commercialement, concurremment avec les Anglais, ces fertiles régions, au lieu de se contenter de prélever à Quilimane des droits d'entrée et de sortie assez considérables. Établis dans des postes créés dès le xvi° siècle, ils se contentaient de surveiller les indigènes et de maintenir la paix entre eux. Un consul anglais, grassement rétribué, était chargé de traiter avec les nombreux chefs nègres, et de défendre, vis-à-vis du gouvernement portugais, les intérêts divers, religieux ou commerciaux, des missions et de la société de l'*African Lakes*.

Agents anglais et fonctionnaires portugais vivaient en bons termes, ainsi que le reconnaissait lord Salisbury, chef du cabinet anglais : « La *Société des Lacs*, disait-il, ne rencontre d'hostilités que chez les Arabes, qui ont à redouter, si elle réussit, la fin de la traite des esclaves. Aucune difficulté ne lui a été suscitée par les Portugais. Le gouvernement anglais favorisera volontiers les entreprises de ses nationaux ; mais ces territoires n'appartenant pas à l'Angleterre, et n'étant pas placés sous son protectorat, l'action du gouvernement se trouve limitée. »

Sir Fergusson reconnaissait, d'une façon aussi affirmative, les droits du Portugal dans une réponse à un membre du parlement qui l'interpellait sur la politique du gouvernement dans la région du Nyassa et du Zambèze : « Le gouvernement se préoccupe des intérêts anglais dans le Nyassa ; mais il ne peut entreprendre aucune expédition militaire dans ces régions, parce qu'il est incontestable que le Portugal, maître de la côte, a aussi des droits souverains sur les territoires de l'intérieur. » A une demande faite par les missionnaires d'être autorisés à se servir d'armes pour se défendre, lord Salisbury répondit qu'il ne pouvait à cet égard qu'engager une action diplomatique dont le succès lui paraissait douteux, le gouvernement portugais prohibant l'importation des armes.

A ce moment, se produisit en Angleterre une agitation favorable à l'extension des possessions territoriales de l'Afrique australe. Le gouvernement avait prévenu les convoitises du jeune empire allemand secoué par la fièvre coloniale, en l'empêchant de mettre la main sur les régions au Nord du fleuve Orange ; il devait maintenant arrêter l'essor du Portugal et s'opposer à la formation, d'un seul tenant, des possessions de l'Angola et du Mozambique, par l'occupation de territoires qu'il considérait comme rentrant dans sa sphère d'action ; il devait surtout rester le maître de la voie commerciale ouverte par l'*African Lakes Company*, en remontant le Zambèze et le Chiré, et entre le Nyassa et le Tanganyka, à travers les terres, route plus courte et meilleure que la voie caravanière qui même de Zanzibar à Oudjidji, à travers des contrées pour la plupart infécondes et dépeuplées. « Le but nettement entrevu, le cabinet de Londres chercha à l'atteindre par tous les moyens. Dès le 13 août 1887, il protestait contre les prétentions portugaises, non fondées, disait-il, sur l'occupation, et déclarait qu'il ne reconnaîtrait pas la souveraineté du Portugal sur des territoires où ce pays ne serait pas représenté par une autorité capable d'exercer des droits ordinaires de souveraineté. Le droit de souveraineté, ajoutaient les publicistes anglais, ne pourrait naître d'une simple déclaration ; il fallait que celle-ci fût suivie d'une occupation réelle, constante, permanente, et d'une organisation administrative, judiciaire, militaire, au moins rudimentaire (1). » Évidemment l'Angleterre n'avait pas de bons arguments à invoquer en faveur de ses prétendus droits ; elle pouvait faire valoir seulement, que toutes les stations commerciales établies dans ces régions, les plantations, les missions si florissantes, avaient été fondées avec des capitaux anglais, et qu'elle avait maintes fois livré des combats contre les tribus sauvages voisines pour défendre ses établissements. « Ceci est juste, dit Oscar Lenz, seulement il s'y mêle un peu d'hypocrisie ; chaque

---

(1) Dr Rouire, *Revue de Géographie*, décembre 1894.

fois qu'une station ou une mission était menacée, on cherchait par tous les moyens à éviter l'ingérence de la force armée portugaise, pour n'être pas obligé par là de reconnaître que le territoire était territoire portugais. » C'est donc l'activité d'une société commerciale privée, l'*African Lakes Company*, et les efforts fructueux des missionnaires, qui ont appelé l'attention de nos voisins d'au-delà la Manche sur ces territoires, et les ont poussés à s'en emparer. Le gouvernement anglais se détermina, en outre, à une action énergique sous la pression de l'opinion publique que passionnent les questions coloniales, parce qu'elle comprend que ces possessions extérieures sont la base de la grandeur et de la puissance de la Grande-Bretagne et la source de sa richesse.

M. Cecil Rhodes, l'homme d'État colonial le plus connu et le plus puissant de ce temps-ci et de tous les temps, a dit lord Randolph Churchill, a joué le principal rôle dans les annexions des territoires aujourd'hui désignés sous le nom général de Zambézie. C'est le fils d'un ministre protestant anglais; il vint au Cap pour refaire sa santé ébranlée. Il dirigea d'abord une exploitation agricole au Natal, et à l'époque de la fièvre du diamant, laissant là les plantations de canne à sucre et de coton, il fonda des sociétés minières, où il acquit une immense fortune. Il est encore l'âme et le président de la célèbre compagnie de *Beers Diamond*, qui monopolise le commerce des diamants de l'univers. Il fait partie, depuis plusieurs années du parlement du Cap et a été appelé, en 1890, à la présidence du conseil des ministres. Les négociations auxquelles il prit une grande part, à l'occasion du Bechouanaland, dont il parvint, par son habileté, à assurer la possession à l'Angleterre, l'avaient mis en évidence. Le but qu'il poursuivit, comme premier ministre de la colonie du Cap, fut de grouper toutes les populations anglaises de l'Afrique australe et les républiques boërs dans une vaste fédération, dont l'influence s'exercerait au profit de la race anglo-saxonne jusqu'au cœur de l'Afrique, et, par la région des lacs, dans la vallée supérieure du Nil, d'où l'Angleterre, établie en Egypte, pourrait facilement reconquérir les territoires du Soudan que la révolte du Mahdi avait fait perdre au vice-roi. Grâce à son action, les diverses compagnies de l'Afrique australe, British Bechuanaland C°, Central British C°, etc., se fondèrent en une seule, qui prit le nom de *British South Africa Company;* elle fut dotée d'une charte (29 octobre 1890) — d'où le nom de *Chartered Company* qu'on lui donne encore — lui reconnaissant tous droits de souveraineté sur les territoires situés au Nord du Bechouanaland Britannique, entre les deux possessions portugaises de l'Afrique et l'Afrique allemande du Sud-Ouest.

Les statuts reconnaissent à la *Chartered* le droit d'établir des colons, de créer des routes, de construire des chemins de fer, d'emprunter en rentes perpétuelles, de battre monnaie, de faire graver des timbres avec l'approbation des Commissaires de la trésorerie anglaise, de négocier et de traiter avec les autorités du pays, etc. Elle a un drapeau et le gouvernement britannique lui reconnaît le droit d'organiser des troupes de police pour le maintien de l'ordre. Quoique souveraine dans l'Afrique australe, des liens étroits l'unissent au gouvernement. C'est au gouvernement qu'appartient la nomination et la révocation du directeur ; elle est tenue de se conformer loyalement aux instructions transmises par le Secrétaire d'État et de veiller à l'exécution des requêtes présentées par le Haut-Commissaire et autres fonctionnaires de la Reine dans l'Afrique méridionale. En un mot, la compagnie est placée sous la dépendance politique de l'Angleterre. A la tête de cette puissante compagnie de colonisation se trouvent le duc d'Abercor, le duc de Fife, gendre du prince de Galles, lord Gifford, Cecil Rhodes, Albert Beit, Albert Grey et Georges Caroston.

Les administrateurs se mirent en mesure d'assurer le pouvoir de la compagnie sur les immenses territoires qui lui étaient dévolus. Depuis longtemps, l'Afrique au nord du Cap était parcourue par des agents britanniques, supputant les richesses, arrachant aux chefs noirs des traités de protectorat ou de commerce ; c'est ainsi que de 1885 à 1888, le Bechouanaland, le pays de Khama, le Matabéléland avaient été annexés ; une expédition, organisée par MM. Selous et Colquhoun, avait parcouru le Mashonaland, dont elle vantait la fertilité. Lobengula, chef des Matabélés, et le Portugal, prétendaient à la possession de ce pays; l'Angleterre le convoitait de son côté, à cause de ses richesses minérales. Lord Salisbury dénia aux Portugais tout droit sur ce territoire. Le ministre portugais, M. Gomez, défendit contre Salisbury, l'annexion du Mashonaland avec des arguments qui établissent le bon droit du gouvernement de Lisbonne : l'influence effective du Portugal, qui avait autrefois des forts dans le pays des Mashonas, s'est continuée disait-il, jusqu'à nos jours; c'est ce qui explique le brillant succès des expéditions qui viennent d'être faites dans cette contrée sous le drapeau du Portugal. Pas une goutte de sang indigène n'a été versée pour obtenir la reconnaissance de nos droits; peut-on avoir une meilleure preuve de l'existence effective et persistante résultant d'un ensemble de précédents historiques?

Pendant ces négociations, un conflit sanglant éclatait entre le Portugal et l'Angleterre sur le Haut-Chiré, dans le Nyassa. C'était là surtout que l'influence anglaise était puissante; c'est sur ce point qu'elle entra directement en lutte avec le Portugal. Dans un essai d'arrangement entre les deux parties, l'important établissement de Blantyre restait sous la domination portugaise; mais les missionnaires écossais furent assez puissants pour rompre les pourparlers; la collision de Serpa Pinto avec les Makololos les servit à souhait pour imposer leur volonté au gouvernement britannique.

Serpa Pinto, envoyé en mission dans la vallée

du Chiré pour étudier l'établissement d'une voie ferrée, apprit que des chefs Makololos avaient attaqué un vapeur de la Compagnie des Lacs. Cet incident assez banal, habilement envenimé, servit de prétexte à l'Angleterre pour dépouiller le Portugal. Serpa Pinto menaça ces noirs d'un sévère châtiment, s'ils se rendaient encore coupables de tels actes. Le consul anglais Johnston, qui se trouvait dans ces régions, grâce à un sauf conduit délivré par les autorités portugaises, déclara que le pays des Makololos était sous le protectorat de la Grande-Bretagne et que le Portugal devait s'abstenir de toute intervention. Les Makololos, poussés par les Anglais, attaquèrent même l'expédition de Serpa Pinto, qui se vit obligée de recourir à la force. Il se proposait de purger ces territoires de ces bandes hostiles, quand le gouvernement anglais intervint et obligea le Portugal à l'éloigner. Voici le texte de l'ultimatum que reçut le gouvernement de Lisbonne : « Le gouvernement britannique désire et insiste pour que les instructions suivantes soient envoyées immédiatement par télégraphe au gouverneur du Mozambique : Rappelez aussitôt toutes les forces portugaises se trouvant actuellement sur le Chiré, ainsi que sur le territoire des Makololos et dans le Mashonaland.

« Le gouvernement britannique est d'avis que, faute de cela, les assurances données par le gouvernement portugais ne sont qu'illusoires, et M. Pétré se verra forcé, conformément à ses instructions, de quitter immédiatement Lisbonne avec tous les membres de la légation, s'il ne recevait pas, cette après midi, une réponse satisfaisante. »

La réponse de M. Somez, ministre des Affaires Étrangères, à cet ultimatum conclut ainsi, après un exposé de la situation :

« En présence d'une rupture imminente avec la Grande-Bretagne, et considérant toutes les conséquences qui pourraient en résulter, le gouvernement portugais se soumet aux exigences formulées dans les deux dernières notes du gouvernement anglais.

« Tout en réservant, à tout égard, les droits de la couronne portugaise sur les territoires susmentionnés de l'Afrique, ainsi que le droit qu'elle possède, en vertu de l'article 12 de la convention de Berlin, de recourir à un arbitrage pour la solution de la question en litige, le gouvernement du roi envoya au gouverneur du Mozambique les ordres que lui imposait la Grande-Bretagne. »

Le Portugal en appela, en effet, au jugement des nations ; s'en référant à l'article 12, il demanda à soumettre le différend à l'arbitrage des puissances. Sous divers prétextes, l'Angleterre a éludé cette solution, et on comprend bien sa conduite, car jamais ses prétentions n'auraient été admises par un arbitre.

Une première convention de délimitation anglo-portugaise fut conclue le 20 août 1890 ; le gouvernement portugais acceptait comme limites de la colonie du Mozambique, au Nord, le cours du

Ruo et du Chiré, à l'Est, le Mashonaland, et abandonnait à l'Angleterre le royaume des Barotsés. On inséra, dans cette convention, un acte de navigation du Zambèze, identique à l'acte du Niger.

La publication de ce traité provoqua en Portugal un mouvement presque révolutionnaire; le ministère qui l'avait conclu tomba, les Cortès s'abstinrent de le ratifier par crainte de désordres graves, et il devint caduc. Il fit place à un *modus vivendi* d'une durée de six mois, dans lequel les deux parties s'engageaient à ne conclure aucun traité avec les indigènes, en dehors des limites fixées dans la dite convention. On remarquera que le traité ne fait pas mention du Manicaland; cette contrée au Nord du Zambèze était une dépendance portugaise et administrée par un gouverneur portugais. Mais elle possède des champs d'or d'une grande richesse, et que convoitait la Chartered. M. Colquhoun, administrateur du Mashonaland, envahit le Manica et en expulsa le gouverneur portugais. Le gouvernement de Lisbonne protesta contre cette nouvelle violation du droit des gens; mais la Compagnie refusa d'évacuer cette contrée; en même temps, une escadrille anglaise de navires de guerre força les passages du Zambèze, qu'une canonnière portugaise ne put défendre.

Le traité du 11 juin 1891 régla définitivement toutes les questions pendantes en Afrique, entre l'Angleterre et le Portugal. Il reproduisait les principales dispositions de la convention du

20 août, qui ne subissait que de légères modifications. Le Manicaland restait à la compagnie anglaise de l'Afrique du Sud; en échange, le Portugal recevait un vaste territoire de 80,000 kilomètres carrés entre le Chiré et Zumbo; il s'engageait à construire une ligne télégraphique et un chemin de fer dans la vallée du Pongwé jusqu'à la frontière du Mashonaland. Les sujets et les pavillons des deux puissances étaient placés sur le pied d'une égalité complète sur le Zambèze et ses affluents. Le Portugal prenait l'engagement de promulguer un décret pour ouvrir le Zambèze à la libre navigation. L'article qui stipule cette libre navigation reproduit les termes mêmes de l'acte qui règle la navigation du Niger. Enfin les deux parties s'attribuaient un droit de préemption réciproque, en cas d'aliénation.

Par ce traité, le domaine de la Grande-Bretagne au Nord des républiques boërs et du Bechouanaland britannique se trouvait délimité. Il comprenait la Zambézie britannique ou Rhodésia, formée du Matabéléland, du Mashonaland, du Manicaland et du pays des Barotsés, contrées placées sous l'administration directe de la Compagnie anglaise de l'Afrique méridionale (Chartered), l'Afrique centrale britannique (British central Africa protectorate), placée sous l'autorité d'un Commissaire et Consul général spécial, et la région du Nyassa (Nyassaland protectorate), rattachée depuis la fin de 1892, à la *British South Africa Company*.

Pour maintenir la paix dans ces vastes régions

et assurer la sécurité des blancs qui ne tardèrent pas à affluer, on organisa sous le nom de police, une force armée de 700 Européens d'élite et de 150 indigènes, sous le commandement en chef du colonel Pennefather et du capitaine John Willoughby. La Compagnie ne tarda pas à entrer en conflit avec le barbare et sanguinaire Lobengula, son protégé ; ces Matabélés n'avaient pas cessé, même sous la domination anglaise, de terroriser par leurs incursions les tribus voisines ; des indigènes Mashonas, au service d'Européens, furent massacrés sous les yeux de leurs maîtres ; les demeures des blancs furent incendiées. On ne pouvait laisser Lobengula et ses troupes saccager et ruiner une des plus belles parties de l'Afrique. Le docteur Jameson, nommé depuis peu administrateur du Mashona en remplacement de M. Colqhoun, entra immédiatement en campagne contre le chef des Matabélés. Vaincu dans deux rencontres sur les bords du Shangani et de l'Imbembezi, Lobengula prit la fuite (1892). Les troupes de la Compagnie marchèrent sur Buluwayo qui fut occupé. Les Matabélés firent leur soumission ; la mort mystérieuse de Lobengula, survenue peu après, affirmait le pouvoir de la Chartered sur le Matabéléland.

Après ces rapides succès, la paix était assurée pour quelques années dans l'Afrique centrale. La Compagnie pouvait dès lors travailler à l'exploitation économique de cette contrée ; son premier soin a été de prolonger, vers le Nord, la voie ferrée qui, de Capetown et Kimberley, doit suivre la frontière du Transvaal et, par Mafeking et Tati, atteindre Buluwayo. Une seconde ligne remonte la vallée du Pongwé, à travers la Mozambique; elle doit se diriger vers Salisbury; de ce point à Buluwayo, on travaille à la construction d'une route de 643 kilomètres, le *Selous Road*. Le télégraphe a devancé la voie ferrée : un fil électrique se développe sur toute l'Afrique australe, reliant entre eux et le Cap les principaux centres de population. L'*African Transcontinental Telegraph Company* se propose de pousser cette ligne télégraphique jusqu'à l'embouchure du Nil, au Caire et à Alexandrie.

L'activité des administrateurs de la *Chartered* s'est surtout tournée vers l'exploitation des richesses du sous-sol; dès la première année, 2,703 concessions ont été accordées et plus de 11,000 claims (rectangles de 60,000 pieds carrés) délimités. C'est avec le bénéfice des actions qu'elle reçoit dans les sociétés minières qui se constituent, qu'elle espère payer aux actionnaires les intérêts des capitaux qu'elle a empruntés. Il n'est pas de rapport sur la situation générale où cette espérance ne soit formulée, et cette espérance paraît fondée, parce qu'elle s'appuie sur le témoignage d'hommes de l'art (1).

La situation financière de la compagnie est

---

(1) Voir appendice, *History of the expansion of South Africa* by Wilmot.

excellente. Le capital primitif a été d'abord de 25 millions de francs; il a été doublé en 1893. Elle a pu faire face aux dépenses de la campagne entreprise contre les Matabélés et pourvoir à l'administration et à l'organisation des pays conquis au Sud et au Nord du Zambèze. Ces résultats sont dus à l'activité et à l'habile direction de M. Cecil Rhodes : « Nous avons la terre et les mines, disait-il dans une réunion d'actionnaires, dans tout le Nord du Zambèze, sauf dans le protectorat du Nyassaland ; et encore y avons-nous obtenu de nombreuses concessions minières, en même temps que le gouvernement reprenait à sa charge les frais d'administration de ce protectorat. La *Chartered* possède le sol et le sous-sol depuis Mafeking jusqu'à Tanganyka, sur une longueur d'à peu près 2,000 kilomètres et une largeur de plus de 800. Le budget s'équilibre à 500,000 francs près, que le développement des recettes de la Compagnie ne devra pas tarder à lui fournir. Quant aux mines, elles constituent toujours un risque, il serait surprenant que, sur cette immensité de territoire, où tant de filons sont reconnus, il n'y en eût pas de rémunérateurs. »

Dans une assemblée générale du mois de juillet 1895, une nouvelle augmentation du capital fut décidée par l'émission de 500,000 actions, ce qui portait le capital à 62 1/2 millions de francs. « Cette opération par laquelle les administeurs de la compagnie ont très habilement mis à profit la période de spéculation folle qui a sévi sur les marchés européens durant l'été de 1895, a singulièrement consolidé la situation financière de la *Chartered*. Celle-ci avait contracté une dette d'environ 20 millions de francs (exactement 750,000 livres sterling) qui lui coûtait 6 0/0 d'intérêts l'an. Comme elle a trouvé un syndicat de garantie qui a souscrit 600,000 actions nouvelles à 3 livres et demie, soit 250 pour 100 de prime, elle a encaissé 1,750,000 livres, remboursé sa dette et mis dans sa caisse 1 million sterling, soit 25 millions de francs, tout en effaçant de son passif 750,000 livres d'obligations et en inscrivant 500,000 livres d'actions, puisque celles-ci n'y figurent qu'au pair. C'est une des plus jolies combinaisons qu'une société puisse rêver; elle n'a été réalisée que grâce à la fièvre extraordinaire des marchés de Londres et de Paris, qui se jetaient à ce moment avec avidité sur tout ce qui leur était offert. Elle a certainement marqué l'apogée de la prospérité financière de la Chartered à ce jour : les actions valaient vers cette époque 9 livres, soit 900 pour 100, c'est-à-dire que les cours à la Bourse assignaient à l'entreprise, incapable encore, de l'aveu de ses propres administrateurs, de payer un dividende, une valeur totale de 560 millions de francs » (1).

Après l'échauffourée dont le docteur Jameson a

---

(1) *Revue des Deux Mondes*, 1ᵉʳ février 1896. La grande compagnie à Charte, Raphaël Georges Lévy.

été le triste héros et qui s'est terminée par la défaite de Krügersdorp (2 janvier 1896), on s'est demandé si la Charte, dont la compagnie avait fait un tel usage, ne serait pas modifiée; le gouvernement britannique, après avoir blâmé la conduite du docteur, a ouvert une enquête qui pourrait avoir pour résultat, dit-on, le retrait des pouvoirs souverains exercés par la *Chartered* sur les territoires conquis ou concédés. Les partisans de cette mesure font valoir les avantages que la Compagnie en retirerait : elle pourrait consacrer au développement économique de l'Afrique australe toutes les ressources dont elle dispose, et dont une partie est actuellement absorbée par l'entretien d'une force de police armée et d'administration. L'exercice de cette souveraineté l'entraîne dans des expéditions militaires fort coûteuses, dont elle n'aurait plus la charge, ce qui lui permettrait d'équilibrer plus facilement son budget. En un mot, les frais d'administration des territoires soumis à la *Chartered* et d'entretien des forces de police seraient supportés par le gouvernement britannique, qui reprendrait à la Société les pouvoirs souverains dont elle a été investie, et la Compagnie subsisterait uniquement comme société agricole et minière, s'appliquant, par la mise en valeur du sol et l'exploitation des mines, à enrichir ses actionnaires. Ceux-ci ne perdraient rien à ce retrait des pouvoirs de souveraineté, parce que les administrateurs, uniquement préoccupés de faire valoir les capitaux à eux confiés, tourneraient toute leur attention vers les intérêts financiers et économiques de l'entreprise. On fait valoir encore, en faveur de ce projet de modification aux statuts, que les territoires soumis à la *Chartered* sont délimités, qu'ils touchent, au Nord, à l'Est, à l'Ouest et au Sud-Est, à des possessions européennes avec lesquelles il serait dangereux, pour elle, d'entrer en conflit, ou à des États autonomes placés sous la sauvegarde morale de puissances amies, ainsi que l'a dit Guillaume II, quand il a félicité le président Krüger d'avoir repoussé l'attaque de Jameson, et que la *Chartered* pourrait abuser des pouvoirs qu'on lui a confiés et engager, par conséquent, l'Angleterre dans des difficultés diplomatiques, qui ne se dénouent souvent que par la guerre.

Ce serait ignorer l'histoire coloniale de l'Angleterre, que de croire à une diminution des pouvoirs de la *Chartered*, et seraient bien naïfs ceux qui se berceraient de telles illusions. Il ne sera pas touché à la charte de la Compagnie. C'est un mécanisme beaucoup trop souple et d'un maniement trop aisé, pour que les hommes d'État anglais le brisent. Ils ont, en effet, la ressource, se plaçant uniquement au point de vue des intérêts de la Grande-Bretagne, d'approuver les actes de la Compagnie ou de les désavouer. En la circonstance, M. Cecil Rhodes, le *managing director*, n'a pas su manœuvrer. Le complot tramé contre l'indépendance du Transvaal a avorté. Il y a lieu de s'en étonner, le directeur de la *Chartered* n'aimant à agir qu'après s'être assuré toutes les chances de succès. Le mouvement a-t-il été précipité ? A-t-il été engagé trop à la légère ? Le directeur espérait-il vaincre toutes les résistances, grâce à la puissance de l'argent ? Il serait sans doute intéressant de pouvoir éclaircir tous ces points de cette ténébreuse entreprise. Mais ce qui restera toujours pour nous, Français, qui dans nos relations extérieures nous inspirons du sentiment du droit et de l'amour de la justice, un sujet d'étonnement, malgré les enseignements de l'histoire, c'est que cette tentative de mainmise sur la République Sud-Africaine ait pu être préparée et engagée avec la complicité morale de l'Angleterre, dont la signature figure au bas de la convention de Londres (1884) qui garantit l'indépendance politique du Transvaal. En violant ses engagements les plus sacrés, le gouvernement britannique n'a fait que se conformer à sa politique traditionnelle ; jamais, quand ses intérêts l'ont demandé, il n'a hésité à déchirer un traité. L'histoire des guerres coloniales entre la France et l'Angleterre, au xvIII^e siècle, témoigne de l'absence complète de moralité des hommes d'État anglais dans leurs relations internationales. Leur conduite en Egypte est une nouvelle preuve de cette politique égoïste, pour qui la parole donnée ne compte pas, quand elle est en opposition avec la puissance et la grandeur de l'empire. Les agissements de la Compagnie du Niger montrent aussi à l'aide de quels misérables subterfuges, ils savent éluder les engagements les plus précis.

Les Anglais espéraient que le Transvaal resserré de tous côtés, sauf sur la frontière de l'Orange, par des possessions anglaises, serait une conquête facile. Il y avait à la tenter un double avantage : la disparition d'une république qui pouvait être dans l'avenir une source de conflits et l'accaparement des mines d'or les plus riches du monde. On admirera sans réserve l'habileté dont a fait preuve le cabinet de Saint-James : il se dissimule adroitement derrière la *Chartered*, dont il connaît les préparatifs et les plans d'attaque ; il ne dépendait que de lui de mettre un terme à toutes ces menées, et d'empêcher la prise d'armes et l'invasion du territoire par la bande du docteur Jameson. Le gouvernement du Cap n'est sommé d'intervenir qu'au dernier moment, quand le docteur a franchi la frontière et qu'il s'appoche de Johannesbourg ; il fallait, aux yeux des puissances européennes, ne pas paraître complice d'un complot tramé contre la sûreté d'un État dont l'indépendance est garantie par les traités. On espérait que cette sommation *in extremis* n'arrêterait pas le cours des événements, c'est-à-dire que le docteur Jameson, victorieux des Boërs, entrerait en triomphateur à Johannesbourg, et de là à Pretoria.

L'Europe aurait probablement protesté, comme elle l'a fait, contre cet acte de piraterie ; l'Allemagne, qui considère les Boërs comme des peuples frères, aurait manifesté une vive indignation ; mais tout donne à croire qu'elle aurait reculé devant une guerre pour la défense de leur liberté ; après quelques paroles de regrets données aux Boërs, Guillaume II n'aurait pas manqué de penser : l'amitié de l'Angleterre, en cas de conflit européen, vaut mieux pour nous que toutes les républiques des Boërs et toute l'Afrique australe.

D'ailleurs l'Angleterre aurait su calmer les inquiétudes de l'Europe, en assurant aux puissances qu'elle ne poursuivait pas l'annexion brutale du Transvaal, mais des modifications aux lois constitutionnelles, de manière à donner satisfaction aux vœux et aux espérances des *Uitlanders*; qu'elle ne voulait pas placer les Boërs sous sa domination, mais briser le pouvoir de cette oligarchie qui viole le principe fondamental de la charte anglaise, que tous ceux qui paient l'impôt doivent être représentés à la chambre qui le vote. Reste à savoir si elle aurait pu, par de tels subterfuges, calmer les justes défiances des Boërs de l'Orange, du Natal et de la colonie du Cap, prêts à accourir au secours de leurs frères du Transvaal.

En somme, le programme de M. Cecil Rhodes, l'Afrique australe réunie dans une vaste confédération sous l'hégémonie de l'Angleterre, et pour la réalisation duquel il avait obtenu le concours effectif de la *Chartered* et l'appui moral de la Grande-Bretagne, reste toujours à réaliser. Cette unité politique a paru, un moment, un fait accompli en 1877, mais elle n'a pas tardé à être brisée en 1881, après la révolte des Boërs du Transvaal.

et de l'Etat Libre. Les hommes d'Etat du Cap ont pensé que les intérêts économiques pourraient être, entre la colonie et les deux républiques indépendantes, isolées de la mer, un terrain favorable à un zollverein. Par son habileté pendant qu'il était premier ministre (1890), M. Cecil Rhodes avait réussi à former entre le Cap, les territoires de la *Chartered*, les protectorats du Bechouanaland et du Basoutoland et l'Etat Libre d'Orange, une union douanière à laquelle le Transvaal, comme nous l'avons vu, a toujours refusé de souscrire. Le coup de force tenté par le docteur Jameson a semé la défiance et jeté la désunion entre Anglais et Boërs. Le terrain gagné jusqu'alors a été perdu et les résultats obtenus sont remis en question; les deux républiques, un moment menacées d'une attaque du gouvernement britannique, se sont rapprochées, et ont resserré leur union par un pacte d'alliance défensive. Actuellement, au point de vue politique, l'Afrique du Sud présente une grande diversité de régimes; elle comprend, en dehors des territoires de la *Chartered* : deux colonies, le Cap et Natal, jouissant du *self government*, c'est-à-dire d'un régime parlementaire et responsable ; deux républiques, le Transvaal et l'Etat Libre, indépendantes et autonomes, et divers territoires, le Basoutoland, l'Amatongaland, le Bechouanaland, le Nyassaland, administrés par des chefs indigènes qui sont placés sous la surveillance d'agents britanniques.

Pour ramener l'union et la concorde dans l'Afrique du Sud, il faudrait que le gouvernement britannique renonce formellement à toute suzeraineté sur le Transvaal, qu'il s'interdise toute immixtion dans les affaires intérieures de cette république, qu'il cesse de soutenir les revendications injustifiables des *Uitlanders* et de menacer l'indépendance des Boërs. A ce prix seulement, l'entente entre les deux fractions de la race blanche pourra être établie, et elle est nécessaire pour mener à bien l'œuvre à laquelle Boërs et Anglais travaillent dans cette partie de l'Afrique, où 700,000 Européens se trouvent en présence de près de 3,500,000 de noirs.

CHAPITRE VII

La région du Niger et du lac Tchad. — Rivalité de la France, de l'Angleterre et de l'Allemagne.

I. — Nos comptoirs du Sénégal. — Extension de la domination française sous le général Faidherbe. — Prise de Bamako, sur le Niger. — Lutte dans le Haut-Niger contre Ahmadou et Samory. — Protectorat français sur le Fouta-Djallon. — Nos progrès sur le fleuve ; prise de Ségou-Sikoro ; occupation de Tombouctou.

II. — Les Anglais à l'embouchure du Niger. — La Royal Niger Company. — Forteresses et comptoirs français sur le Niger et la Bénoué ; lutte d'influence de la France et de l'Angleterre. — La Compagnie française vend ses comptoirs à la Royal Niger Company. — Convention anglo-française du 5 août 1890. — Entraves apportées par la Compagnie à la libre navigation du Niger. — La mission Mizon sur le Niger et la Bénoué ; agissements de la Compagnie anglaise.

III. — Occupation des Camerouns par l'Allemagne. — Traité du 18 novembre 1893 délimitant les Camerouns et les territoires anglais du Niger. — Conventions de 1885 et de 1894 entre la France et l'Allemagne.

IV. — Possessions européennes de la côte de Gambie et de Guinée. — Exploration dans l'arrière-pays. — Conventions avec l'Angleterre, l'Allemagne, la République de Libéria et le Portugal, pour la délimitation de ces territoires. — La Commission de délimitation du Bas-Niger. — Convention du 23 juillet 1897 entre l'Allemagne et la France.

V. — Etat politique du Soudan. — Conquêtes de Rabah dans le Soudan oriental et dans le Soudan central. Les Etats Haoussas. — Conquête par Rabah du Bornou et du Sokoto.

I. — De 1884 à 1891, le partage politique de l'Afrique équatoriale et australe était terminé ; des conventions particulières signées entre les États intéressés avaient déterminé les frontières des possessions portugaises, allemandes, anglaises, italiennes, de l'État du Congo et de la République du Transvaal. Ce travail d'allotissement se poursuit lentement dans l'Afrique centrale, où des missions allemandes, anglaises et françaises luttent de vitesse pour atteindre le Tchad, et dans la région du Niger, une des parties les moins connues du noir continent avant les récentes explorations de Decœur, Toutée, Ballot et Hourst.

C'est par le Sénégal que nous avons atteint le Niger. Nos comptoirs, échelonnés sur le fleuve, ont longtemps végété ; ils ont connu cependant un moment de prospérité sous André Brüe (1697-1723), qui comprit l'importance commerciale du Sénégal comme voie de pénétration et fit établir des postes fortifiés pour protéger les traitants et maintenir les indigènes en respect. Enlevés par l'Angleterre pendant les guerres du premier empire, ces établissements nous furent rendus en 1817.

Dès lors commencent nos progrès vers l'intérieur ; en 1819, nous construisons sur le fleuve les postes de Dagana et de Podor ; en 1820, nous nous établissons à Bakel et à Sénoudébou, sur le Falémé ; nous prenons possession de la Casamance, où est fondé le poste de Sédhiou (1836).

Sous l'administration du général Faidherbe (1852-1865), la colonie, réduite encore à quelques postes, prit une grande extension. Il vainquit sous les murs de Médine (1857) le marabout peuhl El-Hadj-Omar, un nègre de génie, dont les Etats s'étendaient du Haut-Sénégal jusqu'au lac Tchad et aux limites du désert ; ce fut pour le prestige religieux et militaire d'Omar un échec retentissant. L'unité de l'empire se maintint encore quelque temps par la force acquise, mais les chefs des différentes tribus nègres ne sentant plus au-dessus d'eux une royauté forte, entourée du prestige religieux, se proclamèrent indépendants. Ainsi tomba en dissolution cet empire d'El-Hadj-Omar. En attendant le moment venu de recueillir les débris de cet Etat, nous plaçons sous notre protectorat le Baol, le Sine, le Saloum, le Djolof, situés le long du fleuve ou près de la côte (1859). Des blockhaus furent élevés à Rufisque, à Portudal et à Kaolak ; le port de Dakar fut aménagé.

En même temps, les Maures, qui faisaient de

fréquentes incursions dans la vallée du Sénégal, jusqu'aux portes de Saint-Louis, pillant et razziant les caravanes, furent battus, après une guerre acharnée, sans trêve ni repos, et cantonnés sur la rive droite.

Enfin, le commerce fut affranchi des droits vexatoires et humiliants que, sous le nom de coutumes, il payait aux chefs maures et aux roitelets nègres.

Après avoir pacifié la contrée, le gouverneur fit explorer la région encore peu connue du Soudan occidental et du Sahara : le capitaine Vincent alla dans l'Adrar ; Bourrel, enseigne de vaisseau, dans le pays des Brackna ; Mage, dans l'Oasis de Tagant, chez les Douaïch ; Alioum-Sal, lieutenant de spahis, devait se rendre en Algérie à travers le désert ; il atteignit l'oasis d'Araouan ; le Bambouk fut exploré par le lieutenant Pascal, et le Fouta-Djallon, par Lambert ; enfin, Quintin et Mage furent envoyés (1863-66) auprès d'Ahmadou, sultan de Ségou et fils d'El-Hadj-Omar, pour négocier l'établissement de comptoirs commerciaux entre Médine et le Niger. Tous ces explorateurs recueillirent, sur les contrées qu'ils allaient parcourir, des notions importantes sur la géographie physique, l'ethnographie et les ressources commerciales. C'est par la lecture des rapports de Mage et de Quintin, que Faidherbe conçut le vaste projet de pénétration dans le Soudan.

De 1865 à 1869, nous avons pris possession des Rivières du Sud, et le drapeau français fut arboré à Boké et à Benty ; mais les projets d'extension vers le Niger furent abandonnés.

La marche en avant ne fut reprise dans nos possessions de l'Afrique occidentale qu'en 1879, après une période de recueillement de 10 années ; nous ne rencontrons désormais devant nous que de petits Etats nègres musulmans, issus du démembrement du vaste empire du chef Omar ; c'est pourquoi nous nous avançons sûrement, mais lentement. En 1879, le colonel Brière de l'Isle fonde le poste de Bafoulabé, au confluent du Bafing et du Backhoy, les deux branches maîtresses du Sénégal, et envoie auprès d'Ahmadou le capitaine Gallieni auquel furent adjoints les docteurs Bayol et Toutain pour lui faire connaître nos projets d'extension vers l'Est et obtenir son concours ou du moins sa neutralité. Dès l'année suivante commence cette série de campagnes du Soudan qui ont eu pour résultat de nous rendre maîtres de tout le cours supérieur du Niger et des pays de la boucle du fleuve que nous avons cherché à relier, par des chaînes de postes, à nos possessions de la côte, Guinée française (Rivières du Sud) Côte d'Ivoire et Dahomey. Cette œuvre de pénétration a été conduite avec une méthode et un esprit de suite qui font honneur, tant à ceux qui en ont conçu le plan qu'à ceux qui l'ont exécuté.

Les trois premières campagnes ont été dirigées par le colonel Borgnis-Desbordes (1880-83). Elles ont eu pour résultat la création de postes à Kita, à Badumbé et à Bamako, sur le Niger, à 1,580 kilomètres de Saint-Louis. C'est le 31 janvier 1883, que le drapeau français flotta pour la première fois sur le grand fleuve. Peu de temps après furent établis les postes de Koundou (1884) et Niagassola (1885), entre Kita et Bamako.

De 1885 à 1894, nous avons toujours eu à combattre, dans le Haut-Sénégal et le Soudan, contre Ahmadou, Mahmadou-Lamine, Samory et d'autres petits roitelets nègres ; la guerre à peine terminée d'un côté renaît de l'autre. Les colonels Frey, Gallieni, Archinard, Combes et Bonnier, ont dirigé avec succès des campagnes où ils ont fait preuve de grandes qualités ; ils combattaient, en effet, dans une région peu connue, dévastée par la guerre, où les approvisionnements étaient difficiles, sous un climat tropical, contre un ennemi mal armé, il est vrai, mais de beaucoup supérieur en nombre.

Le colonel Frey eut à lutter contre Mahmadou-Lamine, qui s'était avancé vers Bakel et ravageait les rives du Sénégal (1885) ; ce roitelet avait brûlé notre poste avancé de Sénoudébou. Son armée fut dispersée dans une première attaque ; lui-même fut ensuite pris et décapité.

Sous Gallieni, les travaux de la voie ferrée, qui devait relier le Sénégal au Niger, sont poussés activement, et la ligne a été livrée à l'exploitation jusqu'à Bafoulabé. Sous lui encore, le lieutenant Caron a descendu le Niger et a mouillé devant Koriumé (1887), un des ports de Tombouctou. C'est le colonel Gallieni qui a compris l'importance stratégique de la région montagneuse du Fouta-Djallon et qui a cherché à la rattacher à nos possessions, en imposant un traité de protectorat à l'Almany Ibrahim Sory. Il a affermi notre influence sur le Niger supérieur, que Samory nous cédait en vertu d'un traité négocié par le capitaine Péroz, par la création de nouveaux postes à Kangaba et Siguiri, au Sud de Bamako, à Nyamina, au Nord. En même temps, Ahmadou, fils d'Omar, sultan de Ségou-Sikoro, la ville sainte des Toucouleurs, reconnaissait notre protectorat ; nous étendions, un peu plus tard notre protection sur les États de Tiéba, roi du Kénédougou, sur les pays de Kong, de Jimini, de Bondoko (1889), après le voyage en zigzag du capitaine Binger, de Bamako à la Côte d'Ivoire.

Avec le colonel Archinard (1890-91), nous opérons des reconnaissances dans la vallée du Niger, que le lieutenant Jaime descend sur la canonnière Mage jusqu'à Kabra, en face de Tombouctou. Ahmadou ayant déchiré le traité de protectorat, le colonel occupe, en 1890, Ségou-Sikoro, la capitale, et s'établit solidement à Sansandig ; il poursuit le sultan dans le Kaarta où il s'était réfugié ; Nioro, la capitale, fut enlevée et occupée par une garnison française ; la dernière des places fortes de l'empire des Toucouleurs tombait entre nos mains. En même temps, des missions importantes furent confiées à nos officiers ; alors eurent lieu les voyages d'exploration, pour la plupart si peu connus, des capitaines Oberdorf et Audéoud, de Liotard, du lieutenant Levasseur, du lieutenant Quinquandon, de Treich-Laplène, etc. ; celui dont les résultats doivent être signalés ici fut dirigé par le docteur Crozat, qui pénétra à Waghadougou, capitale du Mossi, et signa avec le sultan un traité d'amitié. Un autre beaucoup plus important eut lieu sous la direction du capitaine Monteil, qui eut mission d'atteindre Say, sur le Niger, que la convention de 1890 nous reconnaissait comme limite extrême de nos possessions de l'Afrique du Nord, et de là, le lac Tchad. Le capitaine, poursuivant sa marche vers le Nord, est rentré en Europe par Tripoli, traversant le Sahara oriental.

Notre ennemi le plus redoutable dans le Haut-Niger fut l'Almany d'Ouassoulou, l'imprenable Samory, qui rompit le traité que la mission Péroz lui avait imposé ; il avait consenti à nous abandonner les territoires de la rive gauche du Niger et du Tankisso, et accepté notre protectorat pour ses possessions actuelles et à venir. Les armes et les munitions, que les Anglais de Sierra-Leone lui fournissaient, lui ont permis de prolonger la résistance. Le colonel Archinard le battit dans différentes rencontres et s'empara de Kankan. La capitale, Bissandougou, a été occupée peu de temps après, après deux combats meurtriers, et des postes ont été établis à Sanankoro-Kérouané, Erimankono, Faranna, Mafendi-Cabaya, Mara, etc. Chassé de ses États, l'almany s'est avancé dans les pays de la boucle du Niger ; tout le Haut-

Bandama a été mis à feu et à sang ; pas un seul village n'est resté debout et les bandes de Samory se sont approchées de Kong et de nos possessions de la Côte d'Ivoire. L'expédition commandée par le lieutenant-colonel Monteil n'a pu réussir à les disperser, et Samory reste toujours menaçant.

Pendant que nous étions occupés à combattre contre Samory, Ahmadou suscitait des troubles dans le Nord. Il pénétrait dans le Macina, faisait assassiner le sultan Mounirou, son frère, et le remplaçait. Nous ne pouvions laisser Ahmadou se fortifier dans cette contrée du Niger, qui est regardée comme le grenier de Tombouctou, et qui a toujours été avec cette ville en relations étroites de commerce ; aussi a-t-on pu dire que le roi de Macina tient les clefs de Tombouctou. Le colonel Archinard descendit la vallée du Niger, entra sans coup férir à Djenné, centre commercial et marché important, enleva Mopti, port de Bandiagara, et s'empara de cette place (1893). La chute de Tombouctou était imminente. L'année suivante, la canonnière Mage descendit le fleuve et vint mouiller à Kabra ; les Touareg nous attaquèrent et tuèrent l'enseigne de vaisseau Aube ; le lieutenant de vaisseau Boiteux commença l'attaque de Tombouctou. Un corps français, commandé par le colonel Bonnier vint à son secours et entra dans la ville sans coup férir.

Malgré le désastre éprouvé par la colonne Bonnier, surprise et massacrée à Dongoï par les Touareg dans une reconnaissance, les couleurs françaises flottent à Tombouctou. L'importance de cette place, sur la limite du désert et sur le coude septentrional du Niger, a été de tout temps considérable; elle a toujours été le lieu où se sont entreposées les marchandises du Maroc, de l'Algérie, du Soudan occidental et central, et d'où elles se sont écoulées, par les routes de caravanes et par le fleuve, dans toutes les directions. Par l'occupation de Tombouctou, nous étions, en outre, maîtres de la navigation du bassin moyen du Niger jusqu'aux rapides de Boussa et d'une base d'opération unique dans les immenses espaces désertiques. Nous ne pouvions évacuer une place si précieuse à tous les points de vue, ainsi que nous le conseillait, dans un article curieux à plusieurs égards, le célèbre explorateur allemand Gerhard Rohlfs. A ses yeux, cet événement devait avoir les plus funestes conséquences pour le développement de nos possessions africaines du Nord et pour les autres puissances européennes établies dans des pays musulmans; car peu importe aux sectateurs de Mahomet quels Européens sont entrés à Tombouctou; ce qui les frappe surtout, c'est que cette ville est aux mains des chrétiens, les ennemis de leur religion. Le fanatisme des musulmans se trouvera surexcité, et il sera impossible aux voyageurs isolés de s'aventurer dans le grand désert; la France devra renoncer au projet de chemin de fer à travers le Sahara, qu'il était possible d'établir pacifiquement à l'aide des Touareg. Ce projet ne pourra être réalisé qu'à la condition d'évacuer Tombouctou. « Les Français devraient déclarer, ajoute Gerhard Rohlfs, qu'ils n'avaient occupé la ville que provisoirement et pour rétablir le régime des lois et qu'aujourd'hui, le calme et l'ordre régnant de nouveau, ils abandonnent volontairement leur conquête; Tombouctou n'en sera pas moins française, autant qu'il appartient aux hommes d'en juger, car elle est dans la sphère d'intérêts reconnus à la France par les puissances. » Le prestige que l'occupation de cette place a donné à notre pays, aux yeux de tous les musulmans du Nord de l'Afrique, s'évanouirait, si nous renoncions volontairement à notre conquête. Si Tombouctou a longtemps passé pour une ville riche et puissante, qui avait attiré à cause de cela les convoitises des Européens, et pour les populations du Soudan comme une sorte d'Eldorado, elle est regardée par les musulmans comme une des cités saintes de l'Islam. L'abandonner serait avouer notre impuissance à la conserver; ce serait, pour les peuples du désert, une preuve de faiblesse. Loin de calmer les passions religieuses, cet acte ne ferait que les aviver; dans le Touat, à In-salah et dans les autres oasis du Sud, l'agitation serait des plus vives et nos relations avec les habitants de ces oasis seraient impossibles. Dans tout le Sahara, depuis les bords du Niger jusqu'à la Tripolitaine, depuis le Tafilelt jusqu'à l'Aïr, dans toutes les tentes des Touareg, cette retraite serait considérée comme le triomphe de l'Islam sur la croix ; en reculant, nous remettrions en question l'œuvre accomplie dans l'Extrême-Sud par les missions Méry, Foureau et d'Attanoux, et nous courrions le risque de provoquer une insurrection qui demanderait une action longue et coûteuse. C'est pourquoi la question de l'évacuation de Tombouctou n'a jamais été soulevée dans les conseils du gouvernement. Après le massacre de la colonne Bonnier, des fortifications élevées à la hâte par la colonne Joffre ont mis la place à l'abri de toute attaque, et définitivement assis notre influence dans tout le Soudan.

Ainsi, depuis 1853, nous avons fait d'immenses progrès dans cette partie de l'Afrique et poursuivi méthodiquement la marche en avant, suivant la ligne qui joint le Sénégal au Niger. Après avoir assuré notre domination dans la vallée du Sénégal et de ses affluents par la création de postes fortifiés et sur les peuplades nègres et maures des deux rives du fleuve, nous opérons, par l'établissement de notre protectorat sur le Fouta-Djallon, la jonction des possessions du Sénégal avec les Rivières du Sud et la Gambie, réduisant les établissements anglais et portugais de la Guinée et de la Gambie à de simples enclaves. Nous prenons ensuite position sur la vallée du Niger, à Bamako, d'où nous nous avançons, au Nord, vers les États d'Ahmadou, dans le Ségou, le Kaarta, le Macina, au Sud, vers les vallées supérieures du Niger, où domine Samory, dans les contrées de la boucle du Niger, et enfin nous complétons ces conquêtes par la prise de Tombouctou, qui nous assure la paisible possession de toute la région du Niger que la convention anglo-française de 1890 place sous notre influence. En même temps se poursuivent des essais de pénétration de la côte vers l'intérieur par les Rivières du Sud, la Côte-d'Ivoire, le Dahomey, de manière à grouper, en un seul tout, nos possessions du Nord-Ouest africain. La République de Libéria et les établissements anglais et allemands de la côte de Guinée se trouvent ainsi arrêtés dans leur expansion dans l'intérieur par nos récentes conquêtes dans la courbe enveloppante du Niger.

II. — Le Niger se jette dans l'Océan Atlantique par un grand nombre de branches, Bénin, Escardos, Forcados, Ramos, etc.; les trois plus importantes sont celles de Bonny, Noun et Brass. Les Anglais sont actuellement les maîtres de toutes ces voies fluviales, du cours inférieur du Niger et de la Bénoué, dont nous leur avons, pendant quelque temps, disputé la possession. Trois compagnies anglaises ont exploité, dès 1858, d'abord le Bas-Niger; elles se fondirent, en 1879, en une seule sous le nom de *United African Company*, au capital de 6,250,000 francs. En 1880, elle a pris le nom de *National African Company limited*, et a porté son capital à 25 millions de francs; elle avait pour président lord Aberdare, Président de la Société de Géographie de Londres. Enfin le

10 juin 1886, la *National African Company* prenait le nouveau titre de *Royal Niger Company*; c'est la première compagnie à charte établie en Afrique; elle a le droit d'avoir une force armée, de percevoir des impôts, d'établir des tribunaux, de battre monnaie et même de signer des traités, c'est-à-dire que la compagnie est investie d'attributions souveraines importantes.

Elle a pris rang aujourd'hui parmi les puissances politiques de l'Afrique occidentale. Les Anglais se trouvent donc admirablement placés pour pénétrer dans la région du Tchad et nouer avec les États soudanais des relations étroites de commerce. Dès 1890, la Compagnie du Niger possédait 42 stations commerciales et militaires, desservies par soixante-et-un Européens et une flotille de dix bateaux à vapeur, sur le Bas-Niger et la Bénoué.

L'importance du Niger inférieur et de la Bénoué, comme voie de pénétration dans le cœur de l'Afrique, n'avait pas échappé au comte de Semelé; il avait fondé la *Compagnie française de l'Afrique équatoriale*, et établi, sur le cours inférieur du fleuve, des factoreries et des comptoirs à Lokodja, Egga, Igbebé, Abbo, Onitcha, etc., c'est-à-dire sur les positions les plus importantes du Niger et de la Bénoué; l'administration centrale était à Akassa et à Assaba. On comptait trente-trois établissements français à la fin de 1883. Déployant une énergie et une persévérance qui forcent l'estime de nos rivaux eux-mêmes, les agents de la Compagnie française remontent le

Niger jusqu'à Chouga et la Bénoué jusqu'à Ibi, où les marchands européens n'avaient jamais encore paru.

Les fondateurs de la compagnie française auraient voulu disputer à l'Angleterre un pays si riche et si plein d'avenir; mais la lutte entre les deux compagnies rivales était trop inégale. Le gouvernement anglais et la Société de géographie de Londres n'ont jamais marchandé leur appui à la compagnie anglaise qui était, en outre, soutenue par l'opinion publique, toujours unanime dans les questions intéressant le prestige et la grandeur de la Grande-Bretagne. Le gouvernement français refusa toute subvention ou n'accorda que de maigres subsides à la compagnie française, tandis qu'il gaspillait des millions pour la construction des chemins de fer du Haut-Sénégal; la Compagnie ne put même obtenir la création d'un service de bateaux français entre la côte et la France, ce qui lui aurait permis de s'appprovisionner en France et non à Londres, Liverpool, Hambourg, et tous nos produits de retour eussent été apportés à Marseille, au Havre, au lieu d'aller en Angleterre. Convaincue qu'elle ne pouvait compter sur la protection du gouvernement, toujours disposé à ménager les susceptibilités ombrageuses de l'Angleterre, ni sur l'opinion publique, ignorante ou indifférente, elle vendit, en 1885, aux Anglais ses factoreries, son matériel et ses marchandises.

La Compagnie anglaise se proposait d'abord de

borner sa domination aux territoires compris entre le golfe de Guinée au Sud, le Moyen-Niger et la vallée de la Bénoué au Nord. Elle devait nécessairement chercher, par des traités, à nouer des relations commerciales avec les pays situés au-delà de ces limites, afin d'attirer vers le Bas-Niger le commerce du Soudan central. C'est cette politique qu'elle a suivie jusqu'en 1884, époque à laquelle commença le partage de l'Afrique. L'Allemagne s'établit alors au Cameroun et organise, en 1885, une expédition sous la direction de Flegel, pour s'assurer l'influence dans l'empire de Sokoto-Gandou, la partie la plus importante des États Haoussas qui ont une industrie très développée et qui renferment des richesses minérales importantes. La compagnie du Niger devait faire passer ces territoires sous sa domination ou se retirer de ses possessions du moyen Niger et de la Bénoué pour se confiner dans le Bas-Niger. C'est alors qu'elle envoya MM. J. Thomson, et Seago au Sokoto et au Gandou, tandis que d'autres agents, MM. Mac-Intosch, Sargent, Flint, Wallace, etc., signaient des traités de protectorat avec des chefs nègres des territoires du Niger et de la Bénoué.

La France et l'Angleterre dominent donc dans la vallée du Niger, la première dans le cours supérieur et moyen, la seconde dans le cours inférieur. Une convention signée entre les deux puissances, le 5 août 1890, fixait leur sphère d'influence. Le congrès de Berlin avait posé en principe, que les pays ne s'attribuaient que par l'occupation effective ; dans l'accord anglo-français, ce sont des régions à peu près inconnues que les deux parties contractantes se partagent. La Grande-Bretagne « reconnaissait la sphère d'influence de la France au sud de ses possessions méditerranéennes jusqu'à une ligne partant de Say, sur le Niger, jusqu'à Barroua, sur le Tchad, de façon à comprendre dans la sphère d'action de la Compagnie du Niger tout ce qui appartient au royaume de Sokoto ». Les Anglais s'attribuaient les parties les plus riches et les plus peuplées de la région du Tchad et du Bas-Niger, nous abandonnant, avec beaucoup de générosité, le Sahara, qui n'aura jamais probablement par lui-même une grande valeur économique, et la lisière septentrionale du Soudan, c'est-à-dire le Kanem, pays peu connu où errent, d'après Barth, des Touareg nomades, le Damergou, dépourvu d'eau et par conséquent aride ; quant au Maradé et au Gober, compris dans notre sphère, ils n'ont été visités par personne. Say et Zinder se trouvent cependant dans un district riche et peuplé. Ainsi tous ces pays situés sur la frontière qui limite notre hinterland, de Say à Barroua, sont des régions à demi-soudanaises et à demi-sahariennes, possédant beaucoup de steppes et peu de terres de culture. « Le coq gaulois aime à gratter le sable, nous le servirons à souhait », aurait dit lord Salisbury, en faisant allusion à la convention qui nous occupe.

En somme, ce traité est tout à l'avantage de l'Angleterre, qui garde pour elle la région riche

et peuplée du Soudan ; il nous accorde le Sahara, c'est-à-dire la partie de l'Afrique qu'aucune puissance n'est en mesure de nous disputer ; nous ne touchons au Tchad que pour la partie nord, région que les explorations nous dépeignent comme aride et peu propre à la culture. Les Anglais s'attribuent la meilleure portion des *Indes noires* et les marchés les plus importants, Kano, Kouka, Sokoto. Ce sont ces considérations que M. de Lamarzelle a exposées à la chambre des députés, quand il a reproché au gouvernement d'avoir apposé sa signature au bas d'un tel traité. En réponse à ce discours, le ministre des Affaires Étrangères a déclaré qu'on devait se féliciter d'un semblable partage et voici pour quelles raisons :
« Nos progrès étaient plus lents que ceux des Anglais. Nous sommes descendus jusqu'à Tombouctou, tandis que les Anglais remontèrent jusqu'à ce point de Say, dont on parlait tout à l'heure. Ils s'y sont fortement installés, y ont établi leur influence, et ils ont eu la prétention de pousser leur reconnaissance jusqu'à la boucle du Niger, c'est-à-dire jusqu'à Bourroum, d'où ils pourraient menacer Tombouctou; nous couper de l'Algérie, et nous créer, à l'arrière de nos possessions africaines, de grandes difficultés. Nous avons obtenu que les Anglais ne dépasseraient pas Say. Nous avons ainsi gagné 800 kilom. de navigation sur le Niger. Vous me dites : pourquoi n'avez-vous pas revendiqué ces villes florissantes du Sokoto ? nous

n'avons pu le faire, parce que les Anglais avaient déjà passé des traités avec le Sokoto ; ils n'auraient pas consenti à reculer. C'est un avantage pour nous qu'ils aient renoncé à étendre plus loin leur action vers le nord. » Les Anglais avaient bien essayé, non d'imposer un traité de protectorat au Sokoto, mais d'acheter de la terre, et le Sultan, qui s'intitule le chef des croyants de toute cette partie de l'Afrique, a refusé, parce que le Coran défend de vendre une parcelle de terre dans un pays habité par les musulmans. Le Sultanat de Sokoto était donc indépendant, mais la Compagnie du Niger avait intérêt à persuader notre *Foreign Office* du contraire ; elle n'avait même pu pénétrer dans le Noupé (1888) qu'en payant au sultan un tribut régulier. Quant à l'établissement des Anglais à Say, c'est encore une de ces inventions dont la Compagnie du Niger est coutumière et auxquelles nos ministres ajoutent foi avec une candeur qui a lieu de surprendre. Après cela, il reste acquis que le gouvernement français a agi sous l'empire d'une peur chimérique de voir les Anglais établis à Tombouctou. « On nous a masqué l'étendue des sacrifices à faire, en nous représentant comme acquis à l'Angleterre des territoires qui restent entièrement à acquérir : alors que l'Allemagne conteste aujourd'hui encore à l'Angleterre le protectorat du Noupé, sur le Bas-Niger, nous accordons dix fois plus et nous n'obtenons rien de sérieux en échange. On conçoit que lord Salisbury ait reçu les félicitations de la Compagnie du Niger » (1).

Il est vrai qu'en retour des avantages que nous leur abandonnions, les Anglais reconnaissaient notre protectorat sur Madagascar dans toute sa plénitude, avec la seule réserve que l'établissement de ce protectorat ne peut porter atteinte aux droits et aux immunités dont jouissent les nationaux anglais dans cette île, mais cette reconnaissance était chèrement achetée. Nos coloniaux apprécient surtout cette convention, parce qu'elle réalise, sinon en fait, du moins en droit, l'unité de notre empire dans le Nord-Ouest de l'Afrique. Mais cette soudure en un tout homogène de nos possessions de l'Afrique du Nord-Ouest et du Centre, puisque le Congo français touche à la rive méridionale du Tchad, n'est-elle pas une chimère à la réalisation de laquelle des natures enthousiastes et des cœurs d'élite ont sacrifié leur existence? « Ne craignons-nous pas d'être séduits par un mot? Il y a de l'illusion à croire qu'on possède une seule colonie, alors qu'on s'est installé aux deux bouts d'une ligne de 3,000 kilom., et que le Sahara se trouve dans l'intervalle. A travers le Sahara qui sépare deux mondes, un transsaharien même ne jouerait guère d'autre rôle qu'une ligne de paquebots qui traverse la mer » (2).

---

(1) Schirmer. *Les voies de pénétration au Soudan.*
(2) Schirmer, *Les traités de partage de 1894 en Afrique centrale.*

Etablie à l'embouchure du Niger, la *Royal Niger Company* émet la prétention de réserver pour ses seuls navires cette route commerciale qui conduit au cœur de l'Afrique, contrairement à la Convention de Berlin, assurant la liberté de la navigation à tous les commerçants, de quelque pays qu'ils soient : « La navigation du Niger, dit l'article 26, sans exception d'aucun des embranchements ni issues de ce fleuve, est et demeure entièrement libre pour les navires marchands... Dans l'exercice de cette navigation, les sujets et les pavillons de toutes les nations seront traités, sous tous les rapports, sur le pied d'une parfaite égalité. » Dans les articles suivants, la convention stipule que la navigation ne pourra être assujettie à aucune entrave, que les affluents du Niger seront soumis au même régime que le fleuve et enfin que les règlements établis pour la sûreté et le contrôle de la navigation ne pourront être un obstacle à la circulation des navires marchands.

A quelle haute pensée obéissait la Conférence de Berlin en réglant les stipulations internationales relatives à la navigation du Niger ? C'est d'utiliser les grandes voies fluviales dont se servira le commerce, pour faire pénétrer le progrès, sous toutes ses formes, jusqu'au cœur de l'Afrique. « C'est là dit le Rapporteur de la Commission, l'objet des actes de navigation qui appliquent au Niger et au Congo, dans la mesure diverse que comportent les circonstances, les principes qui font de la libre navigation des fleuves une des plus belles conquêtes du droit moderne. »

En déléguant ses pouvoirs souverains à la *Royal Niger Company*, le gouvernement de la Grande-Bretagne, dans la charte qu'elle lui a octroyée, se réserve le droit de contrôle sur tous les règlements ou arrangements, quels qu'ils soient, qui pourraient infirmer le contrat signé par toutes les puissances. Il est donc suffisamment armé pour contraindre la Compagnie, à laquelle il peut retirer sa charte, à observer les stipulations de l'acte de Berlin. Il semble donc que des compagnies rivales pourraient s'établir dans le bassin du Niger pour commercer avec les indigènes. Mais la *Royal Niger Company* entendait, pour faire face aux dépenses que ses droits souverains lui imposaient, avoir le monopole du commerce et se réserver tous les bénéfices des transactions avec les populations du Bas-Niger. A cet effet, elle acheta aux chefs du bas fleuve, par l'intermédiaire d'un traitant noir, toutes les terres où pouvaient être établis des comptoirs, et défendit aux indigènes de disposer, sans son autorisation, des produits du sol, entre autres du bois; de sorte que les négociants ou compagnies étrangères ne pouvaient trouver ni des terrains pour établir leurs factoreries, ni du bois pour chauffer les vapeurs. C'est ainsi qu'elle occupe les deux rives du Niger et la rive gauche de la Bénoué jusqu'à Ibi. Les compagnies établies aux diverses branches du Niger adressèrent à Londres de vives réclamations contre cette façon détournée et peu loyale d'annuler la convention de Berlin. L'expédition allemande de Flegel fut sommée d'abandonner le Bas-Niger, sous peine d'être expulsée de force. Mais les Allemands refusèrent d'obtempérer à cet ordre; la Compagnie leur défendit d'aborder pour acheter du bois et des vivres. « L'acte le plus révoltant, dit M. Staudinger, qui faisait partie de l'expédition, fut commis par un agent de Lokodja. Au milieu de la nuit, il fit par deux fois repousser loin de la rive le bateau où flottait notre pavillon, et le livra au courant du fleuve. Non loin de là se trouvent les *Sacrifice-Rocks*, et l'embarcation pouvait facilement s'y perdre avec tous ceux qu'elle portait. Cette infamie fut commise au moment où notre pauvre ingénieur (le seul blanc qui fût à bord) avait la fièvre au point de ne pouvoir se lever de sa couche, et se trouvait ainsi sans défense. »

Afin d'accaparer facilement pour elle seule le trafic du fleuve, la Compagnie chercha à étendre son protectorat sur les États indigènes encore indépendants : le Noupé, l'Adamaoua, le Mouri, le Sokoto; de ce côté, ses efforts ne furent pas couronnés de succès : les États indépendants de la Bénoué et des bords du lac Tchad ne voulaient pas se donner un maître. L'émir de Sokoto n'accorda à la mission Thompson que le droit de venir commercer dans son royaume, sous la réserve de payer les redevances qu'il prélève sur toutes les transactions; le sultan de Noupé agit de même ; l'un et l'autre refusèrent d'aliéner leur indépendance. Cependant un honorable commerçant de Brême, M. Hœnigsberg, vit ses biens confisqués et fut expulsé des États du sultan de Noupé par les agents de la Compagnie pour avoir refusé de payer les droits qu'elle réclamait, malgré l'acte de navigation qui établit la liberté de transit ; car la Compagnie prétendait interdire tout transit sur le Bas-Niger, et par conséquent l'accès de tout commerçant étranger dans les États encore indépendants. M. Von Puttkamer, gouverneur du Cameroun, fut aussitôt envoyé dans le Niger pour procéder à une enquête. La Compagnie lui défendit d'aborder nulle part sous peine d'arrestation : J'aborderai où il me plaira, répondit-il ; il le fit, et personne n'osa passer de la menace aux actes.

Dans le rapport adressé à son gouvernement, M. Puttkamer constate que le sultan de Noupé n'a pas aliéné ses droits de souverain : « Il a été démontré, dit-il, que le gouvernement du territoire de Noupé est entièrement entre les mains du sultan Maliki ; que lui seul y lève des taxes ; de lui seul vient la protection accordée aux Européens et au commerce européen. D'un autre côté, la Compagnie du Niger n'exerce dans cette contrée aucune action administrative, et est obligée, comme c'est le cas des autres personnes, de payer des impôts au sultan pour avoir le droit de faire du commerce…. L'enquête a aussi démontré ce fait, que la juridiction de la Compagnie sur le territoire du Niger s'arrête un peu au-dessous de Lokodja, et qu'il apparaît douteux qu'il y ait des pays au-dessus de Noupé ou dans le territoire de la rivière Bénoué qui soient sujets de la Compagnie (1889). » Après une contre-enquête qu'elle confia au major Claude Macdonald, la Compagnie fut obligée de se rendre à l'évidence, et les héritiers de M. Hœnigsberg furent indemnisés.

C'est la convention du 5 août 1890 que l'Angleterre nous oppose pour fermer l'accès du Bas-Niger au lieutenant Mizon, chargé d'une mission par le *Comité de l'Afrique française* et le *Syndicat français du Haut-Benito et de l'Afrique centrale*, et pour arrêter toute tentative de pénétration de notre part, non seulement dans l'Adamaoua et le Bornou, mais encore dans les pays de la région du Niger, au Sud du parallèle de Say, considérés par l'Angleterre comme rentrant dans sa sphère d'influence. Cette interprétation est contraire à l'esprit et à la lettre du traité (1). Le Sokoto seul

---

(1) Voici le texte de cette convention concernant le pays du Niger :

« Le gouvernement de S. M. Britannique reconnaît les sphères d'influence de la France au Sud de ses possessions méditerranéennes jusqu'à une ligne de Say, sur le Niger, à Barroua, sur le Tchad, tracée de façon à comprendre dans la zone d'action de la compagnie du Niger tout ce qui appartient équitablement au royaume de Sokoto, la ligne restant à déterminer par des commissaires à désigner.

« Le gouvernement de S. M. Britannique s'engage à

est désigné dans la convention comme État placé sous le protectorat anglais, mais l'Adamaoua, et le Bornou, dont le traité ne fait pas mention, et les pays de la boucle du Niger étaient regardés comme indépendants ; ils appartiendraient donc au premier occupant. Ainsi pensait le gouvernement impérial d'Allemagne, et cette opinion était partagée par le gouvernement français.

La France et l'Allemagne organisèrent des expéditions pour la prise de possession des territoires nigériens encore libres de toute souveraineté européenne. Le lieutenant Morgen cherche à atteindre l'Adamaoua et le Bornou à travers le Cameroun, tandis que le lieutenant Mizon s'avance vers la même région par le Niger ; le chef de notre mission est arrêté et interné à Akassa. Pendant la captivité de Mizon, l'agent général de la *Royal Niger Company*,

---

nommer immédiatement deux commissaires, qui se réuniront à Paris avec deux commissaires nommés par le gouvernement de la République française, dans le but de fixer les détails de la ligne ci-dessus indiquée.

« Mais il est expressément entendu que quand même les travaux des commissaires n'aboutiraient pas à une entente complète sur tous les détails de la ligne, l'accord n'en subsisterait pas moins entre les deux gouvernements sur le tracé général ci-dessus indiqué.

« Les commissaires auront également pour mission de déterminer les zones d'influence respectives des deux pays dans la région qui s'étend à l'Ouest et au Sud du Moyen et du Haut-Niger. »

Mac-Intosh, organisa une expédition en vue de pénétrer dans le Bornou. Par cet acte, la compagnie prouvait que sur la possession éventuelle des territoires du Haut-Niger et de la Haute-Bénoué, son opinion ne différait pas de celle de la France et de l'Allemagne. L'expédition Mac-Intosh rebroussa chemin sans avoir obtenu de traité du sultan; la mission Mac-Donald ne réussit pas mieux auprès de l'émir de l'Adamaoua; le sultan de Sokoto, à son tour, refusa de traiter avec le noir sierra-léonais King, qui lui avait été envoyé; enfin la Compagnie fut même expulsée du territoire du Mouri, où elle avait été autorisée à commercer, moyennant redevance.

Cependant, mis en liberté sur l'ordre du gouvernement anglais, Mizon remonte la Bénoué (1891), parvient dans l'Adamaoua, est reçu par le sultan qui, par un traité écrit, accepte de placer ses États sous le protectorat de la France; il rentre après avoir traversé du Nord au Sud l'Adamaoua, de Yola aux postes du Congo français. Le gouvernement français ratifia les traités conclus par son agent, et le lieutenant Mizon fut placé à la tête d'une seconde mission pour l'organisation du protectorat. En même temps, la *Compagnie de l'Afrique française centrale*, qui venait de se constituer au capital de 330,000 francs, pour le développement des intérêts français dans cette partie du continent, le chargea de l'organisation de comptoirs et de factorerie.

La Compagnie anglaise laissa la mission Mizon

pénétrer librement sur le Niger; cependant son agent général n'avait pu obtenir du sultan du Mouri un traité de protectorat. Mizon n'eut pas de peine à faire signer au sultan l'engagement que celui-ci avait refusé de souscrire vis-à-vis de la Compagnie anglaise. Le traité avec l'Adamaoua fut renouvelé, après échange de présents. Ces deux pays échappaient donc à l'influence anglaise. Des emplacements nous furent accordés pour l'ouverture des factoreries; les indigènes accoururent à nos établissements; une demande pour le renouvellement des marchandises est adressée à la Société. Les Anglais espéraient éloigner les caravanes de nos comptoirs en accordant aux indigènes, pour leurs marchandises, des prix supérieurs à ceux d'Europe; ils donnaient 25 francs pour le kilog d'ivoire qui, sur le marché de Londres, se vendait 16 à 18 francs. Sur le terrain commercial comme sur le terrain politique, la Compagnie anglaise fut battue. « Mizon avait réussi, dit M. le prince d'Arenberg, dans la préface de la *Relation du voyage de Maistre*, mais son succès avait excité des haines et des jalousies, dont la seconde expédition qu'il entreprit plus tard devait se ressentir. » M. Mizon a raconté lui-même la campagne de presse qui commença alors, après la publication, dans un journal français, d'un factum ignoble. La compagnie comprit que ce pouvait être son salut. En même temps, elle protestait auprès du gouvernement français contre les traités signés avec les sultans du Mouri et de l'Adamaoua, prétendant que ces traités étaient sans valeur, les territoires de ces États dépendant de la Compagnie. C'était une question à discuter. Le gouvernement manda M. Mizon, afin de s'éclairer et de pouvoir négocier en connaissance de cause.

Après le départ de Mizon, la Compagnie saisit le « Sergent-Malamine » et les marchandises qu'il contenait, et qui appartenaient à la Société française de l'Afrique centrale; nos factoreries et nos comptoirs furent détruits. Le but que se proposait l'Angleterre était atteint; elle avait réussi à fermer, par des mesures vexatoires et iniques, ces contrées de l'Afrique au commerce étranger. Le gouvernement français a réclamé, au nom de la Compagnie française, une juste indemnité pour les dommages qu'elle a subis. Les négociations sont encore pendantes.

D'après cet exposé, on ne peut contester que la Compagnie, par ses agissements, rend illusoires les articles du traité de Berlin, qui garantissent la liberté de navigation du Niger. En faisant l'acquisition de territoires sur une étendue de 8 milles à droite et à gauche du fleuve, en s'attribuant le monopole de la vente du bois, et, en général, de tous les moyens d'existence, en n'accordant la liberté de débarquer que sur un petit nombre de points, généralement des moins importants, et où l'on ne peut rien obtenir que par son intermédiaire, en rédigeant des règlements souvent contradictoires, et dont il est toujours difficile de prendre connaissance, en établissant, enfin, des droits de douane exorbitants, en vue de rendre à ses rivaux la concurrence impossible, il est manifeste que la Compagnie Royale du Niger a porté atteinte à la liberté de navigation que la convention de Berlin a voulu assurer dans les eaux du Niger. Le devoir du gouvernement anglais était d'obliger la Compagnie à respecter les engagements qu'il avait souscrits à Berlin, en s'opposant à toutes ces mesures vexatoires. Une nouvelle réglementation est nécessaire pour empêcher le retour de faits aussi regrettables, sinon les articles de la convention qui fixent le régime de la navigation du Niger resteraient lettre morte.

III. — L'Angleterre est donc maîtresse absolue des branches du Niger; elle pouvait espérer que tout le golfe de Guinée, jusqu'à la baie française du Gabon lui appartiendrait : des missions anglaises étaient établies depuis longtemps dans les Camerouns ; les chefs indigènes, travaillés par leurs pasteurs, avaient demandé la protection de l'Angleterre ; mais lord Granville était opposé à de nouvelles acquisitions, de peur d'affaiblir l'empire britannique par une trop grande extension de territoires et de le rendre plus vulnérable. Cependant le commerce des Camerouns avec la Grande-Bretagne devenait d'année en année plus actif, mais des maisons allemandes s'y étaient aussi établies. La part des échanges de l'empire d'Allemagne avec la côte de

Guinée avait pris un grand essor depuis 1870, et surtout depuis l'occupation du Togoland, en 1880. Les trois ports de Brême, Hambourg et Lubeck monopolisaient ce commerce. La chambre de commerce de Hambourg avait demandé, à la fin de 1883, l'acquisition, au nom de l'Allemagne, de la côte opposée à l'île de Fernando Pô. Pour se conformer à ce désir, le prince de Bismarck chargea le Dr Nachtigal, qui attendait ses instructions à Lisbonne, de s'embarquer sans délai et de prendre possession de la baie des Camerouns. Des conventions signées avec King et d'autres chefs indigènes, qui se laissèrent gagner par des présents, placèrent cette contrée sous le protectorat allemand (14 juillet 1884). L'Angleterre se trouva distancée dans ces parages de quelques jours : le consul Hewett, qui avait reçu l'ordre d'annexer ce pays à la couronne britannique, n'y parvint que le 19 juillet ; il ne put que protester contre la mainmise par l'Allemagne d'une contrée où des missionnaires anglicans avaient préparé le terrain pour une occupation. Cependant il ne renonça pas à la lutte : il plaça sous la protection de la reine l'établissement des missionnaires à Victoria et signa de nombreux traités avec les chefs de la côte, entre Victoria et le Vieux-Calabar. Mais l'Allemagne entendait être seule maîtresse aux Camerouns; repoussant toute idée de partage, elle considéra les acquisitions anglaises de la côte comme incompatibles avec les annexions qu'elle avait faites, parce qu'elles entravaient l'expansion légitime de sa nouvelle colonie. Le gouvernement britannique céda encore une fois.

Les Français établis au Gabon depuis 1842, les Anglais à l'embouchure du Niger et les Allemands aux Camerouns, se sont progressivement avancés vers l'intérieur, les Français par l'occupation du bassin de l'Ogooué en suivant les affluents de droite du Congo, la Sangha et l'Oubanghi, les Anglais en remontant le Niger et la Bénoué, les Allemands la Sanaga. Tous les trois ont voulu atteindre les États du Soudan central, visités par un grand nombre d'explorateurs : Barth, Overweg (1851), Vogel (1855), von Beurmann (1861), Rohlfs (1866), Nachtigal (1871), Flegel (1882), etc., depuis l'époque où le major anglais Denham aperçut le premier le lac Tchad. C'est dans ce même but que fut formé, en France, le 10 décembre 1890, le *Comité de l'Afrique française;* sous son patronage furent organisées les expéditions Crampel et Mizon, qui, par deux voies différentes, avaient pour objectif le lac Tchad. Elles ne réussirent pas. MM. Dybowski et Maistre n'ont pas été plus heureux depuis. Les Anglais et les Allemands avaient aussi échoué dans leurs tentatives pour atteindre ce bassin lacustre. Mac-Intosh, agent de la *Société Royale du Niger*, n'avait pu, comme nous l'avons dit, entrer qu'à Bornou, à quelque distance de la rive occidentale, et les voyageurs allemands, en 1893, n'avaient guère dépassé Yola.

Dès 1893, l'Angleterre et l'Allemagne, sans

attendre le résultat de nouvelles opérations, ont délimité leur champ d'action sur cette partie de l'Afrique occidentale. Une première convention, signée en 1885, avait fixé au 9° 8 de longitude de Greenwich, sur la rive droite du Vieux-Calabar, la frontière entre les possessions des deux pays. Le traité du 18 novembre 1893 délimite le Cameroun et les territoires de *la Royal Niger Company* par une ligne droite partant de ce point vers Yola, qui reste à l'Angleterre ainsi que le territoire environnant; de ce point, la frontière est prolongée vers le Nord jusqu'au Tchad, au point d'intersection du 13° de longitude orientale et du 10° de latitude nord. L'Angleterre abandonnait à l'Allemagne tout le bassin du Chari, ayant soin de stipuler « que les pays du Darfour, du Kordofan et du Bahr-el-Ghazal, tels qu'ils sont délimités dans la carte de Justus Perthes, d'octobre 1891, seront exclus de la sphère d'intérêts de l'Allemagne, même au cas où il serait démontré que des affluents du Chari sont situés à l'intérieur des pays susmentionnés. » Par cette convention l'Allemagne obtenait l'Adamaoua et le Mouri. « La Compagnie du Niger, dit M. Mizon, comprenant que les droits de la France sur l'Adamaoua et le Mouri étaient indiscutables et qu'il lui fallait renoncer à ces territoires, en fit généreusement don à l'Allemagne, à condition que celle-ci lui abandonnât Yola et les territoires à l'ouest de cette ville. » L'Angleterre, en retour, se faisait reconnaître par l'Allemagne des droits sur les pays

17.

situés à l'est du lac Tchad, le Wadaï, le Darfour et le Bahr-el-Ghazal ; son ambition est, en effet, de joindre le golfe du Bénin à la mer Rouge, les territoires de *la Royal Niger Company* au bassin du Nil par l'occupation des régions intermédiaires encore indépendantes. Non contente d'avoir rêvé une zone d'influence depuis l'Egypte jusqu'au Cap, elle projette d'établir une autre zone anglaise de l'ouest à l'est, allant du Bas-Niger au Haut-Nil. Les prétentions de l'Angleterre se heurtent ici à celles de la France qui, par ses possessions du Haut-Chari et du Haut-Oubanghi, touche à ces mêmes pays.

Un premier accord avait été signé, en 1885, entre la France et l'Allemagne pour la délimitation du Congo français et de la colonie des Camerouns. La limite des deux possessions était fixé au rio Kampo, depuis son embouchure jusqu'au point où cette rivière rencontre le méridien situé par 7° 40' de longitude est de Paris et, à partir de ce point, au parallèle prolongé jusqu'à sa rencontre avec le méridien situé par 12° 40' de longitude est de Paris (15° de longitude est de Greenwich). A l'est de ce méridien, le champ restait ouvert aux explorations et aux entreprises des deux pays. Les négociateurs s'étaient abstenus de préciser les droits de deux puissances sur des territoires dont la configuration était inconnue, et avaient réservé l'avenir. Chacune d'elle comptait sur l'esprit d'entreprise de ses explorateurs, pour s'avancer dans l'intérieur et fixer les nouvelles limites des deux colonies, en s'appuyant sur des données géographiques moins incertaines que celles que l'on possédait. Les explorateurs allemands, Kund, Morgen, de Tappenbeck, de Weissenborn, malgré leur courage et leur persévérance, ne dépassaient pas le 15° de longitude est de Greenwich, tandis que les nôtres, secondés par le *Comité de l'Afrique française*, franchissant la ligne de faîte qui sépare le bassin du Congo de celui du lac Tchad, se sont avancés vers cette mer intérieure, sans cependant pouvoir l'atteindre, en descendant la vallée du Chari.

La convention du 4 juin 1894, complétant celle de 1885, fixe les frontières communes des sphères d'influence allemande et française dans la région du Tchad. Cette frontière suit le cours du Chari, depuis son embouchure jusqu'au 10° de latitude septentrionale ; de ce point elle va rejoindre le 12° 40' de Paris (15° Est de Greenwich).

Par ce traité, la France abandonne à l'Allemagne des avantages effectifs en échange de compensations imaginaires. Elle cède, sur une longueur de 30 kilomètres, le cours supérieur de la Sangha, que les Allemands n'avaient pu atteindre et qui devait par conséquent, rester française par ses deux rives ; l'Allemagne a, par le fait même, accès dans la vallée du Congo, d'où elle aurait dû être exclue, et bénéficie, grâce au principe de la liberté de navigation qui régit tous les cours d'eau de ce bassin, de tous les avantages acquis au commerce international de cette vaste région.

La convention nous cède les postes de Lamé et de Bifara, ce dernier situé sur le Mayo-Kebbi, affluent de la branche supérieure de la Bénoué. De ce point, disait-on, nos communications étaient assurées avec le bassin du Niger. Or il est reconnu que le Mayo-Kebbi n'est pas navigable, ainsi que l'a affirmé le rapporteur à la chambre des députés de la convention franco-allemande. Ni le major Macdolnad, en 1890, ni Mizon, l'année suivante, n'ont pu remonter ce cours d'eau. Ainsi les produits de la partie septentrionale du Congo ne pourront être portés par eau jusqu'à la mer par la Bénoué et le Niger, ainsi qu'on en avait un moment conçu l'espoir. Nous ne pouvons atteindre la Bénoué que par les routes de terre, à travers le territoire allemand, de Koundé à Yola par Ngaoundéré, routes sur lesquelles le traité nous assure le bénéfice du traitement national. Enfin nous renonçons à la partie riche et fertile de l'Adamaoua, que les traités conclus par Mizon plaçaient en entier sous notre protectorat, pour ne garder que la partie orientale, dépourvue de centres commerciaux et couverte de marécages.

Il semble que dans ces négociations nous n'ayons été obsédés que par une idée, atteindre les rives méridionales du Tchad, que le traité nous reconnaît ; or le Tchad n'est qu'une impasse, un cul-de-sac ; on est unanime à reconnaître qu'il n'a aucune importance au point de vue de la navigation ; c'est un grand marécage peu profond, aux contours mal définis. D'ailleurs les Allemands ne pouvaient nous empêcher d'accéder au lac; nous étions maîtres du cours supérieur du Chari, c'est-à-dire du principal cours d'eau qui s'y déverse. Nous avions une avance considérable sur l'Allemagne; notre intérêt était donc d'attendre. Nous n'avions qu'à rendre plus effectif notre protectorat sur l'Adamaoua, en dirigeant sur Yola de nouvelles expéditions françaises, et à poursuivre l'organisation du bassin de la Sangha, en jalonnant cette rivière de postes. Ainsi solidement établis sur le Chari, sur la Bénoué supérieure et sur la Sangha, nous pouvions traiter avantageusement au nom d'intérêts acquis incontestablement. Mais pour cela, il fallait repousser tout traité, et conserver le *statu quo*, qui nous était si favorable.

IV. — C'est sur la côte de la Gambie et de la Guinée qu'ont été fondés les premiers établissements européens en Afrique : Portugais, Français, Anglais, dont les premiers comptoirs remontent au xvie siècle, et Allemands, maîtres depuis peu du Togoland, se disputent l'influence dans l'arrière-pays compris entre leurs possessions de la côte et la courbe enveloppante du Niger. Nous occupons dans cette région une situation prépondérante par nos établissements de la Côte d'Ivoire et notre récente conquête du Dahomey. C'est à nos explorateurs, au premier rang desquels il faut citer Binger, capitaine Ménard, docteur Crozat, Monteil, Marchand, Toutée, Decœur, Ballot, que l'on doit, en grande partie, la connaissance de cette portion de l'Afrique : la France peut donc espérer que, lors du partage éventuel de ces régions, la majeure partie lui sera attribuée. Le but qu'elle poursuit est de rattacher ses possessions de la côte au Niger, et par conséquent au Soudan, en occupant l'arrière-pays. Les Anglais, de leur côté, cherchent à s'assurer les deux rives du Niger au Sud de Say et les pays limitrophes, qu'ils considèrent comme l'hinterland de leur colonie de Lagos et des Rivières de l'Huile (Oil Rivers), et à étendre leur domination dans l'arrière-pays de la Côte d'Ivoire qu'ils voudraient relier, à travers le Mossi, le Borgou et le Gourma, à Lagos et aux territoires de la Compagnie du Niger ; l'Allemagne espère développer le commerce avec cette partie de l'Afrique, en prolongeant sa colonie du Togoland jusqu'au Niger. Après de laborieuses négociations, la délimitation des colonies européennes de la côte occidentale d'Afrique a été déterminée jusqu'au 9° de latitude nord. Au-delà, le pays reste ouvert aux entreprises des puissances intéressées.

Les Anglais ne cessaient de s'étendre du côté du royaume de Kotonou, et d'empiéter sur les pays situés en face de Porto-Novo, entre la terre et la mer. L'arrangement du 10 août 1889 nous restitue tout notre ancien territoire de Porto-Novo. La ligne de démarcation suit le méridien de la rivière d'Ajarra, cours d'eau qui débouche dans la lagune côtière, à 10 kilomètres environ à l'est de Porto-Novo. Les Anglais abondonnaient donc Kotonou et une portion du territoire d'Appa, dont ils s'étaient emparés au mépris de nos droits. Nous rentrons ainsi en possession du territoire qui s'étend entre Porto-Novo et la mer, et des détroits qui mettent en communication Porto-Novo avec son port de Kotonou. Mais nous renonçons, au nord de la lagune, à la province de Pokra, c'est-à-dire à une moitié du territoire de Porto-Novo; par suite, nous cessons d'être riverains de la rivière d'Addo, dont les Anglais sont seuls maîtres pour pénétrer dans le pays des Egbas. Il est vrai que la navigation est libre sur cette rivière, et que des garanties ont été stipulées, en vue d'assurer aux commerçants français toutes libertés pour leurs échanges avec les pays non compris dans la sphère d'influence de la France, notamment avec les Egbas.

Le tracé de la frontière s'arrête au 9° de latitude nord; il a été convenu que l'action politique du gouvernement anglais s'exercerait librement à l'est de cette ligne, et celle du gouvernement français à l'ouest. L'Angleterre avait donc toute liberté d'action à l'égard des Egbas, des Jebus et des Yorubas; de notre côté, on nous laissait le champ libre du côté du Dahomey.

Par suite de conventions signées avec les chefs des diverses peuplades, l'influence anglaise est aujourd'hui souveraine dans toute la région du Bas-Niger à l'est du Dahomey. Ainsi le chef des Egbas a signé, en 1893, un traité d'amitié qui n'est autre qu'un traité de protectorat : il s'est engagé à favoriser le commerce, à abolir les sacrifices humains et à ne céder aucune parcelle de territoire à une puissance étrangère. Le chef des Jebus, à la suite d'une campagne difficile, a reconnu la domination anglaise. Un traité semblable a été signé avec le chef des Yorubas.

Le même arrangement anglo-français s'occupe de la délimitation des établissements de la Côte d'Or et de la Côte d'Ivoire. Les Anglais revendiquaient les lagunes Tendo et Ahy et la rivière Tanoué. Les territoires reliant la côte au Haut-Niger nous auraient été ainsi fermés. Nos plénipotentiaires ont été assez habiles pour obtenir la neutralisation des deux lagunes, ainsi que de la rivière Tanoué ou Tendo jusqu'à Nougoua, point où elle cesse d'être navigable. De là, la frontière commune se dirige vers le nord pour atteindre la rivière Boi et suivre le thalweg de cette rivière; elle passe à 10 kilomètres à l'est de Bondoukou et arrive à la rivière Volta qu'elle suit jusqu'à son intersection avec le 9° de latitude nord.

L'Angleterre et l'Allemagne ont fixé la frontière du Togo et de la Côte d'Or par les conventions des 14 et 28 février 1886, complétées par le traité du 1er juillet 1890. Elle part d'un point situé à l'embouchure de la Volta par 1°5' de longitude occidentale, de manière à laisser à l'Angleterre l'embouchure de cette rivière et atteint, après avoir formé diverses sinuosités, cette rivière qu'elle suit jusqu'au 9° parallèle.

L'Angleterre a fortifié sa position sur la côte de Guinée par la conquête, en 1896, du royaume des Ashantis. Cet État avait été placé, après l'expédition de 1874, dans une sorte de vasselage que les Anglais voulaient rendre plus étroit par l'établissement d'un résident à Coumassie. Mais le roi Prempeh ayant refusé de recevoir auprès de lui un agent anglais, un corps expéditionnaire est entré, sans coup férir, à Coumassie et tout le pays des Ashantis a été annexé à la Côte d'Or (1896).

Une convention entre la France et Libéria, du 8 décembre 1892, règle les frontières des possessions françaises de la Côte d'Ivoire et des territoires de la République de Libéria. En échange de l'abandon de différents points de la Côte des Graines, cap Mount, Grand Bassa, Grand et Petit Butteaux, etc., nous obtenons le bassin entier du Haut-Niger et de ses affluents, ainsi que la possession du Fodedougou-Ba, le principal affluent de droite du Cavally. La frontière suit ensuite le thalweg de cette rivière jusqu'à son embouchure. La navigation sur ce rio est libre et ouverte au trafic et aux habitants des deux pays.

Nous avons eu soin de stipuler qu'en renonçant à nos droits sur les territoires de la côte, nous n'entendions nous engager « que vis-à-vis de l'État de Libéria, libre et indépendant, et que nous faisions toutes nos réserves soit pour le cas où cette indépendance se trouverait atteinte, soit pour le cas où Libéria ferait abandon d'une partie quelconque des territoires qui lui sont reconnus par la présente convention. »

Les revendications de l'Angleterre au nord de sa possession de Sierra Leone menaçaient le Fouta-Djallon, et, si elles avaient été admises, nos communications avec le Haut-Niger auraient pu être coupées.

L'arrangement de 10 août 1889 a prévenu ce danger. Il a été complété par l'accord anglo-français du 21 janvier 1895. Le pays des Houbbous, le Fouta-Djallon sont réunis à la France; le Bennah nous est reconnu en entier. Pour la partie sud de Tamisso, une transaction est intervenue laissant à l'Angleterre la partie méridionale qu'elle réclamait, mais accordant à la France la possession de la route qui, par Oulaï et Lusenia, sert aux ravitaillements de nos postes. Erimankono nous est reconnu, et nous gardons les deux rives du Niger jusqu'à sa source. L'État de Sierra Leone, comme Libéria, reste donc, dans nos possessions, une enclave à limites définies.

Dans la vallée de la Gambie, les Anglais, se fondant sur les stipulations du traité de Versailles, réclamaient le bassin entier, les pays situés entre la rive gauche du Saloum et de la Gambie et tous les territoires jusqu'au Fouta-Djallon. L'arrangement du 10 août 1889 ne laisse à l'Angleterre qu'une bande d'une dizaine de kilomètres sur les deux rives jusqu'à Yarbatenda, à 300 kilomètres de l'embouchure. Le territoire de la Gambie n'est donc, au milieu des possessions françaises, qu'une enclave sans extension possible.

Antérieurement, par une convention du 12 mai 1886, le Portugal et la France avaient fixé leurs frontières communes dans la Gambie. Au nord, la limite est formée par une ligne qui se tient à peu près à égale distance des rivières Casamance et San Domingo de Cacheu, et au sud, par une ligne qui court entre le rio Componi et le rio Cassini, jusqu'au point d'intersection du 16° de longitude ouest de Paris et du parallèle 10° 40' de latitude nord. La Guinée portugaise se trouve ainsi enclavée entre les possessions françaises du Sénégal et de la Guinée française ou Rivières du Sud.

Ainsi, les territoires de l'Angleterre et du Portugal dans la Gambie, et celui de la République de Libéria se trouvent entièrement délimités par les Conventions de 1884, 1886 et 1889; il n'en est pas de même des possessions anglaises, françaises et allemandes de la côte de Guinée, dont les frontières restent à déterminer au-delà du 9° degré de latitude septentrionale; au moment où les traités déterminant cette limite furent signés, on ne connaissait pas l'arrière-pays compris entre le 9ᵉ parallèle et la vallée du Niger. Barth est le premier Européen qui ait parcouru ces contrées, en 1855, et sa relation ne donne que des renseignements incomplets sur leur configuration physique et sur les divers États de la rive droite du Niger. La diplomatie ne pouvait s'appuyer sur des données aussi vagues pour procéder à un partage définitif des pays au nord du 9° parallèle. Les explorations de Binger et de Monteil n'ont que peu ajouté à celles de l'illustre explorateur allemand.

Pendant l'année 1895, de nombreuses missions parcoururent l'arrière-pays de nos possessions de la côte de Guinée : le commandant Decœur traversa le Gourma et arriva jusqu'à Say; le commandant Toutée parcourut la région au nord-est du Dahomey, les pays de Tchaki, de Kitchi, de Goho, et atteignit le Niger à Badjibo, où il fonda le poste fortifié d'Arenberg. Le commandant remonta ensuite le fleuve jusqu'à Tibi-Farka et le redescendit. Le capitaine Baud alla du Dahomey à la Côte d'Ivoire et la mission Alby pénétra dans le Mossi, sans toutefois atteindre Waghadougou, la capitale.

De leur côté, les Anglais et les Allemands ne restaient pas inactifs. Sur les instances des chambres de commerce et des négociants établis sur la côte de Guinée, le gouvernement anglais chargea le capitaine Lugard d'explorer le Borgou et le pays de Nikki; le mulâtre Fergusson reçut la direction d'une mission qui visita Sansanné-Mango, entra à Waghadougou et hissa le drapeau anglais à Salaga. Les Allemands à leur tour, organisèrent les explorations Gruner et de Carnap.

Une conférence réunie à Paris au printemps de 1896, pour procéder à la délimitation de ces territoires de la région du Niger, ne put aboutir. Anglais et Allemands profitèrent alors de notre arrêt inexplicable dans la marche en avant dans les pays de la boucle du Niger pour s'emparer des points qu'ils convoitaient : les Anglais s'établirent au poste d'Arenberg, que nous avions commis la faute d'évacuer, et y élevèrent le fort Taubman-Goldie ; les Allemands occupèrent Sansanné-Mango. Nos rivaux ne cachèrent point leur dessein de s'établir au Borgou, au Gourma, au Gourounsi, au Mampoursi, au Mossi. Allions-nous les laisser s'emparer de toutes ces régions, nous fermer l'arrière pays du Dahomey, qui ne serait plus alors qu'un étroit couloir, sans issue vers le Nord ?

Le gouvernement comprit le danger de notre inaction. Il confia au gouverneur Ballot l'exécution d'un plan qui consistait à occuper effectivement les territoires qui devaient relier le Dahomey au Niger et au Soudan. Le lieutenant Voulet reçut l'ordre de se porter dans le Mossi ; après un court combat, il enleva Waghadougou, la capitale ; il se porta ensuite en hâte vers le sud et entra à Sati, capitale du Gourounsi. Après avoir assuré notre domination dans ces régions, il se dirigea sur le Gourma et se rencontra à Tibag, avec le capitaine Baud, qui arrivait du Dahomey et venait de faire reconnaître notre protectorat par les chefs du Gourma. La jonction du Dahomey au Soudan français était désormais un fait accompli. Pendant ce temps, le commandant Destenave partait du Mossi pour atteindre le Niger à Say, où il planta le drapeau tricolore. Sur le Bas-

Niger, le lieutenant Bretonnet avait pris possession de Boussa.

Les journaux anglais ont qualifié l'occupation de Boussa d'acte malveillant, *unfriendly;* ils nous accusent de nous être rendus coupables d'un acte de tranchante procédure internationale, *international sharp practise*. Le gouvernement anglais s'appuie sur la convention du 5 août 1890 pour revendiquer Boussa et le pays environnant. « D'après cet acte, dit le *Times*, la compagnie anglaise abandonnait ses visées au-dessus de Say, et les deux pays admirent, comme frontière, une ligne de Barroua, sur le Tchad, à Say, infléchie de manière à suivre la limite nord du royaume musulman de Sokoto. Il fut entendu qu'au Nord de cette ligne tout serait français, et au Sud tout anglais, et c'est de la sorte qu'à l'époque l'accord fut exposé par la presse des deux pays. La frontière septentrionale de la Royal Niger Company se trouvait bien définie. » Nous n'avons jamais admis l'interprétation anglaise de la convention de 1890. Pour nous, elle n'a reconnu à l'Angleterre que le Sokoto, et en supposant que le traité que le *Foreign Office* nous oppose et par lequel les chefs de Boussa auraient accepté le protectorat britannique, n'ait pas été inventé pour les besoins de la cause, il n'aurait à nos yeux aucune valeur du moment où, suivant les stipulations du traité de Berlin, il n'a pas été suivi d'une occupation effective. Or l'expédition du commandant Toutée nous apprend que l'autorité de la Compagnie du Niger était nulle au-dessus du confluent du Niger et de la Bénoué : il n'y a pas sur tout le Niger un seul Anglais au-dessus de Egga (200 kilomètres en aval de Badjibo), et encore à Egga, il n'y en a qu'un, écrivait le 26 avril 1895 le capitaine Toutée au Ministre des Colonies. On voit par là ce qu'il faut penser de la légende habilement exploitée et à laquelle nous avons cru de l'influence anglaise dans la région du Moyen-Niger et du développement de leurs établissements.

Quoi qu'il en soit, par la prise de possession du Mossi, du Gourma, du Gourounsi et de Boussa, nous avons arrêté la marche des Anglais et des Allemands. Dès lors nous nous trouvions en bonne posture pour négocier un arrangement territorial. Comprenant que tout retard dans le partage de ces pays est aussi un retard dans leur mise en valeur, l'Allemagne a signé avec nous la convention du 23 juillet 1897 ; les deux gouvernements ont apporté, dans le règlement des questions qui les divisaient, cet esprit conciliant dont ils ont fait preuve dans tous leurs litiges africains. L'Allemagne nous reconnaît le Gourma et garde Sansanné-Mango.

V. — Un conquérant venu de l'Est, Rabah, paraît avoir établi sa domination sur la plupart des États soudanais du lac Tchad. C'est la région comprise entre le Haut-Nil, l'Ouellé-Oubanghi et le Chari qui a été le premier théâtre des exploits de ce conquérant aussi célèbre qu'El-Hadj Omar et

Samory. De 1884 à 1887, il descend du Borkou dans le Darfour; en 1890, il profite du recul du Mahdisme pour occuper le Dar-Fertit; en 1891, on signale la présence des bandes de Rabah dans le Dar-Rouma, au sud du Baghirmi et sur le Haut-Chari; c'est à elles qu'on doit imputer le meurtre de Crampel. L'explorateur Maistre apprit, en 1892, qu'une de ces bandes avait pillé le pays des Akoungas, sur le Gribingui.

Une révolution de palais dans le Sokoto fournit à Rabah l'occasion de conquérir les riches territoires à l'ouest du Chari et de soumettre les deux plus puissants États du Soudan central, le Bornou et le Sokoto.

Le sultan du Bornou avait pour tributaires le Kanem et le Damergou, où se trouve la grande ville commerçante de Zinder. Le fondateur de la dynastie régnante est Omar qui a occupé le trône de 1835 à 1884; ses trois fils, Boubeker, Brahim et Hachem, lui ont succédé, L'émir du Sokoto, plus puissant que son voisin de l'Est, avait sous son protorat l'Adamaoua, le Gandou, le Noupé, le Zaria, le Daoura, et le Katzena.

L'ordre de succession au trône a souvent donné lieu dans le sultanat à des luttes intestines. En 1875, après la mort de l'émir Mazon-ben-Mohammed-Bello, dont le père, le fameux sultan Bello (1817-1832), reçut les premiers explorateurs anglais, Mallem-Saïd, son frère, aurait dû lui succéder. Il fut écarté du trône, et la cour proclama son neveu, Oumarou-Alliou-Babba. Ayatou, le fils de

Mallem-Saïd, ne se résigna pas à la disgrâce dont avait été frappée sa famille ; c'est lui qui favorisa l'invasion du Sokoto par les armées de Rabah.

Chassé du Sokoto, puis du Bornou où il s'était retiré, Ayatou appela à lui tous les Foulbés mécontents, les aventuriers, tous ceux que séduisait l'espoir du pillage, et s'installa à Halfou, dans le delta du Chari. De là ses bandes se répandirent à l'ouest dans l'Adamaoua, le Meroua, le Katagoura et à l'est dans le Baghirmi, où avaient déjà pénétré les bandes de Rabah. Ayatou et Rabah entrèrent alors en relations (1892) ; ils convinrent d'unir leurs troupes pour se tailler un vaste empire aux dépens des États voisins, le Bornou et le Sokoto.

Le Bornou fut d'abord envahi et le sultan Hachem vaincu à quelques journées de marche de Kouka. Rabah entra dans la capitale, en partie déserte, sans coup férir (1893). Il se mit ensuite à la poursuite du sultan fugitif et lui infligea une seconde défaite à Yéou. Il organisa le pays conquis par l'établissement d'une administration régulière. Le Bornou entretient des relations commerciales suivies avec la Tripolitaine ; des caravanes se rendent régulièrement de Kouka à Tripoli, par les oasis de Bilma et de Mourzouk. « Rabah avait eu soin de respecter les biens des commerçants de Tripoli qu'il avait trouvés dans le Bornou ; quand ils partirent, ils les engagea à rassurer leurs compatriotes sur ses intentions ; il promit de bien accueillir les caravanes, et de ne leur imposer d'autres droits que ceux qui avaient été perçus par le cheikh (1) ».

Le neveu du sultan détrôné, Ba-Kiari, occupait, à la tête de plusieurs milliers de partisans, quelques provinces du nord; il aurait été vaincu et tué à Borsari (1894); de là le vainqueur aurait marché sur Zinder. Le sultanat de Sokoto était menacé; en juillet 1894, les commerçants de Kano liquidaient leurs affaires et évacuaient la place. Depuis, on a annoncé la prise de Sokoto.

Cet état de guerre dont la région du lac Tchad est le théâtre depuis quelques années bouleverse profondément le commerce. Les caravanes qui se rendaient de Kouka et de Kano à Tripoli sont suspendues, bien que Rabah ait cherché à favoriser ce mouvement commercial; les produits de cette région restent sur place ou se dirigent vers les comptoirs anglais du Bas-Niger. C'est un trouble profond apporté dans les conditions économiques du Soudan central.

Faut-il voir dans la constitution de cet empire, éphémère probablement comme tous ceux des conquérants que les pays musulmans voient apparaître, les menées de la *perfide Albion*, ainsi qu'on l'a prétendu? Rabah ne serait-il qu'un instrument dans la main des Anglais qui l'auraient poussé du Darfour-Baghirmi dans le Soudan occidental, afin de détourner vers les comptoirs de la Compagnie

---

(1) *Revue de Paris*, 15 janvier 1897.

royale du Niger le commerce des caravanes qui se rendaient à Tripoli ?

Des causes toutes naturelles expliquent cette marche de Rabah vers l'ouest; après le pillage méthodique du Soudan oriental, les troupes du conquérant ne pouvaient vivre dans le pays; elles envahirent le Baghirmi; là, les sollicitations d'Ayatou ont poussé Rabah dans le Bornou et le Sokoto. Sans tenir compte des pertubations que cette invasion a apportées au commerce des comptoirs anglais de la Nigeria avec les États Haoussas, n'est-il pas dangereux, pour ceux qui visent à la domination du Soudan central, de laisser se constituer, sur les ruines des États Soudanais, un empire embrassant toute la région du Tchad ?

CHAPITRE VIII

Le Maroc.

Importance politique du Maroc. — Différentes parties dont se compose cet empire. — Premières relations de l'Europe avec le Maroc. — Rivalité de l'Angleterre, de l'Espagne et de la France au Maroc. — État d'anarchie de l'empire : le pouvoir central, misère des populations, défaut de sécurité. — Pourquoi le Maroc se maintient comme État indépendant.

Le Maroc appartient, comme l'Algérie et la Tunisie, à la région géographique que les Arabes désignent sous le nom de l'Ile de l'Occident (Djezirat-el-Maghreb ou Maghreb-el-Djezaïr), véritable île, en effet, battue au nord et à l'ouest par les flots de la mer, et isolée, vers le sud, du reste de l'Afrique par les sables du désert. L'ossature principale est formée par la chaîne de l'Atlas, dressant au sud les plus hautes cimes de tout le massif qui protègent le Maroc contre les vents desséchants du Sahara et contre les invasions des sauterelles. Au sud de l'Atlas commence le Sahara marocain qui a des eaux courantes, la

Messaoura, formée du Zis et de la Zousfana, et l'oued Draa, et au nord se développent, inclinées vers l'Océan, les vastes plaines du Tell, arrosées par des cours d'eau : le Sebou, l'Oum-er-Rbia, le Tensif, qui tarissent rarement, mais que les indigènes ne savent même pas utiliser aujourd'hui pour les irrigations. Largement ouvert vers l'Océan et balayé par les vents du nord, le Tell marocain est sain, plus humide que celui de l'Algérie, qui ne reçoit pas les effluves bienfaisantes de la mer, d'un climat plus doux et plus égal, moins chaud en été, moins froid en hiver. En somme, le Maroc vaut mieux, au point de vue économique, que nos deux possessions de l'Afrique du nord, et compte une étendue de terres cultivées ou susceptibles de l'être supérieure à celle de ses deux sœurs de la région de l'Atlas; il a, en outre, l'avantage d'être situé sur deux mers, de posséder par Ceuta, la vraie clef de la Méditerranée, et de commander, par conséquent, mieux que Gibraltar, possession anglaise, un des passages stratégiques et une des routes commerciales les plus fréquentées du monde.

Quoique voisin de l'Europe, dont il n'est séparé que par un bras de mer de 15 kilomètres, le Maroc est encore une des contrées les moins connues de l'Afrique. Il est resté, depuis l'époque de la conquête arabe (viiie siècle) jusqu'au commencement du xvie siècle, à peu près fermé aux chrétiens. Les récentes missions, mission italienne de Scovazzo en 1873, missions allemandes de Von Conring, de G. Rohlfs, d'Oscar Lenz, missions françaises de Tissot en 1874, de Vernouillet en 1877, de Erckmann en 1878, de Ordega en 1884, de Ferrand en 1885, et les explorations de Foucauld, ont augmenté la somme de nos connaissances sur cette contrée, qui mérite encore le nom de Chine barbaresque, le fanatisme formant autour d'elle comme une muraille qui la dérobe à nos investigations, et la ferme en grande partie au commerce étranger.

C'est au xvie siècle, pendant les guerres entre François Ier et Charles-Quint, qui eurent pour résultat d'introduire les Turcs dans la politique européenne, que l'Afrique du Nord, surtout l'Algérie et le Maroc s'ouvrirent aux États de l'Occident ; mais ce n'est qu'au commencement de ce siècle que les rapports économiques et diplomatiques du Maroc avec l'Europe sont devenus plus étroits et plus importants, bien que le vizir et le chambellan, deux personnages exerçant une sorte de tutelle sur le chérif, s'efforcent de suivre cette politique d'effacement, d'isolement, qui n'a que trop longtemps prévalu.

En 1824, le gouvernement marocain accorde à l'Angleterre des avantages commerciaux, qui furent, l'année d'après, étendus à nos nationaux. Les autres puissances de l'Europe, l'Espagne, l'Italie, l'Allemagne, l'Autriche-Hongrie, la Belgique, le Portugal, la Hollande, etc., et en dernier lieu les États-Unis, entrent en relations officielles avec le gouvernement du Maroc. Elles accréditent auprès du sultan un ministre plénipotentiaire qui réside à Tanger; leurs nationaux et leurs consuls ne peuvent s'établir que dans les ports ouverts : Tanger, Mogador, Mazagan, Casablanca, Rabat, Saffy, Larache, Tétouan. Les affaires ordinaires sont traitées par les ministres plénipotentiaires et les consuls qui s'adressent à un dignitaire marocain accrédité à cet effet; pour les affaires graves ou délicates, une ambassade est envoyée au sultan et négocie directement avec lui. La situation des étrangers dans l'empire a été définitivement réglée dans la conférence de Madrid (1880). Les nationaux des différents États contractants peuvent habiter le pays, y circuler librement, commercer dans les ports ouverts, et même se rendre acquéreurs de terres sous certaines conditions. Ils sont placés, ainsi que les Juifs, sous la protection des ministres et des consuls.

Le Maroc est plutôt une expression géographique qu'un État aux limites bien déterminées; sous ce nom se groupent en réalité trois régions placées sous la même souveraineté politique et surtout religieuse, savoir : le royaume de Fez, entre la Méditerranée, l'Atlantique, l'Atlas et l'Oum-er-Rbia, avec les deux villes de Fez et de Mequinez; le royaume du Maroc, entre l'Oum-er-Rbia, l'Atlantique et l'Atlas, avec Maroc pour capitale, et le royaume de Tafilelt, oasis saharienne à laquelle on rattache la région de l'oued Draa et les oasis de Figuig et d'Igli. Du côté du sud et du sud-est, les frontières de l'empire sont indécises et flottantes ; cependant Sa Majesté chérifienne revendique des droits de souveraineté sur les oasis du Touat, situées dans notre hinterland, et même sur une partie du Sahara et du Soudan occidental ; en réalité le pouvoir du sultan n'est reconnu et redouté que par les populations des plaines ; il est repoussé par les tribus berbères des montagnes, qui s'administrent librement, et par les Arabes des oasis.

Trois États se disputent l'influence politique au Maroc et se mettent en mesure de recueillir tout ou partie de cet empire ; ce sont : l'Angleterre, l'Espagne et la France. Il ne saurait être question de conquête à faire. Le Maroc est habité par de nombreuses tribus, fières de leur demi-indépendance, fanatiques et belliqueuses, protégées par des montagnes difficilement accessibles à cause du manque de routes, et qui opposeraient une résistance désespérée. Ce serait, de la part de la nation qui tenterait une telle entreprise, une guerre longue, difficile et périlleuse, qui absorberait, comme celle d'Algérie, des sommes considérables, et exigerait la mobilisation de tout un corps d'armée. Évidemment, aucune des trois puissances qui convoitent le Maroc n'est disposée à payer aussi cher une telle conquête, et nous moins que les autres ; il serait trop dangereux, pour notre sécurité et notre rôle politique en Europe, d'attacher à nos flancs une seconde Algérie. La constitution d'un protectorat, tel qu'il est établi en Tunisie, suffirait pour assurer à la nation qui aurait la garde des intérêts marocains, une influence assez grande dans l'administration pour empêcher les dilapidations et assurer aux indigènes le bien-être qu'assureraient le développement des routes, l'amélioration des ports, l'extension des cultures et du commerce. Mais le chérif, qui s'intitule prince des croyants, émir El Moumanin, qui se dit le calife, le prêtre suprême de la religion, qui, plus que le pape chez les catholiques, réunit et condense dans sa personne toute l'autorité religieuse, accepterait-il sans combattre ce rôle de protégé d'une nation chrétienne? Quoi qu'il en soit, examinons la situation des trois puissances en présence.

L'Angleterre s'est assuré depuis longtemps le premier rang dans la valeur des échanges ; elle convoite Tanger et Ceuta qui, mieux que Gibraltar, commandent l'entrée du détroit. Elle est, pour le moment, favorable au maintien du *statu quo* ; c'est la politique que suivent ses plénipotentiaires auprès du sultan, aux yeux de qui ils ont réussi à passer pour des amis sincères et des conseillers désintéressés : ne veillent-ils pas avec un soin jaloux à l'intégrité de l'empire? N'ont-ils pas empêché, en 1860, un démembrement du Maroc par l'Espagne? N'ont-ils pas plus récemment, en 1893, offert leurs bons offices pour mettre un terme aux hostilités entre les populations du Riff et les Espagnols? Aussi font-ils bonne garde autour du sultan, prévenant tout conflit, grognant et montrant les dents pour effrayer ceux qui seraient tentés de le dépouiller. *Personne partout où nous ne pouvons être,* tel est le principe qui guide le gouvernement anglais vis-à-vis des pays qu'il ne peut occuper.

L'Espagne considère le Maghreb comme une province détachée de l'empire des Maures, sur lesquels elle a conquis les royaumes de Tolède et de Grenade; elle possède, sur la côte marocaine, les présides de Ceuta, Peñon de Velez, Alhucema, Melilla, les îles Zaffarines, sur la Méditerranée, Santa-Cruz de Mar Pequeña, sur l'océan Atlantique, qui doivent servir de base pour la future conquête du Maruecco, car l'Espagne, suivant M. Martinez Campos, finit aux monts Atlas. Elle a pris, en 1884, possession sur la côte occcidentale de la baie de Rio de Oro et proclamé son protectorat sur tout le littoral s'étendant du cap Bojador au cap Blanc. Ce sont là, certes, des avantages qui ne sont pas à dédaigner; mais ils ne sont pas les seuls ni les moindres : les Castillans sont plus nombreux au Maroc que les autres Européens et la monnaie espagnole a cours dans tout l'empire; cependant l'Espagne ne vient qu'au troisième rang dans les échanges, après l'Angleterre et la France. Depuis longtemps le Maroc serait une dépendance de la péninsule ibérique, si les rois d'Espagne ne s'étaient laissé détourner de cette conquête, au xvi° siècle, pour des projets chimériques, et si, plus tard, le désarroi des finances et le manque d'esprit de suite de leurs diplomates n'avaient paralysé leur action. Charles-Quint eut, en effet, des velléités de conquête bien vite abandonnées, pour les rêves de monarchie universelle. En 1860, l'armée espagnole, pour mettre un terme aux déprédations des tribus voisines des Présides, s'empara de Tétouan et marcha sur Tanger; on put croire, un moment, que l'Espagne allait enfin conquérir cette *irredenta* depuis si longtemps convoitée. Un ultimatum du gouvernement anglais arrêta net cette ardeur belliqueuse ; le traité de Tétouan n'accorda aux Espagnols que de vains avantages : une indemnité de cent millions et une extension insignifiante dans la baie de Ceuta. Mais nos voisins d'Outre-Pyrénées ne renoncent pas à l'espoir de voir résoudre à leur avantage la question marocaine ; une agitation s'est produite, en 1884, dans la péninsule pour préparer la conquête morale et pacifique du pays par la création d'écoles, par la transformation des Présides en colonies, par le développement des échanges. Dernièrement (en 1893), les affaires de Melilla ont réveillé chez eux des velleités de conquête, mais ils ont été assez sages pour comprendre qu'ils ne disposaient ni des forces militaires ni des capitaux nécessaires pour s'engager dans une telle entreprise. Le sultan, de son côté, s'est montré conciliant. Des négociations entamées par les deux gouvernements est sorti le traité du 4 mars : le sultan s'est engagé à payer une indemnité de 20 millions de francs, dont 5 comptant et le reste par annuités. Si ces annuités n'étaient pas payées, le gouvernement aurait le droit de saisir les recettes des douanes de Mogador, Casablanca, Mazagan, Tanger; par contre le sultan s'engage à ne contracter, jusqu'au payement de l'indemnité, aucun emprunt garanti par le revenu des douanes. Cette dernière clause a pour but d'empêcher la mainmise sur le Maroc par une puissance étrangère, et détruit certaines espérances qu'on avait pu concevoir à Londres.

La France, en qualité de puissance limitrophe du Maroc, prétend aussi avoir voix au chapitre pour le règlement de cette question. La paix ne sera assurée dans les possessions de l'Extrême-Sud oranais qu'autant que les oasis marocaines cesseront de fomenter des révoltes contre notre domination; là se réfugient les rebelles pour échaper à la répression, parce que ces oasis sont à peu près indépendantes. C'est pourquoi nous ne saurions permettre à une puissance européenne de s'installer au Tafilelt, au Figuig, et encore moins au Touat, ces clefs des routes du Soudan occidental et de Tombouctou. D'après les relevés du commerce maritime, nous nous plaçons immédiatement après l'Angleterre pour la valeur des importations et des exportations; mais dans cette statistique ne figure pas le commerce qui s'opère par terre, entre les populations marocaines de la vallée de la Molouya et la province d'Oran. Or ce commerce ne pourra que se développer encore, lorsque les routes et les voies ferrées, qui s'arrêtent depuis longtemps à la frontière oranaise, pénétreront dans le Maroc. Nous sommes donc bien placés pour faire valoir nos droits, lorsque la question se posera en Europe.

L'Allemagne, l'Autriche-Hongrie et l'Italie ne recherchent, pour le moment, que des avantages commerciaux en traitant avec le Maroc, et tout fait supposer qu'à cela se bornera toujours leur politique.

L'impression recueillie par la plupart des voyageurs ou des hommes d'État qui ont séjourné au Maroc est que le *statu quo* ne peut durer longtemps, qu'une transformation ou un morcellement doit nécessairement s'opérer; cette impression résulte de l'organisation du pouvoir central, de la situation des provinces, de la misère des populations et des ruines qui attristent de tous côtés les regards.

Le Maroc offre un exemple frappant de l'état de désorganisation dans lequel peut tomber un État musulman; le gouvernement turc, par comparaison, pourrait être donné comme un modèle. Et cependant le chérif a la grande prétention de se croire supérieur au sultan de Constantinople, qui, n'étant pas Arabe ni descendant de Mahomet, ne saurait prétendre exercer le suprême pontificat de l'Islam. C'est donc lui qui, en qualité de descendant du Prophète, est le chef de la religion, l'ombre véritable de Dieu sur la terre; il est craint comme un despote et adoré comme une idole. Nourri seulement de la lecture du Coran, étranger à tout ce qui se passe en dehors des limites étroites de ses États, il est d'une ignorance qui touche à l'invraisemblable. Il confie à un vizir et à des secrétaires d'État, qui ne sont pas plus instruits qui lui, qu'il élève et révoque à sa guise, toute l'administration. « Comment un gouvernement composé d'hommes aussi primitifs ne serait-il pas un gouvernement de grands enfants? En réalité, il n'est pas autre chose. Il n'y a pas la moindre différence pour les Marocains entre les affaires sérieuses et celles qui ne le sont pas, ou plutôt tout est sérieux à leurs yeux, parce que la notion même de la frivolité n'entre pas dans leur esprit. Souvent lorsqu'on songe à traiter avec eux quelque grave question politique, on les trouve occupés d'un joujou quelconque, qu'ils regardent comme aussi intéressant que les questions politiques. Quelques jours avant notre arrivée à Fez, on avait consacré une semaine entière dans le gouvernement marocain à regarder manœuvrer une de ces poupées qui montent et descendent dans un bocal rempli d'eau. Cette invention là paraissait au moins aussi curieuse au sultan, à ses ministres, à toute l'administration supérieure que celle des chemins de fer ou du télégraphe. Tout le monde s'extasiait devant elle; impossible de parler d'un autre sujet » (1).

De ce gouvernement central ou makhzen dépendent dans les provinces les pachas, caïds ou califes qui exploitent d'une façon odieuse leurs

---

(1) G. Charmes, Une ambassade au Maroc, *Revue des Deux-Mondes*, 1886.

administrés. Suivant l'énergique expression de De Amicis, le gouvernement aspire, comme un gigantesque polype, tous les sucs vitaux de l'État et fait le vide partout où il s'attache. Le chérif donne l'exemple ; il rançonne ses sujets sans pitié ; chaque année, à la tête d'une troupe armée à la diable et vêtue des costumes les plus bizarres, il va percevoir les impôts qui ne rentreraient pas sans ce moyen violent de perception. L'escorte du sultan est des plus étranges et digne d'un décor d'Opéra-Comique : en avant se tient le Caïd-el-Méchaour ; c'est le grand-maître des cérémonies ; puis viennent le maître de la serpette, pour débroussailler lorsque l'escorte s'arrête, le maître des éperons, le maître du tapis, le maître des babouches, le maître du thé, le porteur du parasol et les chasseurs de mouches. On dirait un chef de bandes qui parcourt un pays pour rançonner les populations et s'enrichir de leurs dépouilles. « A peine a-t-il quitté un territoire, après l'avoir razzié, que les populations qui ont fui à son approche, ou qui ayant tenté de résister, ont dû bientôt s'éloigner impuissantes, y reviennent et recommencent à y vivre parfaitement indépendantes. Des années se passent sans qu'il songe à les attaquer de nouveau. A quoi bon ! Elles sont ruinées ; que pourrait-il leur enlever ? L'empire est, d'ailleurs, assez grand pour qu'il trouve ailleurs un emploi plus utile de ses armes. Il est même si grand, qu'en certaines de ses parties, le sultan ne s'aventure jamais. Il sait bien que dans le Riff, par exemple, et dans l'Atlas son armée serait anéantie par les montagnards indomptés et indomptables de ces contrées. Il en est de même dans l'Extrême-Sud, où ses troupes seraient dévorées par le désert... Mais n'est-ce pas là véritablement la guerre, la vie d'aventures, la vie arabe par excellence, et n'est-il pas naturel que le descendant de Mahomet, fidèle aux traditions de sa race, continue, en plein âge moderne, l'existence errante et batailleuse que ses ancêtres ont menée jadis avec tant de génie, d'éclat et de poésie? » (1).

On s'explique dès lors les ruines que l'on rencontre partout sous ses pas, et qui sont les témoins d'un passé qui n'a pas été sans gloire. Partout ailleurs ces ruines de portes, de palais ou de mosquées, seraient pieusement entretenues ou réparées ; ici on laisse, avec une insouciance orientale, le temps achever son œuvre de destruction. Non seulement on ne répare pas les ouvrages construits par les anciens sultans, mais on ne construit pas : les routes sont de simples pistes ou de simples sentiers battus par les premiers venus; il n'y a qu'une chaussée, celle de Fez à Méquinez, et qu'un pont entre ces deux villes ; les ports n'ont ni quais, ni jetées, ni bouées, ni bassins, ni brise-lames. Il n'existe qu'un seul phare sur les côtes, celui du cap Spartel ; encore a-t-il été construit par les puissances européennes et est-il

---

(1) G. Charmes.

entretenu par elles à frais communs. Et cependant il existe au Maroc un ministère des travaux publics. Enfin il n'y a pas de sécurité à l'intérieur, même dans les provinces directement soumises au sultan. Quant aux autres régions, un Européen ne peut s'y aventurer qu'au prix de mille dangers.

« J'ai vu des Européens très surpris que des millions d'hommes, qui ne sont pas absolument sauvages, pussent vivre ainsi à l'aventure, sans rien de ce que nous regardons comme indispensable à la vie civilisée. Ils s'étonnaient que le Maroc subsistât, pour ainsi dire à l'état de nature, dans une parfaite anarchie, au sens le plus strict du mot; à chaque instant, ils croyaient qu'un édifice aussi dépourvu de fondements, de contreforts, d'appuis et de soutiens, construit sans aucun respect des règles les plus simples de l'architecture et des lois les mieux établies de l'équilibre, ne saurait durer tel quel au milieu du monde moderne : « Il va crouler, disaient-ils, il est impossible qu'il ne croule pas. » Cette illusion a été partagée par bien des diplomates habitués à l'Europe d'aujourd'hui et qui, trop ignorants ou trop oublieux de l'histoire, ne songeaient plus que l'Europe du passé a traversé des périodes pendant lesquelles elle ressemblait à s'y méprendre au Maroc contemporain. Une longue fréquentation des Arabes m'a préservé de tomber dans la même erreur. Les Arabes ont toujours été incapables de créer et de maintenir ce que nous appelons une organisation politique; le désordre paraît être l'élément naturel de leur existence nationale, de même que le caprice, la fantaisie, le hasard paraissent être la condition de leur art (1). » Comment un Etat, dont la désorganisation est aussi complète, n'est-il pas tombé sous la domination d'une nation européenne? Il en faut chercher la raison dans la rivalité des puissances qui se disputent la prépondérance et dans cet état d'isolement dans lequel on l'a tenu et on le tient encore, autant par haine du chrétien que par instinct de conservation. Le sultan et ses ministres ne sont pas sans avoir compris combien l'ingérence de l'Europe a été funeste aux princes musulmans qui se sont laissé éblouir par la civilisation occidentale, ils ont voulu éviter le sort du bey de Tunis et du vice-roi d'Egypte, dont les dépenses fastueuses ont eu pour résultat la perte de leur indépendance politique; mais n'est-il pas à craindre que cet empire marocain ne soit morcelé comme celui de l'homme malade de Constantinople et qu'il ne soit démembré par lambeaux?

---

(1) G. Charmes.

CHAPITRE IX

Établissement et progrès des Français en Algérie.

La domination turque en Algérie; les pachas et les deys. — Les pirates d'Alger; répression de leurs brigandages. — Prise d'Alger en 1830. — La conquête continue : prise de Constantine; lutte contre Abd-el-Kader. — Soumission de la Kabylie. — Occupation des premiers postes du Sahara. — Nos progrès vers le sud après 1873. — Nos premières relations avec les Touareg; missions Méry, Foureau et d'Attanoux. — Les postes avancés de l'Extrême-Sud. — Mesures à prendre pour ramener le commerce vers nos postes du Sahara. — La question du Touat. — Politique suivie à l'égard des indigènes; violences du début de la conquête. — Nécessité du maintien des institutions indigènes. — La question de la colonisation; programme à suivre. — Suppression de la représentation coloniale. — Le gouvernement général de l'Algérie; ce qu'il devrait être.

L'Afrique septentrionale a subi la domination arabe du viii⁸ au commencement du xvi⁸ siècle. A cette époque, deux célèbres pirates, les frères Barberousse s'emparèrent de Djidjelli sur les Génois (1515). Après la prise de Grenade, les Espagnols s'étaient rendus maîtres de quelques points importants du littoral de l'Algérie et du Maroc, Bougie. Oran, Alger, etc. ; à Alger, ils avaient construit un fort défendu par une garnison. Les indigènes supportaient avec peine la présence, sur leur territoire, des ennemis séculaires de l'Islam. Les habitants d'Alger appelèrent, pour leur délivrance, Aroudji Barberousse, qui bat les Espagnols, se rend maître de la ville, gagne la faveur populaire par l'activité qu'il déploie dans cette lutte contre les chrétiens et se fait reconnaître comme roi après avoir massacré son rival, le chef indigène. En 1518, Aroudji périt dans une expédition contre Tlemcen, et son frère Khaïr-ed-Din lui succède. Il craignait un retour offensif des Espagnols ; pour les repousser facilement, il s'appuya sur le sultan de Constantinople, dont il se reconnut le vassal, sous le nom de pacha ou de vice-roi d'Alger. C'est ainsi que l'autorité du sultan s'étendit sur l'Afrique du Nord.

Bientôt ces pachas furent dominés par la milice sur laquelle ils s'appuyaient et qui n'était composée que de soldats indisciplinés. La plupart moururent de mort violente. L'histoire intérieure de la Régence n'est alors qu'une longue suite de révoltes et de massacres, jusqu'au jour où la France s'est établie à Alger.

La milice fit des pachas des sortes de rois fainéants ; le pouvoir appartenait à un conseil présidé par un agha. Les désordres continuèrent. « Cinq aghas se succédèrent dans l'espace de douze années, et tous périrent assassinés par la main d'un janissaire de 1659 à 1671 (1). » En 1671, nouveau changement; la milice supprime les aghas et les remplace par des deys, nommés à l'élection.

« Pendant les trente années que dura ce régime, les douze deys successivement portés en triomphe à la Jenina furent massacrés pour la plupart.

« A partir de 1710, les pachas dénués de prestige et par conséquent relégués au rang secondaire qui faisait d'eux des conspirateurs contre les deys sont renvoyés à Constantinople au sultan qui les nomme, et le dey Ali se fait introniser pacha par le sultan Ahmed III; celui-ci, en effet, incapable de punir la rébellion des Algériens s'était résigné à la sanctionner.

« Pendant cette période qui prit fin en 1830, les deys se succédèrent au nombre de 17 et 9 d'entre eux furent massacrés » (2).

La piraterie était la meilleure source de revenus des deys d'Alger; au XVIe siècle, les corsaires d'Alger s'enhardissaient jusque sur les côtes d'Espagne et de France; Louis XIV n'avait pas réussi à châtier leur insolence. L'Europe ne se montra résolue à mettre fin à leurs actes de brigandage qu'après 1815. Le congrès de Vienne déclara alors qu'il serait mis un terme à l'escla-

---

(1) *Préface de la correspondance des deys d'Alger*, par E. Plantet.
(2) Même ouvrage.

vage des chrétiens enlevés par les pirates d'Alger, de Tunis et de Tripoli. L'Angleterre, chargée de l'exécution de ces déclarations, envoya, en 1816, des forces considérables dans la Méditerranée. Les beys de Tunis et de Tripoli cédèrent; le dey d'Alger repoussa brutalement toutes les demandes de l'amiral anglais.

Des navires de commerce anglais ayant été attaqués, en 1824, par des pirates d'Alger, l'amiral Neale dirigea contre les forts et les batteries de la rade une attaque où il n'eut pas l'avantage. Aussi les Algériens se croyaient-ils hors d'atteinte. Importuné des réclamations de notre consul, le dey d'Alger alla jusqu'à le frapper d'un coup d'éventail. L'injure fut vivement ressentie, mais l'opposition que le gouvernement rencontra dans les chambres fut si puissante, qu'il dut attendre trois ans avant d'en tirer une réparation éclatante, et pendant ce temps nos navires étaient pillés et le vaisseau que montait M. de la Bretonnière, envoyé en parlementaire, fut canonné, notre drapeau insulté en présence d'une foule de spectateurs qui occupaient le rivage, le môle, toutes les terrasses des maisons étagées, depuis le port jusqu'à la Casbah.

Lorsque nous eûmes planté notre drapeau à Alger, l'opposition ne désarma pas : « elle n'accueillit, dit M. Rousset, qu'avec une froideur malveillante le succès d'une expédition qu'elle avait blâmée dès le début et surveillée dans ses péripéties d'un regard de plus en plus défiant et jaloux. » Le gouvernement de Juillet fut fort embarrassé de la nouvelle conquête; on agita dans le conseil des ministres la question de savoir si on n'abandonnerait pas l'Algérie; il fut décidé qu'on la garderait et qu'on occuperait quelques points isolés sur le littoral; Bône, Oran, Arzeu, etc.

Le gouvernement, en refusant de poursuivre les opérations militaires si brillamment engagées, voulait endormir les défiances de l'Angleterre, qui ne nous croyait pas d'ailleurs de taille à conquérir l'Algérie. Si la bourgeoisie censitaire était opposée à notre établissement et à notre expansion en Afrique, l'expédition d'Alger fut populaire, parce qu'elle flattait le sentiment national et éveillait, dans l'âme du peuple, cet esprit d'aventure que nos ancêtres les Gaulois ont porté un peu partout.

Ces hésitations du début nous furent funestes; elles encouragèrent les indigènes à la résistance et leur firent espérer la délivrance comme prochaine. Les discussions passionnées des chambres les entretinrent dans cette espérance et empêchèrent l'envoi en Algérie des forces nécessaires pour briser toutes les résistances et imposer notre domination. Les deux adversaires redoutables que nous allions plus tard avoir à combattre, Achmet et Abd-el-Kader, purent à leur aise fanatiser les populations et préparer leurs moyens de défense. En 1834, après une mémorable discussion à la Chambre des députés, le gouvernement déclara vouloir soumettre à la domination de la France l'Algérie entière. Malgré quelques beaux faits d'armes, nos progrès furent lents, parce qu'Abd-el-Kader, notre principal adversaire, put nous opposer une vive résistance, grâce aux secours qu'il recevait du Maroc et de l'Angleterre.

La prise de Constantine, en 1837, eut un grand retentissement; nous occupions la place forte la plus importante de l'intérieur, nous brisions la puissance d'un chef arabe, Achmet, qui aurait pu nous opposer, si nous lui en avions donné le temps, une vive résistance, à cause de la nature même du pays. Ce n'est qu'à partir de 1840, après la rupture de l'alliance anglaise à la suite des affaires d'Egypte, que la conquête de l'Algérie fut méthodiquement poursuivie. C'est l'époque des grandes opérations, des combinaisons stratégiques étendues, pour la conduite desquelles se formèrent, sous la direction de Bugeaud, les généraux les plus brillants de la monarchie de Juillet et du second empire.

Abd-el-Kader, vaincu dans toutes les rencontres, se réfugia au Maroc. L'empereur Abd-el-Rhaman, qui avait encouragé l'émir à la résistance contre une nation chrétienne établie en terre d'Islam, le prit hautement sous sa protection. L'Algérie fut envahie par une armée marocaine que le maréchal Bugeaud vainquit à Isly, en 1844. En même temps, une flotte française, sous le commandement du prince de Joinville, bombardait Tanger et Mogador. Après la prise de sa smala, Abd-el-Kader, repoussé par l'empereur du

Maroc pour lequel il devenait un embarras, abandonné de tous, se rendit au général Lamoricière (1847). Après la retraite d'Abd-el-Kader, la race arabe tenta encore quelques soulèvements. Nous devons signaler, en effet, l'insurrection de Bou-Mara, des tribus sud oranaises, les tentatives de Si-Lala, de Mokrani (1871), et les entreprises plus récentes des Ouled-Sidi-Cheikh et de Bou-Amama (1881).

Dans la région montagneuse et difficilement accessible de la Kabylie habitent des populations énergiques que nous n'avions pas entamées et qui, même sous la domination arabe, avaient conservé leurs mœurs, leurs coutumes, leurs franchises municipales. La Kabylie ne fut domptée qu'en 1857 par le maréchal Randon.

Nous avions brisé tous les obstacles qui pouvaient nous arrêter dans notre marche vers le sud; les nécessités de la défense des territoires nouvellement conquis nous obligèrent à nous établir dans la région des plateaux. Pour mettre un terme aux incursions des Arabes du désert et tenir en respect les tribus nouvellement soumises, nous occupons quelques points sur la limite du Sahara, Géryville (1853) dans la province d'Oran, Laghouat (1852), Ouargla (1854) et Touggourt (1854). Nous tentons dès lors de détourner vers nos ports une partie du commerce du Sahara : le prince de Polignac signa, en 1862, avec les Touareg une convention, qui est restée lettre morte. Ces négociations ont été reprises de nos jours par MM. Foureau, Méry et d'Attanoux.

De 1854 à 1873, toute marche en avant dans le Sahara est suspendue ; on se contente, de nos postes avancés, de surveiller les tribus turbulentes et de les châtier au besoin. C'est pour mieux tenir les Chaamba, qui opéraient de fréquentes razzias, que le général de Gallifet s'empara, en 1870, d'El-Goléa, sentinelle avancée de la France à 1,100 kilomètres d'Alger.

En 1880-81, les prédications des fanatiques préparent des soulèvements dans le Sud-oranais ; les Ouled-Sidi-cheikh veulent venger les revers de 1864 et 1869 ; Bou-Amama reprend dans la province d'Oran l'étendard de Sidi-Slim et de Sidi-Sala ; de nombreux colons sont massacrés à Saïda ; la province d'Oran est à feu et à sang. Le général de Négrier, après une belle marche, détruit la Kouba des Ouled-Sidi-Cheikh, et met en déroute les bandes d'insurgés. Notre pavillon flotte à Mecheria, Aïn-Sefra, Moghar (1881), Djenian-Bou-Resg, stations de la voie ferrée qui, partant du Kreider, s'avance vers Figuig, à El-Abiod et Aïn-ben-Khédile. Entre ces points fortifiés de la province d'Oran et les oasis d'Ouargla et d'El-Goléa, nous mettons en état de défense Ghardaia (1882), dans le Mzab. C'est à cette époque que la seconde mission Flatters fut massacrée par les Touareg au puits El-Gharama.

Depuis la signature de la convention anglo-française (5 août 1890), plaçant le Sahara dans notre sphère d'influence, de nouvelles tentatives ont été faites pour pénétrer plus avant; des pointes hardies ont été poussées dans le Sahara, sur les territoires des Touareg, par MM. Gaston Méry, Foureau et d'Attanoux.

Il semble résulter des renseignements qu'ils ont recueillis que les obstacles que nous rencontrons dans nos projets d'expansion sont le fruit des intrigues de la cour de Fez (1). Ces voyageurs se sont trouvés arrêtés dans leur marche vers le sud par les défiances et le fanatisme de populations ignorantes que des agents marocains avaient excitées contre nous; aussi n'ont-ils pas pu pénétrer sur le territoire de la confédération des Azdjer ni prendre contact avec les Kel-Izhaban, une des plus importantes de ces tribus. C'est à l'influence religieuse et politique exercée par le Maroc sur les populations de ces régions du Sahara, qu'il faut attribuer l'insuccès de nos tentatives de pénétration vers le sud. D'après M. Foureau, les Touareg auraient été groupés dans une même ligue de résistance par un chérif, qui passe pour être le porte-parole du sultan. Ce puissant personnage reçoit aussi des instructions de la famille des Abedine, dont il fait partie. Une des associations religieuses les plus importantes et les plus populaires du Maroc, celle des Cheurfa-Idrissides, descendants de l'apôtre de la religion musulmane dans le Maroc, a pour intendant général ou chef

---

(1) *Bulletin du Comité de l'Afrique française*, janvier 1895.

des Moqquadem Si-Abdesselam-Ould-Driss-el-Abedine, qui réside à Fez, et dont l'influence religieuse est mise au pouvoir de l'empereur, afin d'arrêter la marche des roumis.

Les Senoussiya de Tripolitaine concourent aussi avec les congrégations religieuses du Maroc à attiser le fanatisme religieux dans ce pays des Touareg, et à élever entre eux et nous une barrière formée de préventions religieuses, de défiances et de haines.

Les Touareg semblent se rendre compte qu'ils ne peuvent longtemps s'opposer à notre influence. Nous les enserrons de tous côtés par des postes établis à l'extrême limite du Sahara tunisien et algérien et par la prise de Tombouctou. Depuis 1892, en effet, le gouvernement a fait construire quelques ouvrages qualifiés pompeusement de forts, auprès de puits, à Hassi-Inifel, à 150 kilomètres au sud-est d'El-Goléa, à Hassi-el-Homeur, pour commander la vallée de l'oued Meguiden, à Hassi-bou-Demain (Fort Mac-Mahon), à Hassi-Chebaba (Fort Miribel), pour commander la vallée de l'oued Mia, à Hassi-Nay, etc.; on a voulu ainsi assurer la tranquillité dans des régions souvent troublées, que les Arabes désignent par le nom suggestif de Pays de la Peur, et jalonner de postes fortifiés les routes de pénétration vers les oasis de l'Extrême-Sud. Ce programme doit être poursuivi avec persévérance et méthode.

De tout temps, les populations du Soudan ont communiqué avec les peuples de l'Afrique septentrionale; les habitants des oasis sahariennes étaient les intermédiaires obligés de ce commerce. Les ports de la Guinée accapareront une partie de ce trafic, lorsque les tentatives de pénétration auront ouvert de nouvelles voies vers la région du Tchad, mais l'Afrique du nord conservera probablement la meilleure part du commerce du Soudan. Actuellement, malgré tous nos efforts pour les attirer sur notre territoire, les caravanes se détournent de l'Algérie et de la Tunisie pour pénétrer au Maroc et dans la Tripolitaine. Nous travaillons depuis longtemps à ramener vers nos possessions une partie de ce courant commercial. Longtemps après notre occupation de l'Algérie, il existait entre Ouargla et les États du Soudan central un mouvement important de caravanes. Les Touareg Azdjer retiraient de grands bénéfices de ce commerce. C'est en rappelant ces souvenirs encore vivaces chez eux que le maréchal Randon essayait, en 1859, de renouer ces anciennes relations avec les Azdjer. Des traités furent signés avec les chefs des différentes tribus touareg, mais les caravanes ne vinrent jamais dans nos postes de l'Extrême-Sud. Un peu plus tard, en 1862, le maréchal Pélissier envoyait à Rhadamès une mission dont le chef, le prince de Polignac, signait avec les Azdjer (26 novembre 1862) un traité d'amitié et de commerce. La guerre du Mexique, l'insurrection des Ouled-Sidi-Cheikh, les événements dont l'Europe fut le théâtre, de 1864 à 1871, nous ont fait négliger cette question.

Depuis plusieurs années, la politique suivie par le gouvernement général de l'Algérie tend à favoriser la reprise des opérations commerciales depuis longtemps interrompues, au grand avantage des Anglais et des Espagnols qui, par le Maroc et la Tripolitaine, reçoivent des produits du Soudan et envoient, en échange, des denrées alimentaires ou des articles industriels. Cette reprise de rapports commerciaux nous permettrait de pénétrer plus avant dans l'intérieur du Sahara, de faire entrer résolument ces populations dans notre sphère d'action, de les placer sous notre dépendance économique et de préparer la conquête politique du pays.

Quels moyens employer pour vaincre la résistance des Touareg? car, malgré le traité de Rhadamès et les promesses faites à MM. Méry, Foureau et d'Attanoux, ils restent sur une prudente réserve. Nous devons d'abord nous les attacher par les liens étroits de l'intérêt, en leur assurant de larges bénéfices dans les rapports commerciaux qu'ils auront avec nous. « Nous poursuivons une véritable concurrence pour détrôner tous les agents indigènes qui, établis au Maroc et en Tripolitaine, ont enrichi les maisons européennes qu'ils représentent avec une science, un art infini et une connaissance profonde des mœurs et des goûts des populations. On conçoit qu'en présence de la lutte qui se dessine, tous ces courtiers, gens sans scrupule, ne reculent devant rien pour maintenir leur supériorité commerciale et même politique. C'est donc sur ce même terrain et par ces mêmes moyens que nous devons nous efforcer de combattre et, contrairement à ce qui se fait dans ces entreprises commerciales, nous devons uniquement employer des agents indigènes musulmans, ainsi, du reste, que les Touareg l'ont demandé à un de nos voyageurs. Utilisant les influences religieuses dont nous disposons, nous couvrirons ainsi d'un vaste réseau d'agences d'informations et de propagande commerciale cet immense domaine saharien qui prolonge l'Algérie et que l'on nous a attribué par voie diplomatique, mais dont nous ne retirons aucun profit, car nous y sommes supplantés par des concurrents entreprenants (1). »

Pour ramener vers nos postes les caravanes qui traversent le désert, il faut pouvoir leur offrir des marchandises en échange de celles qu'elles apporteront du centre de l'Afrique; or, elles ne pouvaient se procurer sur notre territoire, à des prix avantageux, les thés, sucres, cafés, épices demandés par les tribus du désert; ces denrées, taxées de droits élevés dans nos ports d'Algérie, subissaient, comparativement à celles qui arrivaient par le Maroc ou la Tripolitaine, une forte majoration de prix. Ainsi le café était taxé 60 francs par 100 kilos, le sucre 50 francs; ces mêmes marchandises paient 10 0/0 *ad valorem* à leur entrée au

---

(1) *Bulletin du Comité de l'Afrique française*, janvier 1895.

Maroc et à Tripoli et revenaient sur les marchés du Touat et de Rhadamès, malgré les difficultés et les risques de transport par caravanes, meilleur marché que si elles empruntaient notre réseau algérien pour atteindre nos postes de l'Extrême-Sud. Aussi ne consommait-on, à peu près, dans les oasis que des marchandises de provenance ou de fabrication anglaise. Il était de notre devoir de remédier à cette situation déplorable. Le prolongement de la voie ferrée de Biskra à Touggourt et à Ouargla, qui réduira les frais de transport de nos produits au minimum, et la récente création dans le Sud algérien de marchés francs avec détaxe totale accordée par un décret de 1897 aux marchandises françaises à destination et en provenance du Sahara, auront pour résultat d'attirer vers nos possessions de l'Afrique du nord une grande partie du commerce soudanien (1). Ces relations établiront, entre les tribus sahariennes voisines de nos postes et nous, des liens étroits d'intérêt; avec nos marchandises, notre influence pénétrera insensiblement dans la partie du Sahara la plus rebelle à notre action.

L'étendue du pays qui, sur de vastes espaces, échappe par le manque d'eau à toute culture, sera le plus grand obstacle à notre prise de possession. Nous ne trouverons donc devant nous que des populations très clairsemées, qui sont, en outre, sans organisation sérieuse, sans cohésion,

---

(1) Voir *Bulletin* S. G. C., décembre 1895.

et par conséquent sans force. Chaque confédération obéit à un chef qui ne commande pas d'une façon absolue. « Il y a une multitude de sous-chefs et de principicules qui prétendent gouverner en maîtres dans les terrains où ils ont planté leur tente ou qu'ils considèrent comme leur propriété (1). » Il n'est pas rare que dans chaque groupe d'oasis deux partis soient en présence ; d'un côté les Arabes, qui représentent la race conquérante et forment une sorte d'aristocratie, de l'autre les Berbères. En vertu de la maxime, diviser pour régner, notre intérêt est d'entretenir ces rivalités. L'Arabe du désert est notre ennemi né : il nous déteste parce que nous avons conquis une terre de l'Islam. Le Berbère saharien, comme son frère de Kabylie, manque de zèle et de convictions. « Beaucoup ont, par protestation contre les Arabes, adopté les hérésies Kharedjites. La tiédeur des Rhadamésiens est connue. Les Touareg n'ont ni mosquées ni muftis ; du temps de Duveyrier, une trentaine seulement avaient fait le voyage de la Mecque, et les Ahaggar ne se faisaient pas scrupule de piller les caravanes qui s'y rendaient. Les Ida-ou-Blul maltraitent les marabouts qu'ils emmènent pour protéger leur rezou, quand l'expédition n'a pas réussi. La vérité est que c'est surtout le fanatisme de l'indépendance qui s'oppose au progrès des Européens. « On craint le conquérant bien plus qu'on ne hait le

---

(1) *Les Touareg de l'Est*, par Foureau (Bulletin S. G. C.)

chrétien, dit justement M. de Foucauld. » Ce sentiment est si fort que les chefs religieux eux-mêmes ne peuvent rien contre lui. Le crédit des marabouts Tidjaniya s'est ainsi usé à notre service ; aujourd'hui leur influence ne s'étend guère au-delà du Sahara de Constantine. Les gens du Tidikelt se sont associés à l'ordre des Senousiya. Quant aux Touareg, ils ont même massacré le marabout de l'ordre des Tidjaniya qui accompagnait Flatters. Les grands seigneurs religieux du Sud-Oranais, les Ouled-Sidi-Cheikh-Cheraga, ont connu des revirements semblables. Tout-puissants au Gourara et au Tidilket, tant qu'ils ont combattu la France, ils ont vu diminuer leur prestige, lorsqu'en 1881, ils sont restés inactifs pour faire leur soumission peu après. C'est Bou-Amama qui exerce aujourd'hui le plus d'influence au Touat. Bien plus, lorsque le grand chérif d'Ouazzan, le descendant le plus direct du prophète, est venu au Touat pour gagner ses serviteurs religieux à la cause française, il n'a trouvé que froideur et attitude hostile. Aujourd'hui, les seuls ordres religieux qui soient en progrès sont ceux qui flattent ce sentiment d'indépendance. Rien n'est caractéristique comme l'extension de la confrérie des Senousiya qui, fondée il y a quarante ans à peine, s'est répandue du Barkah au Wadaï et de l'Egypte au Sénégal, et compte aujourd'hui 150,000 Khouans ou membres réguliers de l'ordre, tandis que le nombre des musulmans qui la soutiennent s'élève peut-être à deux ou trois millions (1). »

Nous aurons fait un grand pas dans la voie de la pénétration du Sahara, quand notre drapeau flottera sur les oasis touatiennes, foyer des insurrections du sud. C'est là que Mohamed-Ben-Adallah en 1859, Bou-Chache en 1871, sont venus soulever les tribus des Ouargla. C'est dans le Touat que les Ouled-Sidi-Cheikh se sont réfugiés et qu'ils ont préparé la révolte du Sud-Oranais, en 1882; c'est là, enfin, que Bou-Amama, le chef de l'insurrection, a trouvé asile au milieu de ses nombreux partisans. Ces oasis ont été fatales aux voyageurs qui y ont pénétré. Un seul en est revenu après les avoir vues, c'est l'Allemand Rohlfs, qui jura sur son honneur qu'il n'était pas chrétien; depuis, tous ceux qui ont tenté de les visiter sont morts frappés traîtreusement; ainsi Douls, qui se déclarait médecin musulman; Palat et quelques Pères Blancs ont péri, de nos jours, massacrés par des fanatiques, comme l'avait été le major Laing au commencement de ce siècle; c'est dans ces oasis qu'a été tramée la mort de Flatters.

La prise du Touat sera un des premiers résultats de cette politique habile, suivie déjà depuis trois ans par le gouvernement général de l'Algérie, qui travaille à assurer la paix dans l'Extrême-Sud par la construction de fortins pour la protection de nos caravanes et à gagner à notre cause

---

(1) Privat-Deschanel, *Bulletin* S. G. C., 1893.

des familles puissantes. En nous attachant la famille des chérifs de Ouazzan et des Ouled-Sidi-Cheikh, nous nous sommes créé des partisans très influents qui ont déjà contribué à un rapprochement très marqué entre nous et les Touatiens, les Gourariens et les gens du Tidikelt; en présence de ce mouvement de sympathie en notre faveur, les partisans fanatiques de la résistance qui se réclament du sultan du Maroc s'effacent de jour en jour davantage; d'ailleurs les tentatives faites par l'entourage du jeune Moulaï Abd-el-Aziz, pour établir dans ces régions lointaines le prestige depuis longtemps effacé de la cour de Fez, n'ont pas réussi. Il y a donc là un enseignement dont le Makhzen chérifien devra faire un précieux profit, et dont il appartient au gouvernement général de l'Algérie de tirer la conclusion. D'ailleurs ces oasis, par leur situation même, forment une dépendance de notre Algérie. Or, comme l'a justement déclaré notre ministre des Affaires Étrangères, lorsque la France jugera utile d'aller au Touat, il ne s'agira pas de faire une conquête nouvelle, mais de résoudre une simple question de police algérienne, car elle s'avancera dans un pays que la convention anglo-française du 5 août 1890 a placé dans notre sphère d'influence.

La conquête matérielle de l'Algérie est faite, mais où en est-on de la conquête morale des indigènes? Pour la première fois, en 1830, nous nous trouvons en contact direct avec la race arabe établie depuis dix siècles sur le sol d'Afrique, dont la civilisation a jeté un brillant éclat au Moyen-Age, mais qui, depuis cette époque, a cessé d'évoluer; au moment de la conquête, elle se trouvait séparée de nous par une longue distance; pour nous rejoindre, elle avait à parcourir un chemin que nous avons mis un millier d'années à faire. Ce qui distingue, en effet, ces peuples de l'Orient, c'est l'absence d'unité nationale et la toute-puissance du lien religieux. Au point de vue social, les indigènes, Arabes et Kabyles, ne forment pas seulement deux peuples, mais près de 800 tribus; ils sont à l'état fragmentaire. La religion est le seul lien qui les unit; ils n'ont qu'une loi, la loi religieuse, et qu'un moteur, la religion.

Ces peuples, à demi barbares et orientaux, nous nous sommes proposé de les amener à nos idées, de leur inculquer nos mœurs, nos coutumes, nos lois, en un mot, notre civilisation. C'était à nous de les conduire doucement, de les aider à passer de l'enfance à la majorité, de leur faire accepter, sans effort et sans secousse, les institutions qui régissent l'Europe moderne. Sans tenir compte que nos lois et nos principes ne sont pas des articles d'exportation, nous avons voulu les leur imposer par la force. Nous avons fait abstraction de l'indigène, de ses croyances, de l'organisation de la famille, du mode d'appropriation du sol, de tout ce qui constitue, en un mot, la vie du pays, et nous nous sommes proposé de faire des Français de ces êtres si différents de nous. Quoi que nous ayons fait, l'Arabe est resté réfractaire, et il veut si peu nous ressembler, même extérieurement, qu'il garde sa façon de s'habiller; c'est une manière à lui de se distinguer de l'Européen.

En agissant ainsi par la violence, nous nous sommes éloignés de nos traditions, nous avons dédaigné les leçons de l'histoire; nous avons fait litière des sentiments qui distinguaient jadis notre race. Comment les Bretons, les Flamands, les Alsaciens, les Provençaux, qui sont séparés les uns des autres par le caractère, la langue, les mœurs, ont-ils fini par se fondre en un tout et par se considérer comme Français? Nos rois, quand ces peuples ont été réunis à la grande famille française, se sont bien gardés de toucher à leur organisation administrative, à leurs privilèges locaux; coutumes, langues, croyances, tout a été respecté; nous ne nous sommes imposés à eux que par les qualités aimables et généreuses de notre esprit; ils sont venus librement à nous, parce que nous ne nous sommes pas imposés à eux. C'est des mêmes traditions que s'était inspiré le grand Dupleix dans l'Inde. « Il comprit parfaitement que la manière la plus aisée et la plus commode, pour un aventurier européen, d'arriver à gouverner l'Inde, était de diriger les mouvements et de parler par la bouche de quelque magnifique marionnette portant le beau titre de nabab ou de nizam. Ce Français de génie comprit et pratiqua le premier l'art de la guerre et de la politique, qui fut, quelques années plus tard, appliqué avec tant de succès par les Anglais (1). » C'est pour avoir méconnu cet enseignement de l'histoire en Algérie, qu'il nous a fallu entreprendre contre un peuple rebelle à nos lois, à nos idées, à notre civilisation, une guerre sanglante. Sans doute, nous devions l'emporter, grâce à la supériorité de notre armement; mais s'il est vaincu est-il, même de nos jours, résigné à la défaite, et l'accepte-t-il sans arrière-pensée?

Nous voyons aujourd'hui la faute irréparable commise au début de la conquête. Notre intérêt aurait été de conserver les pouvoirs établis et l'administration indigène; sans doute, cette organisation était imparfaite, mais elle offrait cet immense avantage qu'Arabes et Kabyles ne concevaient rien de mieux et qu'elle leur convenait. Nous pouvions toujours y apporter, avec des ménagements, quelque amélioration. Nous avons préféré faire table rase de tout ce qui existait, et parler en maîtres, comme il convient à des vainqueurs. Nos intentions étaient bonnes : notre organisation administrative n'était-elle pas supérieure à celle des indigènes, et ceux-ci n'en apprécieraient-ils pas bientôt les bienfaits? Pouvait-on admettre qu'ils ne reconnaîtraient pas aussi que nos lois s'inspirent d'un idéal de justice qu'on chercherait vainement dans leur code à demi barbare?

---

(1) Seeley, *L'expansion de l'Angleterre*.

Il est une autre question sur laquelle nous avons fait aussi fausse route, c'est la question de la colonisation. « Le maréchal Bugeaud inventa une formule latine et la prit pour devise : *Ense et aratro*. Il inventa et renouvela des Romains la colonisation par les troupes. Et comme il fallait peupler le pays d'Européens, il maria ses vétérans. Il fit demander à Marseille des filles de bonne volonté. Une escouade partit, on se vit, on se choisit, chacun revint avec sa chacune. Le maréchal fournit la dot...

« D'autres vieux soldats libérés s'établirent en Afrique ; l'Etat construisit des villages, des centres, et détermina ce qui fut pompeusement et géométriquement appelé des périmètres de colonisation. Mais tous ces braves s'entendaient mieux à manier le fusil que la bêche. Ils avaient trop participé à la conquête pour ne pas se regarder comme des conquérants. Ils crurent travailler assez en faisant travailler les Arabes. Je ne les accuse pas, sentant que ce n'était pas leur faute, que le shako leur avait fait la tête sur ce modèle, et qu'ils ne purent pas même penser à se comporter autrement.

« Mais, en 1848, survinrent les ouvriers parisiens, qui n'étaient pas des militaires, qui n'étaient pas des conquérants. L'Algérie devait être un pays de cocagne. Il y eut bientôt de tout en Algérie, excepté des paysans et des laboureurs authentiques. Ce qui est très clair dans cette histoire, c'est que le décret du 19 septembre 1848 et la loi du 19 mai 1849 ouvrirent, pour la fondation de colonies agricoles, au profit de ces mêmes ouvriers, un crédit des plus importants (1).

« L'empire, on s'en souvient, eut sur la colonisation algérienne des idées successives et contradictoires. Il ne répudia nullement le régime des concessions, mais il le fit plus volontiers en bloc. C'est ainsi que le 12 juillet 1865, une loi approuve une convention passée entre le ministre de la guerre et une société financière dite société algérienne (2). »

Après 1871, on dirigea vers l'Algérie des Alsa-

---

(1) Ces crédits s'élevèrent à la somme de 59 millions pour l'installation de 12,000 colons. « L'inexpérience de la plupart des immigrants, dit M. Masqueray dans le *Journal des Débats* des 10 et 12 août 1889, qui n'avaient jamais touché à la charrue, leur étonnement en face de la réalité qui ne ressemblait guère à leur chimère, leur désespoir dans les villages fermés, au milieu des noires campagnes de l'Afrique, leur misère dans des champs trop petits même pour nourrir des jardiniers, leur irritation contre le gouvernement qui les avait trompés et qu'ils trompaient, la faiblesse de leur esprit et la mollesse de leur corps produisirent en deux ans de si funestes résultats, qu'on eût dit que nous n'avions pris cette terre que pour y étaler notre impuissance. On vit, dans un seul village, 400 colons sur 460 entrer à l'hôpital et, à la fin de la campagne, on constate que les 59 millions de l'Etat aboutissaient à peine à la mise en culture de 10,000 hectares. » Après cette expérience, on ne pouvait plus se faire d'illusion sur le système des concessions gratuites. L'essai du gouvernement provisoire aurait dû servir de leçon.

(2) Ch. Benoit, *Enquête algérienne*, chap. III.

ciens-Lorrains, auxquels on a voulu donner, dans un moment de patriotique tendresse, un peu de la terre perdue dans les provinces annexées. Cette tentative de colonisation n'a pas mieux réussi que les précédentes.

M. Ch. Benoît, dans l'ouvrage cité, a indiqué en excellents termes quel aurait dû être le programme de colonisation adopté par l'État.

« La colonisation devrait se faire absolument en dehors de toute ingérence de l'État, l'État n'apparaissant ni pour donner la terre, ni pour donner l'abri, ni pour donner des instruments de labour. Il n'apparaîtrait que rarement, pour créer des villages de colons, des centres, car ces sortes de créations ont toujours quelque chose d'artificiel. Tout, ou à peu près tout, sauf les travaux publics d'un intérêt très général, se ferait par l'initiative privée. Initiative privée affranchie de toute entrave, émancipée de toute tutelle dans les limites du droit commun, développée et multipliée autant qu'elle est susceptible de se développer et de se multiplier. La concurrence libre jusqu'au *struggle for life*. Grandes compagnies, riches capitalistes, petits producteurs de travail et d'épargne. Plus de concessions gratuites. Qui veut une terre l'achète. Qui le peut s'enrichisse. Qui se ruine fasse place à d'autres. Très loin et très haut, l'État juste et bienveillant, mais indifférent envers les personnes, remplissant ses fonctions le mieux possible, au meilleur marché possible, les remplissant toutes, ne remplissant qu'elles, muet, sourd, aveugle, tous ses sens appliqués au maintien de la loi. »

Un autre mal, une autre plaie dont souffre l'Algérie surtout depuis 1870, c'est la politique. On a accordé les droits politiques aux colons français et aux colons étrangers naturalisés. L'Algérie nomme, depuis cette époque, des représentants à la Chambre des députés et au Sénat. Un décret du gouvernement de la Défense nationale, rendu sur la proposition de Crémieux, a même donné la qualité de Français à tous les Juifs algériens en bloc. C'était là une faute grave ; les Juifs algériens n'avaient rien fait pour mériter cet excès d'honneur. Les chefs arabes manifestèrent une vive indignation en apprenant que nous élevions à la dignité de Français une race pour laquelle ils avaient toujours eu un grand mépris ; une insurrection formidable, dont le chef fut Mokrani, bach-agha de Medjana, éclata aussitôt après la signature de la paix avec la Prusse.

Quelques utopistes auraient voulu faire aussi des Arabes des citoyens, des électeurs, comme si le suffrage universel était un jouet propre à distraire des barbares. La réforme la plus sage serait de supprimer la représentation coloniale, dont le plus clair résultat a été d'introduire en Algérie, entre colons, des haines et des divisions regrettables, et ce qui est plus grave, de faire passer le pouvoir des mains du gouverneur dans celles des Députés et Sénateurs algériens qui avaient fait, il y a quelques années, main-basse sur tout. « Il n'y avait plus un seul pouvoir, dit M. Ch. Benoit, il y avait trois ou quatre pouvoirs : un ou deux à Alger, un à Oran, un à Constantine. »

Nous touchons ici à l'organisation du pouvoir central en Algérie, au rôle et aux attributions du gouverneur général. La situation du gouverneur général, a dit M. Cambon, dans la discussion du budget de l'Algérie à la Chambre des Députés (21 février 1895), telle qu'elle résulte des lois, des décrets, de l'usage, est une situation considérable quant à l'importance du personnage, très mince quant à la réalité du pouvoir : le gouverneur n'est pas seulement, en effet, l'administrateur qui a la haute direction des provinces algériennes ; il est encore le collaborateur du gouvernement dans l'œuvre de civilisation qu'il poursuit en Afrique ; et, cependant, les décrets de rattachement, qui ont fait de l'Algérie comme un prolongement de la France, font obstacle à l'exercice de ce pouvoir, même dans les questions qui touchent de près à l'intérêt de la colonie.

Sans doute, le gouvernement général ne doit pas être indépendant, c'est-à-dire séparé du gouvernement de la France, mais il doit en être distinct. On a commis la faute de le rattacher aux ministères, de sorte que le gouvernement de l'Algérie n'est pas à Alger, mais à Paris, dans les bureaux du Ministère. C'est le contraire qui devrait être : l'action et l'initiative devraient partir d'Alger, le contrôle serait à Paris, mais ce contrôle serait exercé par un Secrétaire d'État ou par un ministre responsable devant les Chambres ; ce ministre ou Secrétaire d'État serait assisté d'un Conseil métropolitain, pareil au Conseil de l'Inde, pris en dehors du Parlement, mais composé en majorité d'hommes ayant résidé pendant quelques années en Afrique et ne l'ayant quittée que depuis peu. Auprès de ce gouverneur, qui aurait tout pouvoir et toute initiative, M. Benoit place un Conseil de 5 ou 6 membres pour l'expédition habituelle des affaires, lequel Conseil, par l'adjonction d'une douzaine d'autres membres, européens ou indigènes, se transformerait en législature algérienne. Les Chambres, dont la majorité des membres connaît peu ou connaît mal l'Algérie, n'auraient donc pas à légiférer sur les questions algériennes. Le gouverneur rendrait des décrets, et dans les matières délicates ou difficiles, ces décrets ne seraient rendus qu'après délibération du Conseil.

Il ne suffit donc pas d'entourer le gouverneur général de tout le prestige qu'il doit avoir aux yeux de populations primitives, il faut surtout lui donner la réalité du pouvoir et non seulement les apparences. Qu'il soit réellement le maître en Algérie, sous le contrôle du ministre, que les préfets des trois départements soient ses préfets et non ceux du Ministère de l'Intérieur, qu'il puisse frapper, dans des cas graves, les fonctionnaires placés sous ses ordres, sans qu'il soit obligé d'en référer aux ministres, à Paris.

Mais fortifier le pouvoir central en Algérie, c'est

détendre les liens qui unissent la colonie à la Métropole, c'est en un mot décentraliser, c'est-à-dire préparer notre possession méditerranéenne à la vie libre et autonome.

— Comment, diront quelques esprits alarmés, un chef de bureau ne gouvernera plus l'Algérie de son cabinet, rien qu'en pressant un bouton électrique ! On couperait le fil télégraphique qui relie l'Algérie à la Métropole, l'Algérie deviendrait une colonie autonome, en attendant qu'elle proclame un jour son indépendance !

Qu'on se rassure ; cette séparation politique n'est pas à la veille de se réaliser ; l'Algérie n'est pas en état de marcher seule : ses ressources ne sont pas suffisantes pour faire face aux dépenses, et les colons auront longtemps encore besoin de la Métropole pour les défendre contre une population indigène frémissante. Mais qui ne sent que l'organisation actuelle est artificielle et factice, qu'elle ne saurait produire la vie, et que, si on veut que l'Algérie prospère, il faut l'initier au *self government?*

Le projet d'organisation déposé au mois de janvier 1897 par le gouvernement est un premier pas, timide encore, vers l'application de ce principe, que les colonies doivent être administrées sur place. D'après ce projet le Conseil supérieur du gouvernement compterait 52 membres, dont 30 seraient soumis à l'élection; il comprendrait 24 membres français, 8 par département, un certain nombre d'indigènes musulmans et les hauts fonctionnaires qui font actuellement partie du Conseil supérieur. L'Algérie serait pourvue d'une organisation plus libérale que celle qui la régit actuellement : les membres élus du nouveau Conseil seraient plus nombreux que les fonctionnaires ; la population indigène verrait ses représentants siéger à côté de ceux des colons et du gouvernement. Il est à regretter que le gouvernement n'ait pas cru devoir accorder à cette assemblée des attributions financières et administratives plus larges, de façon à donner à l'Algérie une sorte d'autonomie, sous le contrôle du gouvernement ou parlement métropolitain, « qui n'aurait qu'à intervenir que s'il se commettait dans le budget des fautes manifestes, susceptibles de compromettre la colonie, matériellement ou moralement, ou bien encore d'imposer de nouvelles charges à la métropole. Il devrait même être stipulé que, dans un délai de dix ans et par dixième chaque année, la colonie devrait avoir dégagé la métropole de toutes les sommes qu'elle lui coûte pour les services civils, en y comprenant les garanties d'intérêts aux chemins de fer, la gendarmerie et les pensions (1). »

---

(1) *Economiste français*, 10 avril 1897.

CHAPITRE X

Établissement du protectorat français sur la Tunisie. — Tripolitaine. — Hinterland saharien.

I. — La Régence vassale de la Turquie. — Indépendance des Beys de Tunis. — Le Congrès de Vienne et les corsaires barbaresques. — Réformes accomplies dans la Régence sous l'action du gouvernement de Juillet et de Napoléon III. — Embarras financiers des Beys; emprunts ruineux. — Désordres dans la Régence. — Nomination d'une commission internationale; diminution de notre influence à Tunis. — Progrès de l'influence italienne dans la Régence. — Nomination de M. Roustan comme consul général à Tunis; la France reconquiert une influence prépondérante. — Question de l'Enfida. — Révolte de la Kroumirie. — Occupation de la Régence par la France; traité du Bardo (12 mai 1881). — Discussion sur les affaires de Tunisie à la Chambre des députés. — Organisation du protectorat. — Sage politique de M. Cambon. — Conventions italo-tunisienne (28 septembre 1896) et anglo-française (19 septembre 1897).

II. — Tripolitaine; résumé historique. — Les différentes régions. — Hinterland saharien; traité du 5 août 1890.

I. — La Tunisie a subi les mêmes destinées que l'Algérie : à la domination arabe, qui a duré pendant huit siècles dans l'Afrique du nord, succèdent les Turcs. C'est Khaïr-ed-Din Barberousse qui, en 1535, fit passer la Régence sous la puissance du sultan. Après un heureux coup de main, il s'empare de Bizerte et de Tunis et fait occuper Kairouan par une garnison turque. Muley-Hassan, pour reconquérir ses Etats, demande du secours à l'empereur Charles-Quint, dont il se reconnaît le vassal. Une armée espagnole s'empara de la Goulette et reprit Tunis; mais le sultan envoya en Tunisie une armée formidable et en chassa les Espagnols qui, préoccupés alors de leurs découvertes en Amérique, abandonnèrent le pays à ses nouveaux maîtres. Ceux-ci établirent, comme en Algérie, des pachas qui concentrèrent entre leurs mains tous les pouvoirs. L'autorité de ces pachas était d'autant mieux établie, qu'ils s'appuyaient sur une armée turque de 4,000 hommes divisés en 40 sections, à la tête desquelles étaient des deys. Cette milice redoutable ne tarda pas à s'emparer du pouvoir; les chefs formèrent une sorte de *divan* et nommèrent un agha, qui était le véritable maître; les pachas n'eurent plus qu'une autorité nominale. En 1590, une révolution de palais donna le pouvoir à un des quarante deys, qui gouverna sous l'autorité de la Porte; en réalité, l'autorité appartenait aux chefs de la milice et surtout aux beys, qui étaient chargés de maintenir l'ordre dans les tribus, qui se servirent du pouvoir dont ils étaient investis pour se substituer aux deys. En 1705 finit la dynastie des deys, et Hussein-Ben-Ali fonda la dynastie qui règne encore.

La France ne tarda pas à avoir dans la Régence une situation prépondérante. Une convention signée en 1665 établissait l'importance exceptionnelle de notre consul, considéré comme le représentant naturel de toutes les nations qui commercent avec la Tunisie, à l'exception de l'Angleterre et de la Hollande qui venaient d'instituer un consul spécial à Tunis. Le droit exclusif de la pêche du corail avait été concédé à deux compagnies françaises. Plus d'une fois cependant, la France fut obligée d'intervenir auprès du gouvernement beylical ou de recourir à des démonstrations navales, pour obtenir, soit la mise en liberté de prisonniers enlevés par les corsaires, soit l'observation des traités relatifs à la pêche.

L'Europe avait décidé, au Congrès de Vienne, de mettre un terme aux déprédations et aux violences exercées par les corsaires barbaresques. Des vaisseaux de guerre français et anglais vinrent mouiller à la Goulette pour notifier au bey le protocole arrêté par les grandes puissances. La note française, remise par l'amiral Jurien, ressemble à un ultimatum : « Dans une circonstance aussi grave, des promesses verbales ne suffiraient pas; il s'agit d'un pacte solennel de la plus haute importance pour la sécurité des navigateurs et du commerce de tous les États, et, puisque nous vous déclarons par écrit les intentions des puissances alliées, nous sommes fondés à croire que vous répondrez de la même manière à une telle démarche. » La Régence s'engage à ne plus armer ses bâtiments en course, sauf dans le cas de rupture avec une puissance étrangère, et, dans ce cas, les armements ne seront faits que contre les navires de cette puissance.

Au moment de l'expédition d'Alger, le bey ne se contenta pas de faire des vœux pour le succès de nos armes, il résista avec une fermeté inébranlable aux clameurs de la rue et aux conseils de ses ministres, qui étaient favorables à une intervention. Dès lors le gouvernent beylical s'appuie sur la France pour repousser toute ingérence politique du sultan qui voulait replacer l'ancienne Régence sous son autorité directe. Ahmed-Bey, quand il vint à Paris en 1846, fut traité par Louis-Philippe, malgré les protestations de la Porte, en qualité de prince souverain.

Jusqu'alors notre politique avait consisté à maintenir le bey isolé sous notre influence et à le protéger contre toute entreprise des Turcs, qui ne désespéraient pas d'accomplir à Tunis une révolution analogue à celle qu'ils avaient opérée à Tripoli. Il semble que le gouvernement de Napoléon III se soit appliqué à opérer un rapprochement entre le bey et le sultan et à diminuer, par conséquent, l'influence que nous avions acquise au Bardo; il provoqua l'envoi au sultan, pendant la guerre d'Orient, d'un corps expéditionnaire de 8,000 hommes. Le Bey eut beau déclarer, pour couper court à toute équivoque, qu'il agissait par déférence religieuse ; cet acte fut interprété à Constantinople et par les musulmans, comme celui d'un vassal. Dès lors furent renouées entre la Porte et la Tunisie, sous le couvert religieux, des relations politiques qu'il était de notre intérêt de ne pas faciliter. C'est ainsi qu'après la mort d'Achmed, en 1855, une mission somptueuse fut envoyée au sultan pour demander l'investiture pour le nouveau bey, Mohammed. Mohammed-es-Saddok agit de même, en 1859, lorsqu'il prit possession du trône beylical. Mais le firman de la Porte et tous ceux qui ont été signés depuis sont restés à nos yeux lettre morte : « le bey reconnaît l'autorité du sultan, comme les catholiques, celle du pape, rien de plus. »

Sur nos conseils et par notre influence, la Tunisie sortait de l'isolement dans lequel elle se tenait depuis plusieurs siècles. Nous cherchons à l'initier à notre civilisation, à transformer ses mœurs, son organisation, ses institutions. Nous ne sommes pas les seuls à pousser le bey dans cette voie ; le représentant de la Grande-Bretagne était aussi favorable aux réformes. Dès lors commencèrent ces travaux, fastueux et inutiles, qui précipitèrent en peu de temps la ruine de la Régence. A Porto-Farina, Achmed fait construire à grands frais un arsenal, un port, des casernes, pour y abriter une flotte et y loger une armée. Les alluvions déposées par la Medjerda comblent le port et rendent toutes ces constructions inutiles. Des sommes considérables furent dépensées pour bâtir la Mohammedia, vaste palais qui tombe aujourd'hui en ruines. Achmed voulut aussi avoir une armée; le gouvernement de Louis-Philippe vit d'un œil favorable cette création et envoya des officiers instructeurs. L'effectif devait s'élever, d'après les premiers projets, à 40,000 hommes; ce chiffre n'a jamais été atteint. C'est à grand peine que 8,000 hommes purent être équipés lors de la guerre d'Orient. La moitié périt de maladies et de misère, sans avoir vu le feu.

On dilapida ainsi dans ces constructions et dans ces tentatives de réformes les meilleurs revenus de la Régence; le Trésor se trouva bientôt obéré, au point de ne pouvoir faire face aux dépenses ordinaires. Ces embarras financiers eurent pour résultat de mécontenter les populations pressurées et toujours prêtes à la révolte, d'obliger les puissances à intervenir pour garantir les capitaux de leurs nationaux et, enfin, de provoquer, chez les tribus à demi indépendantes de notre frontière des soulèvements que le Bey fut impuissant à réprimer. En 1862, la dette de la Régence s'élevait à 28 millions de francs. Une sage économie et la suppression de toute dépense inutile étaient alors commandées. On se livra, au contraire, à de fastueuses folies, qu'on ne put satisfaire que par l'établissement de nouvelles taxes. Bientôt le trésor fut vide et on s'adressa, pour le remplir, à des banquiers européens. Ici se place le fameux emprunt de 1863, dont s'étaient chargées les banques Oppenheim et Erlanger. Il fut émis au capital de 35 millions, mais le gouvernement, après le prélèvement par les banquiers des frais d'escompte, de commission et autres opérations, ne reçut que 5,640,941 francs. De nouveaux impôts furent nécessaires pour payer les intérêts de cet emprunt ruineux. Bientôt un soulèvement éclate (1864) et se propage du nord au sud, comme une traînée de poudre. Le gouvernement beylical fut impuissant à l'éteindre. La crainte de troubles sur notre frontière algérienne décida le gouvernement impérial à intervenir. Seulement il commit la faute d'inviter l'Angleterre et l'Italie à coopérer avec lui à une démonstration navale, et les consuls des trois puissances profitèrent de la situation troublée de la Tunisie pour en tirer des avantages. L'arrivée de deux frégates turques chargées de troupes et d'un commissaire ottoman vint encore compliquer les choses; le bey, persuadé que l'indépendance de ses Etats, était menacée par la France et l'Italie, se serait volontiers reconnu le vassal de la Porte; l'Angleterre était secrètement favorable à cette combinaison, qui offrait pour elle l'avantage de soustraire Bizerte à notre influence. Le général Kheir-ed-Din fut envoyé par le Bey en mission à Constantinople pour régler cette question. Nous ne pouvions admettre, comme l'a déclaré M. Drouyn de Lhuys, la prépondérance d'une puissance étrangère en Tunisie, fût-ce celle de la Turquie. « Les traditions invariables de la politique française, ajoutait-il, depuis que l'Algérie nous appartient, nous commandent d'empêcher qu'aucun changement ne soit introduit dans les relations du bey de Tunis avec la Porte ottomane, tel qu'un usage constant les a consacrées. » Abordant ensuite le fait du départ du général Kheïr-ed-Din pour Constantinople, il disait : « Ayant appris de la bouche de lord Cowley, que le général Kheïr-ed-Din aurait été chargé de porter à Constantinople un projet d'arrangement destiné à régler les rapports de suzeraineté entre la Porte et le Bey, j'ai rappelé à M. l'ambassadeur d'Angleterre que nous étions résolus d'empêcher tout ce qui tendrait à altérer les conditions d'autonomie dans lesquelles se trouve aujourd'hui la Régence et à mettre l'Algérie en contact avec la domination ottomane. » En même temps, l'amiral Bouët Willaumez avait menacé le commissaire turc de faire couler ses vaisseaux s'il débarquait des troupes, et nous concentrions à Tebessa des forces prêtes à franchir la frontière. Ce langage et cette attitude si décidée furent entendus à Constantinople et le ministre du sultan Abd-ul-Azis déclara à notre ambassadeur sa résolution bien arrêtée de respecter le *statu quo* en Tunisie.

Mais il fallait en finir avec les insurgés, peu redoutables il est vrai, mais toujours menaçants. On y réussit en négociant la soumission des rebelles à prix d'or, en jetant la terreur parmi eux par des supplices atroces infligés à tous ceux qui tombaient entre les mains du gouvernement, et surtout en exploitant les haines et les dissentiments qui existent de confédération à confédération, de tribu à tribu, de douar à douar.

Ces désordres avaient augmenté la détresse financière ; les charges augmentaient, mais les revenus diminuaient : le pays était ruiné et incapable, avec ses seules ressources, de faire face à ses engagements. Un nouvel appel au crédit fut nécessaire. Le Bey autorisa un emprunt de 25 millions. « Il touche, à la vérité, une faible partie du produit de la souscription, mais, comme un fils de famille entre les mains d'usuriers, il ne peut obtenir le reste qu'en nature, en fournitures dérisoires. Il n'a plus ni armée ni flotte ; 2,500,000 fr. sont représentés par une frégate ; un million par des canons devenus légendaires, ces canons soi-disant rayés, rayés en dehors (1). » Pour obtenir de telles conditions, il fallut aliéner entre les mains des créanciers le produit des douanes. Le choléra, qui sévit de 1865 à 1867, et la famine, qui désola le pays pendant plusieurs années, achevèrent la ruine de la Régence. Au milieu de cette détresse générale, le premier ministre, Mustapha Khasnadar, fut encore assez habile pour contracter un emprunt de 40 millions.

A côté des emprunts d'Etat, de 1863 et 1865, et auxquels certains revenus étaient affectés, le Bey

---

(1) *La politique française en Tunisie*, par M. d'Estournelles de Constant.

avait émis des emprunts particuliers, dont les créanciers étaient des Anglais, des Italiens et aussi des Français ; mais ces créanciers n'avaient pas de garanties. La situation financière de la Régence était telle que la France seule, à cause du caractère des emprunts qu'elle avait consentis, pouvait être appelée à intervenir dans la confection du budget, c'est-à-dire dans le règlement des recettes et des dépenses. Elle aurait eu dès lors une action prépondérante et exercé un vrai protectorat. C'est ce que les consuls d'Italie et d'Angleterre voulurent empêcher, d'accord avec le premier ministre. Celui-ci offrit à ces créanciers locaux d'échanger leurs titres contre des obligations d'un type unique rapportant 12 0/0. Ces conditions furent acceptées. Cette opération est connue à Tunis sous le nom des *quatre conversions*. Mais le ministre ne se contenta pas de convertir les dettes locales, il émit des obligations tant qu'on en voulut et à tous les prix : on en plaça à 18, 16 et même 4 francs, que l'Etat s'engageait à rembourser à 100 francs.

Mais les souscripteurs demandèrent des garanties. On leur accorda celles qui étaient affectées aux emprunts d'Etat. Notre consul proteste au nom des créanciers de Paris. Le Bey donne droit à nos réclamations, et voyant ses finances compromises, offre spontanément au gouvernement français de constituer une commission chargée de la perception des revenus de la Régence et de leur distribution. Mais les consuls d'Italie et d'Angleterre interviennent pour défendre les intérêts des conversionnistes et pour réclamer leur part dans la composition de la commission. Devant ces protestations le Bey cède; il refuse, comme il s'y était engagé, de composer une commission exclusivement franco-tunisienne. En présence de ce refus, il n'y avait que deux partis à prendre, ou rappeler notre agent et envoyer un ultimatum, ou céder. Mais les inquiétudes du gouvernement impérial au dehors étaient grandes; on pouvait à tout instant craindre un conflit avec la Prusse qui, après ses victoires sur l'Autriche, prétendait à l'hégémonie de l'Allemagne; d'un autre côté, la faiblesse du gouvernement à l'intérieur paralysait son action au dehors. Il se décida à accepter une commission internationale. C'était se condamner à une diminution d'influence en Tunisie.

Le premier soin de la commission fut d'arrêter le chiffre de la dette. Après examen des titres, elle fut fixée à 125 millions de francs. La commission fit deux parts à peu près égales des revenus qui étaient évalués à 13 millions de francs : les uns étaient réservés à l'Etat, les autres aux créanciers. C'est à peine si le gouvernement, avec les crédits dont il disposait, pouvait payer ses fonctionnaires; il dut non seulement renoncer à entreprendre des travaux d'utilité publique, il ne put même disposer de fonds pour l'entretien des routes, des ports, des édifices.

Désormais, l'Italie avait pied dans la Régence; elle espérait même, un jour ou l'autre, nous supplanter avec ou sans l'appui de l'Angleterre; en attendant, elle cherche à obtenir des avantages; en 1868, elle arrache au Bey un traité de commerce et de navigation qui a expiré en 1896. La guerre de 1870 lui parut le moment propice pour agir. Son consul général, prétextant de prétendus passe-droits dont avaient été victimes quelques Italiens, fit de vives représentations au gouvernement tunisien; le Bey n'ayant pas accordé sur l'heure les satisfactions demandées, le consul amena son pavillon et rompit toutes relations. Le bruit courut même que la flotte italienne était en vue; elle appareilla, en effet, mais s'arrêta à Gaëte. « Le ministre de France, M. Rothan, qui avait accepté la pénible mission de représenter son pays à l'une des heures les plus calamiteuses de son histoire, suppléa, par la vivacité de ses démarches et par l'énergie de ses réclamations, à l'autorité défaillante de son gouvernement, et il trouva dans son collègue, le ministre d'Angleterre, sir A. Paget, un concours utile pour peser sur les résolutions du cabinet italien (1). »

L'Italie, maîtresse de Tunis et de Bizerte était une menace pour la prépondérance de l'Angleterre dans la Méditerranée; elle aurait commandé en souveraine le canal de Malte, par où communiquent les deux grands bassins de la Méditerranée. « On considérait volontiers, dans certains journaux de la Péninsule, la Tunisie comme une

---

(1) G. Valbert, *Revue des Deux-Mondes*, 1er mai 1881.

parcelle de l'Italie, séparée de l'Europe par un cataclysme, une pointe de terre qu'il s'agissait, non pas d'annexer, mais de ressouder à la Sicile. On comprend que cette manière de considérer la géographie de l'Afrique n'ait pas été sans causer quelque inquiétude à Londres (1). » C'est pour éloigner ce danger que le *Foreign Office* s'unit à nous, en 1871, pour arrêter l'Italie, et qu'il favorise, en 1878, notre occupation de la Tunisie.

Si l'influence de l'Italie avait grandi à Tunis, la nôtre avait diminué ; nos réclamations les plus fondées n'étaient plus écoutées, tandis que l'Italie et l'Angleterre obtenaient toutes les faveurs. En 1871, la concession du chemin de fer de Tunis au Sahel fut donnée à un Italien, et une compagnie anglaise obtenait la construction de la voie ferrée de Tunis à la Goulette et de la ligne qui, remontant la vallée de la Medjerda, devait relier Tunis à l'Algérie ; enfin, en 1875, les Anglais signaient avec le Bey un traité qui leur accordait des avantages de premier ordre. Il était à craindre que les intérêts britanniques, à peu près nuls jusqu'alors dans la Régence, ne devinssent supérieurs à ceux de la France ; ils auraient servi de prétexte à une immixtion plus grande de la part de l'Angleterre dans les affaires tunisiennes et amoindri encore notre influence.

La situation ne tarda pas à se modifier à notre avantage, grâce à la vigilance, à l'énergie et au

---

(1) *La politique française en Tunisie*, ouvrage cité.

patriotisme de notre nouveau consul, M. Roustan. En 1876, les concessionnaires de la ligne de la Goulette veulent se défaire d'une voie dont le trafic ne couvre pas les frais, et les bénéficiaires de la voie de la Medjerda, n'ayant pas rempli les conditions de leurs engagements, se voient retirer leur concession ; les efforts combinés du général Chanzy, alors gouverneur de l'Algérie, et de M. Roustan, réussissent à faire accepter, pour la ligne de la Medjerda, la Société de construction des Batignolles, qui transmit la concession à la compagnie Bône-Guelma. La compagnie Bône-Guelma et la compagnie italienne Rubattino se disputèrent le tronçon Tunis-La Goulette ; la Société française acheta au prix de 2,625,000 francs cette ligne minuscule évaluée environ à un million de francs. Le gouvernement italien attachait un grand prix à l'acquisition de cette voie. La compagnie Rubattino fut poussée à contester la validité du contrat qui fut, en effet, annulé pour vice de forme. « Il avait été convenu, dit M. J. Ferry, entre les deux cabinets de Rome et de Paris, que la nouvelle adjudication aurait lieu en dehors de toute intervention de l'un ou de l'autre gouvernement. » Malgré cette promesse, le gouvernement italien se rendit adjudicataire, sous le couvert de la compagnie Rubattino, du chemin de fer de La Goulette pour la somme de 4,207,500 francs, et un projet de loi fut présenté, dès le lendemain, pour garantir à la compagnie l'intérêt des dépenses d'amélioration depuis longtemps étudiées. Cet événement, en lui-même peu important, fut l'origine de notre expédition en Tunisie (1). « La France, dit en effet M. J. Ferry, n'entend partager avec qui que ce soit la situation prépondérante que le voisinage de l'Algérie et les concessions antérieures du Bey lui assurent dans la Régence. Dans l'ordre industriel et commercial, nous ne réclamons pour nos nationaux ni privilège ni supériorité d'aucun genre. Mais dans la sphère des services publics, nous n'admettrons jamais que les chemins de fer, les télégraphes, les institutions de crédit, tous ces grands monopoles qui sont, en tous pays, traités comme choses d'Etat, relèvent, en Tunisie, d'un contrôle étranger. »

Nous avions reconquis dans la Régence l'influence prédominante que M. Roustan considérait, à juste titre, comme un droit pour la France. De jour en jour nous avancions dans la conquête pacifique du pays ; la Tunisie, de son côté, grâce à une meilleure administration financière, commençait à renaître et reprenait des forces ; les capitaux français s'y portaient de nouveau et notre consul ne manquait pas une occasion pour les y attirer. Déjà au Congrès de Berlin, réuni en 1878, nous aurions pu trancher à notre avan-

---

(1) Pour plus de détails, consulter *La Tunisie avant et depuis l'occupation*, par Faucon, et surtout *La politique française en Tunisie*, par M. d'Estournelles de Constant, ouvrage capital et des plus intéressants.

tage la question tunisienne; M. Waddington avait obtenu de lord Salisbury l'abandon de la Régence : « L'Angleterre, écrivait, le 7 août 1878, lord Salisbury à lord Lyons, n'a, dans cette partie du monde, aucun intérêt spécial qui puisse, d'une manière quelconque, l'induire à regarder avec méfiance l'accroissement légitime de l'influence française, influence qui procède de sa domination en Algérie, des forces militaires considérables qu'elle y maintient, et de l'œuvre civilisatrice qu'elle accomplit en Afrique, à la grande admiration du gouvernement anglais. Lors même que le gouvernement du Bey viendrait à tomber, l'attitude de l'Angleterre n'en serait pas modifiée. » M. de Bismarck nous assurait qu'il n'apporterait aucun obstacle à notre action, fût-elle poussée jusqu'à la conquête. Le gouvernement autrichien était favorable à notre entreprise du moment qu'elle était dirigée contre l'*irrédentisme italien*. A cette époque, la politique de recueillement et d'abstention était à l'ordre du jour, et il ne semblait pas encore opportun d'intervenir à Tunis; les souvenirs de la guerre de 1870 étaient trop récents, et l'opinion publique aurait considéré une action en Tunisie comme une diversion à nos revendications.

Les hommes d'État d'Italie ne pouvaient ignorer que nous avions carte blanche en Tunisie. Ils étaient impuissants à contrecarrer notre action. L'Italie était une, il est vrai; mais son influence extérieure était faible; son armée était peu nombreuse et ses finances en mauvais état. Elle avait donc intérêt à maintenir le *statu quo* dans la Régence et surtout à tenir compte des nécessités de notre situation qui ne nous permettait pas de laisser s'établir une puissance supérieure ou même égale à la nôtre. Or, c'est à cette époque (1878) que le gouvernement italien nomme M. Maccio, consul à Tunis. C'était un agent zélé, plein d'ardeur et d'une activité infatigable. Il constitua dans la Régence un parti tunisien irrédentiste, qui travailla, avec plus d'ardeur et de conviction que de succès, contre vents et marées, à l'occupation de la Tunisie par l'Italie. Il travailla d'abord à nous enlever le monopole de l'exploitation des lignes télégraphiques que nous avions obtenu dès 1861, mais il échoua. Il fut plus heureux, comme nous l'avons vu, dans l'affaire de la ligne de Tunis à La Goulette.

Peu de temps après il souleva la question de l'*Enfida* qui, pendant près de deux ans, occupa le monde entier. L'*Enfida* est un domaine de 120,000 hectares environ que le général Kheïr-ed-Din, qui l'avait reçu de la munificence du bey, vendit à une Société marseillaise, lorsqu'il abandonna la Tunisie sans esprit de retour. Le Bey ne put se résigner à voir passer ce domaine entre des mains étrangères, et surtout françaises ; ordre est donné aux notaires et juges indigènes de se dérober, si on leur demandait d'en régulariser l'achat ; et lorsque la Société, après avoir versé une partie du prix et déposé le reste entre les mains d'un tiers, veut entrer en possession, il se trouva juste à point un

Israélite, protégé ou naturalisé anglais, pour lui en disputer la possession, en vertu du *droit de préemption.* C'est un droit que la loi musulmane reconnaît au propriétaire limitrophe d'un immeuble, qui peut être acquis par lui de préférence à tout acheteur. Mais Kheïr-ed-Din, au courant des subterfuges de la loi musulmane, s'était réservé une bande étroite de terre autour du domaine pour garantir l'acheteur contre le droit de préemption ; aussi le tribunal arabe, saisi de l'affaire, débouta Lévy ; mais celui-ci en appela à un tribunal de rite Maleki, qui déclara que l'établissement d'une zone neutre ne pouvait empêcher l'exercice du droit de préemption. Cette affaire ne fut résolue qu'en 1882. « Or, voici ce qu'on découvrit, dit M. d'Estournelles de Constant, dans l'ouvrage cité, voisinage, droits de préemption, propriété même, tout cela n'était qu'invention : Lévy ne possédait même pas une parcelle de terre auprès de l'Enfida. Pendant deux ans, il avait trompé tout le monde, comptant sur le scandale et l'intimidation pour vendre à leur compte des droits imaginaires. »

La crise depuis longtemps prévue et que nous avions cherché à ajourner allait bientôt éclater. Un sourd mécontentement grondait parmi ces populations appauvries et livrées sans défense à la rapacité de leurs caïds. La commission financière n'avait pu établir le bon ordre dans les finances ; les revenus concédés étaient insuffisants pour payer les intérêts de la dette ; le gouvernement beylical, pour suppléer aux recettes qui font défaut, emprunte à des taux usuraires. Il est la proie des hommes d'affaires, des aventuriers auxquels il abandonne, pour un morceau de pain, les biens de l'État. Les fonctionnaires ne sont plus payés ; le pouvoir est sans force et sans autorité ; les tribus de l'intérieur sont en révolte ouverte ; sur nos frontières d'Algérie, les Kroumirs redoublent d'audace, enlèvent les troupeaux, arrêtent nos courriers, incendient nos forêts. Le Bey, quand notre consul vient se plaindre, avoue son impuissance. Le moment prévu par M. de Botmiliau, notre consul à Tunis, quand fut établie la commission financière, semble arrivé : « Une dernière tentative se fait, écrit-il, pour sauver ce pays ; si elle échoue, nous pouvons être forcément appelés à occuper la Tunisie. »

« L'affaire de la Kroumirie n'a pas été, comme on l'a dit, un simple prétexte, ni même la goutte d'eau qui fait déborder le vase. Tout au plus peut-on prétendre qu'elle est venue à point ; mais à elle seule, elle nous obligeait à entrer en Tunisie pour y poursuivre une réparation publique, éclatante. Toute secousse dans le monde arabe a son contre-coup. La plus insignifiante révolte locale, si on ne l'écrase pas, s'apaise rarement d'elle-même, et elle peut s'étendre aussi vite, aussi loin que si les germes en étaient semés par le vent(1). » Un vent de révolte soufflait alors sur toute l'Afrique

---

(1) *La Politique française en Tunisie.*

septentrionale ; c'est à cette époque qu'éclatent les troubles d'Égypte provoqués par le célèbre Arabi. Les tribus tunisiennes de la mer au Djerid et celles de l'Extrême-Sud algérien étaient agitées et travaillées par des prédications fanatiques. La mission Flatters vient d'être massacrée et les Ouled-Sidi-Cheikh se soulèvent. Le Bey était impuissant à soumettre les tribus insurgées ; notre intervention était nécessaire. Les Chambres accordèrent au gouvernement les crédits qu'il demandait.

Le général Farre, alors ministre de la guerre, prépara un plan d'invasion qui lui fait le plus grand honneur ; il sut se garder de toute précipitation et résister aux impatiences du public. « Il voulut que notre armée n'entrât en Tunisie qu'avec assez de forces pour écraser, sans un combat, toute résistance et en finir avec l'insurrection par une imposante démonstration. Il épargnait ainsi le sang de nos soldats, l'argent de la France, et assurait le succès à l'entreprise. Mais en même temps il irritait chaque jour un peu plus le public, qui jugeait sa circonspection ridicule, les préparatifs hors de proportion avec le but à atteindre, et lui reprochait, en résumé, de ne pas commettre les fautes qui ont éternisé notre conquête de l'Algérie (1). »

Le 12 mai 1881, le Bey accepta le traité que le général Bréart lui présenta au Bardo. Désormais,

---

(1) *La Politique française en Tunisie.*

la Tunisie perdait son indépendance et était placée sous le protectorat de la France. Un ministre résident devenait dorénavant l'intermédiaire des gouvernements français et étrangers dans leurs rapports avec le Bey. Pour rassurer les puissances étrangères, nous consentions à limiter notre action dans la Régence, en nous portant garants de l'exécution des traités qu'elle avait signés avec ces puissances. Nous prenions l'engagement de réorganiser les finances tunisiennes, d'assurer le service de la dette publique et nous garantissions les droits des créanciers.

En Allemagne, en Angleterre, en Espagne, la prise de possession de la Tunisie par la France fut accueillie avec satisfaction ; on nous sut gré de notre modération. Il en fut autrement en Italie. La conclusion du traité de protectorat souleva un tolle général : le ministère Cairoli se retira. Mais c'est surtout dans les chambres françaises que le ministère J. Ferry, qui avait conduit les affaires de Tunisie, fut violemment pris à partie : le gouvernement a dissimulé la vérité ; en marchant sur Tunis, il a dépassé le but qu'il avait indiqué ; son devoir était de demander au préalable l'autorisation aux chambres. Il a violé la constitution ; il a affaibli et désorganisé l'armée et compromis notre mobilisation. M. de Broglie, au Sénat, lui reproche d'avoir mécontenté les puissances intéressées et surtout la Porte dont nous devenions les voisins ; dans quelles difficultés inextricables allons-nous nous engager ? Avoir des démêlés avec la Porte, c'est en avoir avec toute l'Europe, puisque la question d'Orient est une question européenne. M. Clémenceau, à la Chambre des députés, a recours à tous les sophismes pour démolir le ministère : L'expédition, dit-il, est un des coups les mieux réussis de M. de Bismark; le traité a radicalement changé la situation de notre pays en Europe, « des amitiés cimentées sur les champs de bataille se sont refroidies, des défiances absolument justifiées, mais indéniables, se sont manifestées..... » L'expédition doit surtout être condamnée, d'après l'ex-leader de l'opposition, parce qu'elle a eu pour but de favoriser des entreprises particulières, la Compagnie Bône-Guelma, la Société marseillaise, etc. « Ce que vous appelez un coup de bourse, répondit J. Ferry à ses adversaires, je dis, moi, que c'est une chose patriotique, honnête, utile, et que ce fut là un coup de fortune pour la France ! Si nous nous étions abstenus, il n'y aurait pas eu assez de justes reproches, de malédictions à nous adresser. » A ceux qui lui reprochaient d'avoir, par sa politique, isolé la France en Europe, il déclare que la situation n'a changé qu'à notre avantage. « On dit que nous avions modifié l'échiquier militaire en cas de guerre européenne. Oui, mais à notre profit, en fermant une porte par laquelle on pouvait entrer chez nous..... Si dans un temps éloigné, j'en suis sûr, ajoutait-il, il se produisait un conflit dans la Méditerranée, ce jour-là, vous direz qu'il s'est trouvé, en 1881, un ministre qui a pris une initiative périlleuse pour lui, mais heureuse pour la patrie. »

L'auteur de la *Politique française en Tunisie* a fait raison de la légende qu'on a accréditée depuis, et d'après laquelle notre établissement à Tunis aurait eu pour conséquence de jeter l'Italie dans les bras de l'Allemagne (1). L'évolution que les adversaires du cabinet considéraient comme récente, se dessine déjà dès le lendemain de la paix de Villafranca. Les souvenirs de Magenta et de Solférino furent bientôt effacés ; les sentiments et la politique de l'Italie à notre égard ne tardèrent pas à se modifier ; elle nous rendit responsables de la convention du 15 septembre 1864, qu'elle considérait comme un obstacle à ses revendications nationales ; elle nous faisait un grief de la convention du 12 juin 1866, signée avec l'empereur François-Joseph, nous reprochant de l'avoir empêchée de conquérir la Vénétie à la pointe de l'épée, pour nous donner la mince satisfaction de la lui rétrocéder. Depuis cette époque, elle était convaincue que ses destinées étaient liées à celles de la Prusse, dont les victoires contre l'Autriche avaient accru la puissance. Victor-Emmanuel, qui se sentait cependant lié à nous par les liens étroits de la reconnaissance, en se rendant à Vienne et à Berlin, n'a-t-il pas voulu indiquer à ses successeurs l'orientation politique nouvelle de l'Italie ?

Nous avons profité, pour l'organisation de la

---

(1) Chap. v, pages 278 et suivantes.

Tunisie, des fautes que nous avions commises en Algérie : par la substitution violente de notre action à celle du Dey, par la suppression brutale de la dynastie de ce prince, nous avons provoqué des révoltes et des guerres qui ont duré autant que la monarchie de Juillet, et depuis, des soulèvements partiels dont le dernier a éclaté en 1881. La leçon devait nous servir. Par l'établissement du Protectorat, nous avons fait l'économie d'une conquête et des dépenses considérables de toute une armée de fonctionnaires.

On sait en quoi consiste ce système appliqué avec succès depuis les Grecs, les Romains et les Carthaginois jusqu'aux Anglais et aux Hollandais, nos maîtres en cette matière : « La politique du Protectorat, a dit Gambetta dans une discussion sur la question tunisienne, consiste à agir sur le prince, sur le rajah, et à trouver avec lui des accommodements qui, en même temps qu'ils garantissent la sécurité intérieure de ses États, garantissent le pouvoir protecteur contre les intrigues, les menées et les manœuvres des rivaux (1). » Une heureuse inno-

---

(1) Le journal le *Temps* a parfaitement exposé le fonctionnement de ce mode d'administration encore si neuf et si peu connu parmi nous; « Le Bey continue à régner. Un Résident français, représentant la République française, est placé auprès de lui. Le Bey fait les lois pour ses sujets. Le Résident général, en vertu d'une délégation spéciale du Président de la République, les rend exécutoires pour

vation, dont tout le mérite revient à M. de Freycinet, a consisté à laisser la Tunisie sous l'autorité de notre ministère des Affaires Étrangères. Elle devait avoir les plus heureuses conséquences pour le succès de notre œuvre en Tunisie. Le personnel des Affaires Étrangères est un corps d'élite que la diversité des races, des religions a mis en garde contre cette utopie qui consiste à vouloir assimiler des races qui n'ont aucun rapport entre elles et que tout divise, la langue, les institutions, les croyances. On trouve rarement chez lui des esprits portés aux généralisations ou empreints de théories absolues. « A un autre point de vue, le ministère des Affaires Étrangères sauve certaines

---

les Français et les étrangers en les revêtant de son visa. Aucune loi n'est valable, si elle n'a été promulguée au *Journal Officiel*, et aucune loi ne peut être publiée au *Journal Officiel* si elle n'y est envoyée par le Secrétaire général du gouvernement tunisien, qui est un agent français. Par conséquent, impossible de légiférer sans notre assentiment. Il y a ainsi deux législateurs, un souverain de leur race et de leur choix pour les Tunisiens, le représentant de la France pour les Français et pour les étrangers. Toutes les susceptibilités sont respectées. Chacun reçoit la loi de son chef naturel et cependant il n'y a qu'une loi. » En un mot, par l'établissement du Protectorat, nous avons respecté les grands rouages de l'administration indigène, nous bornant au rôle de surveillants et de contrôleurs. Aussi l'apaisement s'est fait aussitôt et comme par enchantement. Les indigènes à qui nous n'avons enlevé ni le souverain de leur race, ni leurs juges, ni leurs caïds, sont venus à nous.

apparences qui ont leur valeur. Leur agent est le représentant diplomatique de la France auprès du Bey. Cette politique prime ses fonctions d'administrateur, de protecteur, et en atténue la signification rigoureuse : elle est de nature à rassurer l'administration indigène, à la laisser vivre, et, par conséquent, elle apaise les mécontentements et les inquiétudes que notre protectorat peut faire naître. Le Bey conserverait-il aux yeux de ses sujets une autorité qui nous permet de lui faire partager largement nos responsabilités, si le Résident général relevait du ministère de l'intérieur ou de notre administration des colonies? La régence serait-elle autre chose, aux yeux de tous, que le prolongement de notre grande possession ? » (1).

L'expérience démontre que c'est là l'organisation la plus simple, la plus sage et la plus pratique que nous pouvions établir en Tunisie. Le gouvernement a eu la rare fortune de nommer comme Résident à Tunis l'homme qui convenait le mieux à la situation, *the right man in the right place.* M. Cambon, à qui le gouvernement a laissé toute latitude, s'est appliqué à réorganiser la Tunisie sur les seules ressources du protectorat. Sans toucher à l'organisation intérieure ni au système des impôts, mais en exerçant une surveillance plus étroite sur les perceptions, les recettes, qui atteignaient à peine 12 millions en

---

(1) d'Estournelles de Constant, ouv. cité.

1882 et 1883, se sont élevées à 26 millions en 1886 et 1887, et sont aujourd'hui de 23 millions. Nous avons pu constituer un fonds de réserve, en prévision des mauvaises années, pour les travaux d'utilité publique qui ont été poussés activement. La réforme la plus importante de M. Cambon concerne le régime de la propriété foncière ; la loi du 1er juillet 1885, qui régit le mode d'appropriation et de transmission de la terre, s'inspire dans ses traits essentiels de l'*Act Torrens*, qui est en vigueur en Australie ; on peut dire que la Tunisie possède la législation foncière la plus parfaite du monde entier. Cette loi est complétée par les décrets du 18 août et du 21 octobre 1885, qui réglementent la cession des biens *habbous*.

Sous notre tutelle administrative, la Tunisie n'a pas tardé à voir revenir les jours prospères. Son commerce, depuis 1881, suit une progression régulière; les cultures se développent, l'industrie indigène est active et de nouvelles fabriques se créent. Et cependant, au point de vue commercial, la Régence a été placée jusqu'en 1897, vis-à-vis de la France, dans une situation particulière, qui est loin d'être favorable aux échanges des produits des deux pays : nous nous sommes portés garants, par l'article 4 du traité de Kasr-el-Saïd, de l'exécution des traités existant entre la Tunisie et les diverses puissances européennes. Le gouvernement du Bey avait accordé à l'Italie et à l'Angleterre des avantages commerciaux qu'il nous était impossible de révoquer, et d'un autre côté, nous ne pouvions laisser entrer en franchise en France les produits tunisiens.

Une première modification a été apportée, en 1890, à ce régime douanier, du moins en ce qui concerne les relations de la France et de la Tunisie : quelques produits, les céréales, les huiles, ont été admis en franchise; d'autres sont soumis à un régime de faveur. Chaque année, le gouvernement fixe par décret la quantité de ces marchandises qui peuvent être importées chez nous sans payer de droits de douane; ce sont les crédits d'exportation. Les produits français introduits en Tunisie acquittent un droit de 8 0/0 *ad valorem* comme ceux des autres nations.

Les conventions italo-tunisiennes signées le 28 septembre 1896, à Paris, apportent quelques modifications aux rapports de la Régence et de l'Italie. Rien n'est changé, pour le moment, aux tarifs douaniers qui frappent les produits italiens à leur entrée en Tunisie ni à la situation qu'occupent les Italiens au point de vue du cabotage et de la pêche; le traité assure encore à l'Italie le traitement de la nation la plus favorisée, mais il ne lui donne pas droit au régime douanier qui pourra être établi entre la France et la Tunisie. Ce régime douanier, qui accordera l'entière franchise aux produits tunisiens entrant en France et aux marchandises françaises importées en Tunisie, ne pourra être adopté que lorsque nous aurons obtenu la modification ou la suppression du traité anglo-tunisien. L'Angleterre a conclu avec la Tunisie un traité ne portant aucune indication de durée et qui frappe les produits anglais d'un droit de 8 0/0. Ce traité *sine die* est-il perpétuel et doit-il durer jusqu'à la fin des siècles? C'est ce que soutiennent quelques journaux anglais.

« Il n'est pas possible d'admettre cette interprétation. Elle est au plus haut degré déraisonnable. La perpétuité ne se suppose pas; ce n'est pas en termes équivoques qu'on peut la stipuler; rien ne dit dans le traité anglo-tunisien qu'il sera perpétuel. En outre, c'est un principe de droit international que les traités politiques, ceux qui stipulent par exemple des modifications de frontières, sont perpétuels ou du moins ne peuvent être modifiés que par un commun accord ou par la force; que les traités commerciaux, au contraire, ne sont faits que pour un temps et que, lorsque aucune période précise n'est fixée, ils sont toujours dénonçables d'année en année. Cela est d'ailleurs conforme au bon sens; des gens qui prendraient des engagements commerciaux perpétuels seraient de purs fous; il n'en serait pas autrement des nations qui feraient de même.

« Le traité anglo-tunisien, qui ne contient aucune fixation de durée, où de plus le mot de perpétuité ne figure pas, est donc dénonçable. Si la Grande-Bretagne s'opposait à ce qu'on le modifiât nous serions libres d'établir sur les produits britanniques les droits qui nous paraîtraient convenables si, dans l'intervalle, un nouvel accord ne se produisait.

« Par courtoisie, notre gouvernement n'a pas voulu recourir, dès maintenant, à cette dénonciation qui rentre dans son droit strict; il s'est contenté d'obtenir de lord Salisbury l'engagement que la Grande-Bretagne consentait à étudier la révision du dit traité; mais si cette révision n'aboutissait pas rapidement, par exemple d'ici à la fin de l'année, la dénonciation s'imposerait.

« L'Angleterre, d'ailleurs, a tout intérêt à ne pas montrer trop de hauteur dans une question de bonne foi et de bons rapports; l'état de choses existant avant 1880 a été tellement changé en Tunisie, qu'il serait absurde de prétendre que les circonstances, les droits et les convenances sont restés les mêmes. (1) »

Les négociations poursuivies par notre gouvernement pour modifier le traité anglo-tunisien de 1875, viennent enfin d'aboutir; le traité perpétuel que l'Angleterre avait conclu avec la Tunisie disparaît pour faire place à un arrangement nouveau. Par le traité franco-anglais du 19 septembre 1897, l'Angleterre renonce au traité *sine die* de 1875, mais la France prend l'engagement de ne pas frapper, pendant une période de quinze ans, les cotonnades anglaises, à leur entrée en Tunisie, d'un droit supérieur à 5 0/0 de leur valeur. Désormais la France et la Tunisie se trouvent maîtresses de leur situation commerciale et peu-

---

(1) Leroy-Beaulieu, *Economiste français*, 17 octobre 1896.

vent apporter à leur tarif douanier les modifications réclamées tant en France qu'en Tunisie.

II. — La Tripolitaine a suivi les destinées de l'Afrique du nord au vi[e] siècle; elle a subi l'invasion arabe qui s'étendit rapidement jusqu'au cœur du Fezzan; au xvie siècle les Espagnols occupèrent Tripoli (1510-1530). En 1551, la Tripolitaine devint une province turque. Comme les pachas d'Alger et de Tunis, ceux de Tripoli se rendirent indépendants de la Porte; l'un d'eux, Ahmed Karamandi fonda une dynastie qui a régné jusqu'en 1830. Des désordres graves éclatèrent après sa mort. Une flotte turque vint devant Tripoli et occupa les forts de la ville. Depuis 1835, la Tripolitaine forme un vilaïet ou province de l'empire turc, à la tête duquel est placé un vali ou gouverneur. Elle comprend plusieurs régions : la Tripolitaine propre et le plateau de Barkah ou Cyrénaïque, situés sur la côte, entre la Tunisie et l'Égypte, et les oasis d'Aoudjila, du Fezzan, de Rhadamès et de Rhât.

Tripoli est le point de la côte septentrionale de l'Afrique le plus rapproché du Soudan central avec lequel cette ville fait par caravanes un commerce important. L'Italie, en quête de possessions sur la terre d'Afrique, convoitait ardemment ce territoire. La Porte, renforçant sa garnison, a manifesté nettement son intention de ne pas abandonner la place. C'est alors que l'Italie s'est établie sur la mer Rouge.

Entre le Maroc, l'Algérie, la Tunisie et la Tripolitaine au nord, et le Soudan au sud s'étend l'immensité du Sahara, parsemé d'oasis qui servent d'étapes aux caravanes ; ces oasis sont situées dans le sens du méridien. Il a semblé naturel d'attribuer à chacun des Etats sur la côte la portion du Sahara correspondant à ses méridiens extrêmes. C'est ainsi que le traité du 5 août 1890 nous a reconnu tout l'arrière-pays au sud de l'Algérie et de la Tunisie jusqu'à Say sur le Niger et Barroua sur le lac Tchad. Notre hinterland saharien s'étend à l'ouest jusqu'au méridien de Nemours; il est limité à l'est par le méridien de Zarzis. Dans notre zone d'influence sont donc compris le Gourara, le Touat, le Tidikelt, à l'ouest, Rhadamès et Rhât, à l'est, c'est-à-dire les routes les plus fréquentées par les caravanes.

Les Marocains et les Turcs, empiétant sur notre domaine, cherchent à nous couper la route du Soudan. Les populations touatiennes, menacées par la présence de nos troupes, se sont tournées vers le Maroc; une députation a été même envoyée au chérif pour solliciter sa protection. Ainsi ont fait les Tombouctiens, lorsque nos troupes se sont approchées de la métropole du Soudan occidental.

Les Turcs tiennent garnison à Rhadamès depuis le jour où ils ont occupé la Tripolitaine. Ils ont installé même une garnison à Rhât, en 1874; c'était un nouvel empiètement dans notre zone d'influence saharienne. Nous avons laissé faire, soit par indifférence, soit que l'importance de cette prise de possession par les Turcs nous ait échappé complètement. Nous n'avons de ce côté qu'à nous incliner devant le fait accompli et qu'à considérer ces deux oasis comme faisant partie de l'empire ottoman.

« Du moins avons-nous eu soin de ne jamais reconnaître à la Turquie aucun droit en dehors de l'enceinte de ces deux villes. Nous avons toujours considéré les populations sahariennes nomades qui ont Rhadamès et Rhât pour centres, les Touareg Azdjer, comme indépendants de la Porte et constamment rejeté toute ingérence des autorités ottomanes dans nos rapports avec ces Sahariens. Les Turcs n'ont jamais d'ailleurs fait d'objections à cet égard, dans les nombreuses circonstances où la question s'est posée sur le terrain.

« Dans cet ordre d'idées, il est néanmoins fâcheux que nous ayons laissé poser cette question de droits de la Turquie dans le Sahara, à l'occasion de la convention passée entre la France et l'Angleterre le 5 août 1890, et dans laquelle ont été réglées les limites des zones d'influence respectives des deux pays dans l'Afrique nord-occidentale. Cette convention nous reconnaît toute la zone saharienne dépendant de nos possessions algériennes et tunisiennes. Mais dans les débats qui ont eu lieu dans les chambres anglaises sur cette convention, lord Salisbury a fait connaître qu'il y avait eu, entre les deux puissances, un échange de communications dans lesquelles il a été expressément mentionné que, dans la convention, « rien n'affecte ou ne vise à affecter les droits quelconques que la Tunisie peut avoir dans le pays au sud de Tripoli. » On conçoit l'intérêt que pouvait avoir l'Angleterre à obtenir cette déclaration, mais on ne voit pas quel droit elle avait de la demander et quel intérêt avait la France de la lui accorder. L'occupation de Rhât et Rhadamès par les Turcs sont des fait accomplis, devant lesquels nous nous inclinons, mais nous n'avons pas à leur donner, par des déclarations officielles, plus de valeur qu'ils n'ont. L'avenir est réservé et, dans telle circonstance que nous imaginons, nos droits sur notre hinterland naturel pourront reprendre toute leur valeur.

« Nous restons toujours maîtres, sans ingérence possible des Turcs dans nos affaires, de traiter avec les Touareg et de circuler dans le territoire de ces Sahariens, après entente ou sans entente avec ceux-ci, comme nous le jugerons convenable. Rhadamès et Rhât sont, sans aucun doute, les points les plus commodes pour jalonner la route qui mène du sud tunisien au Soudan, mais en cas de nécessité, on peut les tourner, et si nous réussissons, après entente avec les Touareg Azdjer, à avoir la libre circulation dans leur pays et à y faire prédominer notre influence et nos vues, les Turcs pourraient se trouver bien embarrassés de leur occupation de Rhadamès et de Rhât (1). »

---

(1) Commandant Rebillet. *Les relations commerciales de la Tunisie avec le Sahara et le Soudan.*

Notre ligne de conduite est toute tracée : nous ne pouvons invoquer aucune revendication à la possession de Rhadamès et de Rhât, qui sont aux Turcs, bien que situés dans notre zone d'influence ; mais nous devons veiller au maintien de l'indépendance des Touareg Azdjer vis-à-vis des Turcs et empêcher ceux-ci d'établir leur autorité sur les territoires des tribus nomades. Les droits reconnus aux Turcs sur Rhadamès et Rhât sont incessibles, et le jour où leur succession viendrait à s'ouvrir en Tripolitaine, nous seuls pouvons hériter de ces droits, puisqu'il s'agit de territoires situés dans l'hinterland tunisien.

CHAPITRE XI

Les îles de l'Afrique. — Madagascar.

Iles situées sur l'Océan Atlantique. — Iles de la côte orientale. — Madagascar; nos premiers établissements. — Les Hovas. — Influence anglaise à Tananarive. — Prise de possession, sous Louis-Philippe, des îles voisines de Madagascar. — Politique d'abdication de Napoléon III. — Proclamation du protestantisme malgache comme religion d'Etat (1889); progrès de l'influence anglaise. — Les Hovas attaquent nos établissements de la côte Nord-Ouest. — Traité du 17 décembre 1885. — Nouvelles difficultés ; questions de l'exequatur et des concessions. — Expédition de Madagascar (1895). — Traité du 1er octobre 1895. — L'île de Madagascar est déclarée colonie française. — Troubles provoqués par les brigands Fahavalos. — Progrès de la pacification; abolition de la royauté. — Programme de colonisation du gouverneur général Gallieni.

Dès le XVIe siècle, les Portugais et les Espagnols ont pris possession des îles situées dans l'Océan Atlantique, à proximité des côtes de leur péninsule; les Açores et Madère ont été occupées les premières par les Portugais, qui ont colonisé plus tard les îles du Cap-Vert, et les Canaries par les Espagnols; dans le golfe de Guinée, Fernando-

Pô et Annobon sont des possessions espagnoles, les îles du Prince et de Saint-Thomas appartiennent aux Portugais. Sainte-Hélène et l'Ascension sont les seules îles de l'Océan Atlantique occupées par les Anglais.

Les îles les plus importantes de l'Afrique se trouvent sur la côte orientale : tout près du littoral sont Mafia, Zanzibar, Pemba, Lamou, qui faisaient partie de l'ancien sultanat de Zanzibar, partagé entre l'Angleterre et l'Allemagne. Socotora, qui regarde le cap Gardafuy et commande l'entrée du golfe d'Aden, appartient à l'Angleterre. La France a colonisé la Réunion et Maurice. Maurice a été cédée à l'Angleterre par le traité de Paris en 1815; les Amirantes, l'île Rodriguez et les Seychelles sont comme ses satellites. A la France appartiennent les autres îles de l'Océan Indien, Sainte-Marie de Madagascar, Mayotte, les Comores, Nossi-Bé, Nossi-Mitsiou, Nossi-Cumba, et enfin Madagascar, la plus grande de toutes les îles africaines.

C'est sous Richelieu que le capitaine Rigault, puis M. de Pronis, prirent possession de Madagascar, au nom de S. M. Très Chrétienne. Nos premiers établissements dans l'île Dauphine ou France orientale, comme on l'appela bientôt, datent de 1644; alors fut fondé Fort-Dauphin. En 1664, Louis XIV cède la grande île africaine « en toute propriété, seigneurie et justice », à la compagnie des Indes orientales. Aucune de nos tentatives de colonisation n'a réussi au xviie et au xviiie siècle, mais nous n'avons jamais renoncé à nos droits sur Madagascar.

Des diverses tribus de l'île, l'une d'elles, celle des Hovas, venus probablement de la Polynésie vers le viie siècle de notre ère et établis sur les hauts plateaux, parvint à placer sous sa domination les peuplades voisines, principalement les Sakalaves. Ceux-ci avaient formé jusqu'au xviiie siècle une agglomération puissante et homogène. A la suite de rivalités entre les divers chefs de tribus pour la succession au trône, ce vaste empire s'est fractionné en petites royautés indépendantes. Les Hovas, qui avaient été pendant longtemps leurs tributaires, en profitèrent pour recouvrer leur indépendance d'abord, puis pour devenir conquérants à leur tour. « Au lieu d'attaquer tous les Sakalaves à la fois, ils les divisèrent; pendant qu'ils faisaient aux uns la guerre, ils donnaient aux autres des assurances pacifiques. Les Romains n'ont pas employé d'autres procédés pour soumettre le monde (1) ». C'est sur les Hovas, qui prétendaient à la domination entière de l'île, que s'appuyèrent les Anglais pour nous empêcher d'y prendre pied et de nous y établir.

Ils prétendirent d'abord que l'île leur avait été cédée par le traité de Paris; ce traité leur abandonnait Maurice et ses dépendances, et le gouver-

---

(1) Martineau, *Bulletin du Comité de Madagascar*, juin 1895.

neur de Maurice, sir Farquhar, comprenait Madagascar dans les dépendances de Maurice. « La plaisanterie, dit M. G. Marcel, était un peu forte ; Madagascar, dépendance de Maurice ! autant dire que l'Angleterre est une dépendance de l'île de Man ou de l'île de Wight. » Sir Farquhar renonça à son interprétation, surtout lorsqu'il apprit que le gouvernement anglais « avait bien voulu admettre l'explication donnée par le gouvernement français à l'article 8 du traité de paix du 30 mai 1814, stipulant la restitution de certaines colonies et possessions que la France possédait au 1er janvier 1792, dans les mers et sur le continent d'Afrique. »

Les Anglais changèrent dès lors de ligne de conduite et espérèrent arriver au même résultat, c'est-à-dire à la conquête politique et commerciale de l'île, avec l'appui des Hovas, dont ils devinrent les alliés et dont ils flattèrent les rêves de conquête. Ils ont réussi à leur persuader que nous étions les ennemis de leur autonomie et de leur puissance, et se sont efforcés, sous le couvert d'évangélisation, d'éducation, de progrès, de commerce, par des conseils, des envois d'armes et des avances d'argent, de fortifier leur propre influence et de conserver la direction des affaires. Sous le règne de Radama Ier (1810-1828), des avantages commerciaux leur furent accordés par les traités du 23 octobre 1817 et du 11 octobre 1820 ; il était permis à leurs missionnaires, sous le prétexte de science et d'éducation, de travailler à l'établissement de la religion protestante. En retour, Radama était reconnu par l'Angleterre comme roi de Madagascar. Grâce aux subsides fournis par nos rivaux, il organisa une armée à l'européenne. L'influence anglaise et protestante prédomine dès lors à Tananarive; c'est à cette influence qu'obéit Radama, lorsqu'il s'empare de Tamatave, ancienne possession française, qu'il nous somme de nous retirer au plus tôt de Sainte-Marie, terre malgache, et qu'il chasse de Fort-Dauphin l'officier et les cinq soldats à qui nous en avions confié la garde (1825).

Charles X allait cependant agir pour relever à Madagascar notre prestige bien amoindri; après la prise de Tamatave, de Foulepointe et de quelques autres points par nos troupes, le prince de Polignac se disposait à imposer par la force notre protectorat aux tribus malgaches, lorsque éclate la révolution de 1830.

Le gouvernement de Louis-Philippe, pour ne pas mécontenter l'Angleterre, notre alliée, se garda bien de rien tenter à Madagascar. Il se soumit à l'avis du conseil d'amirauté qui avait déclaré « que le parti le plus sage à prendre, à l'égard de Madagascar, était de renoncer, au moins quant à présent, à tout projet d'établissement dans cette île, en prenant toutes les précautions nécessaires pour sauver l'honneur de nos armes ». Cette politique d'abdication, d'inaction, ne fut pas suivie jusqu'au bout : en 1840 et 1841, l'amiral Hell explorait la baie de Diego Suarez, s'emparait de Nossi-Bé et des îles environnantes, de Mayotte et de toute la côte nord-ouest, depuis la baie de Passandava jusqu'au cap Saint-Vincent; Vohémar fut occupé en 1846.

En 1845, un édit de la reine Ranavalona Ire ordonnait l'expulsion de tous les étrangers et la confiscation de leurs biens ; les Malgaches étaient obligés de renoncer aux religions catholique et protestante. Pour la première fois les Anglais étaient traités comme les colons des autres nationalités; ils s'unirent à nous contre les Hovas; Tamatave fut bombardée ; une troupe de débarquement de 300 hommes tenta d'escalader la place, mais ne put s'en emparer faute de munitions. « Le gouvernement de Juillet aurait vraisemblablement réparé cet échec. Mais une coalition parlementaire vint d'abord retarder, puis la révolution de 1848, empêcher une expédition de plus en plus nécessaire (1). »

Les Anglais étaient cependant parvenus à rentrer en faveur dès 1856, à prix d'argent; ils avaient offert 15,000 dollars pour le dommage causé par le bombardement de Tamatave.

« Napoléon III était tout-puissant à l'intérieur et à l'extérieur; il pouvait choisir ses alliés comme il le voulait; un moment même, il fut l'arbitre des destinées européennes. Mais par une aberration inconcevable dans tout autre que dans

---

(1) J.-B. Piolet, *Madagascar et les Hovas.*

cet utopiste dépourvu de tout sens politique, il ne voulut voir que l'Angleterre, toujours prêt à se mettre à sa suite, à favoriser tous ses intérêts, et bien décidé, pour sa propre ruine et celle de la France, à ne jamais lui déplaire. Aussi est-ce merveille que sous son règne l'Angleterre ne se soit pas emparée de Madagascar (1). »

Quelques-uns de nos compatriotes, à cause des services qu'ils avaient rendus, n'avaient pas été atteints par les décrets d'exil et de confiscation de Ranavalona; leurs biens, leurs établissements et leur personne avaient été respectés. Parmi ces Français qui contribuaient à maintenir l'influence de leur pays étaient M. Arnoux et M. de Lastelle, qui avaient créé de grands établissements agricoles et industriels, et surtout le grand Laborde qui, par ses fabriques de faïences, de verreries, de poudre, de rhum, sa fonderie de canons, ses sucreries, occupait une situation exceptionnelle. Le prince héritier Rakoto, plus tard Radama II, se prit pour Laborde d'une grande affection. Il souffrait de voir les ruines que les cruautés de sa mère accumulaient partout. Il aspirait après le moment où, maître de Madagascar, il ouvrirait la grande île aux capitaux et aux entreprises des Européens, ingénieurs, industriels, agriculteurs. Il fallait d'abord éloigner de la reine les ministres qui la perdaient. Laborde conseilla à Rakoto de

---

(1) J.-B. Piolet, ouvrage cité.

recourir à Napoléon III. M. Lambert fut envoyé auprès de l'empereur ; il était porteur d'une lettre du prince héritier dans laquelle celui-ci, après avoir imploré « aide et secours contre les ministres et conseillers de la reine sa mère et oppresseurs du peuple malgache », offrait à l'empereur le protectorat de l'île entière de Madagascar. Si l'empereur n'avait considéré que les intérêts de la France, il aurait accepté. Poussé par un sentiment de générosité ou de condescendance qu'on ne s'explique pas, il envoie M. Lambert à lord Clarendon « pour demander l'avis du gouvernement anglais, et, au besoin, proposer un protectorat à demi entre la France et l'Angleterre. »

Le ministre anglais refusa ; il ne voulut pas se prêter à un essai de *condominium*, espérant nous supplanter à Madagascar. L'agent de la *London Missionary*, alors à Londres, le Révérend Ellis, prévenu aussitôt, part immédiatement pour la Grande-Ile. On devine avec quelle mission ! Il s'agissait, par des calomnies et des mensonges, de faire échouer les projets de Laborde et de Lambert. Il ne réussit que trop. Les persécutions contre les Français redoublèrent et les exécutions des indigènes furent si nombreuses qu'on a comparé les dernières années du régime de Ranavalona à l'époque de la Terreur.

Avec Radama II (1861-1863) notre situation change à Madagascar. La liberté de conscience et de culte fut proclamée ; un traité, signé en 1861, nous accordait la liberté d'acheter, de vendre, de louer et d'exploiter des terres dans toute l'étendue de l'île. M. Lambert obtenait une charte de concession qui lui reconnaissait la propriété, à l'intérieur et sur les côtes, de tous les terrains inoccupés. Mais le vieux parti malgache conspirait dans l'ombre, et, poussé probablement par les Méthodistes et le Révérend Ellis, assassinait, le 12 mai 1863, Radama II, dans son palais. Il reprochait à ce prince d'avoir cédé, avec des droits réguliers, d'immenses territoires à une compagnie étrangère, crime de haute trahison dans l'esprit des Malgaches. Rasoaherina et Ranavalo II régnèrent de 1863 à 1883, mais le pouvoir appartint en réalité à Rainivonahitriniony, le premier ministre, et à son frère, Rainilaiarivony, qui reçut le commandement en chef de l'armée ; celui-ci peu de temps après (1864) sapa, par de sourdes intrigues, l'autorité de son frère, qu'il fit condamner comme traître au pays ; il réunit alors sur sa tête le double titre de premier ministre, dont il a exercé les fonctions jusqu'en 1895, et de chef de l'armée.

A l'instigation d'Ellis, le traité de 1861 fut annulé ; le nouveau traité de 1868 nous reconnaissait, il est vrai, le droit d'acquérir des terres, mais les Anglais avaient obtenu, en 1865, un traité qui leur livrait toute l'influence. Cette influence grandit encore lorsque, en 1869, un an après l'avénement de Ranavalo II, la reine et son premier ministre reçurent le baptême et proclamèrent le protestantisme religion d'État. C'est à des considérations politiques qu'ont obéi le gouvernement et le peuple malgache en embrassant la nouvelle religion. Dans les pays de l'Orient, la France symbolise le catholicisme comme l'Angleterre le protestantisme; pour ces peuples, Français et catholique, Anglais et protestant sont des termes synonymes. Entre deux religions, dont l'une était prêchée par des ministres qui luttaient contre l'influence française et favorisaient les idées d'indépendance, et dont l'autre pouvait accroître notre influence et servir nos ambitions, le gouvernement ne pouvait hésiter. C'est pourquoi le 21 février 1869 il adopta, comme religion d'État, ce protestantisme malgache, qui n'est qu'une sorte d'adaptation de l'anglicanisme.

Les Méthodistes pouvaient justement triompher; l'œuvre qu'ils poursuivaient depuis le commencement de ce siècle était enfin réalisée ; ils avaient la haute main sur la politique et la direction morale et religieuse d'un peuple qu'ils espéraient pétrir au mieux des intérêts anglais. C'était sous leur inspiration que les lois étaient refondues et l'armée réorganisée.

Les événements de 1870 servirent encore les desseins de l'Angleterre : les Hovas pouvaient tout se permettre contre les Français, que la guerre avait anéantis; la France n'avait plus d'armée, plus de vaisseaux, plus de canons; elle avait été démembrée et était tombée au rang de puissance minuscule qui ne pouvait agir, pas même remuer le petit doigt, pour employer les termes mêmes du Révérend Ellis, sans la permission de l'Angleterre. Le traité de 1868 fut dénoncé ; en 1878, le gouvernement refuse de remettre aux héritiers de M. Laborde la succession qui leur appartenait ; les Hovas, poussés par les missionnaires anglais Parret, Pickersgill et Kestel-Kornish, attaquèrent nos établissements de la côte Nord-Ouest ; en 1882, ils s'emparèrent de Majunga, d'où ils furent chassés sur un ordre envoyé par l'amiral Jauréguiberry ; nos nationaux ne sont plus en sécurité à Tananarive.

Le 17 mars 1883, le cabinet J. Ferry chargeait l'amiral Pierre de réclamer la reconnaissance officielle et effective de nos droits, des garanties immédiates destinées à assurer l'exécution du traité de 1868, le paiement des indemnités dues à nos nationaux. Le gouvernement hova nous refusa toute satisfaction, et les hostilités furent aussitôt engagées. La guerre fut faite sans but et sans plan bien défini. Pour obliger les Hovas à accepter nos conditions, il aurait fallu pénétrer dans l'Émyrne et entrer à Tananarive. On se contenta de bombarder ou d'occuper quelques points de la côte, Majunga, Tamatave, la baie de Passandava, de Diego-Suarez ; nos marins et nos soldats s'épuisaient dans une lutte sans grandeur et sans gloire. En France, l'opinion se lassait d'une guerre qui menaçait de durer longtemps encore. Des négociations furent engagées pour la signature de la paix. La *London Missionary* résolut de peser sur notre gouvernement pour le décider à abandonner tout projet d'établissement à Madagascar ; elle provoqua, à cet effet, en 1885, à l'Hôtel du Louvre, à Paris, une réunion où quelques protestants français marchèrent, la main dans la main, avec les Gillet, les Alexander, les Swel et autres ennemis de la France ; M. Fr. Passy a osé même écrire une préface pour un ouvrage où un certain Saillens disait que l'abandon de Madagascar serait « une gloire pour la France et un progrès pour la civilisation. » M. de Mahy s'est justement élevé contre ces sociétés étrangères qui ont leur siège à Londres et des succursales en France ; il regrette que des personnes, peut-être sincères, disent et écrivent « qu'il est bon, dans l'intérêt de l'humanité et des pays nouveaux que l'influence anglaise se substitue à l'influence française, » parce que nous sommes des gens « n'ayant pas de religion, ou ayant une mauvaise religion, la catholique, tandis que l'Angleterre a la religion biblique, qui est la seule bonne. » Ce sont ces sociétés, maîtresses d'une partie de la presse française, qui ont toujours combattu l'expansion de la France au dehors. « Nous avons en France une organisation anglaise — ce sont les sociétés bibliques — qui agissent sur notre gouvernement pour le décider à abandonner les territoires que nous occupons. C'est cette puissance occulte qui nous a fait perdre, au profit des Anglais, notre situation en Égypte, et, au profit des Italiens, notre situation dans la mer Rouge; elle est en voie de nous faire perdre Madagascar (1). »

Le traité du 17 décembre 1885 reconnaît à la reine des Hovas le titre de reine de Madagascar et lui conserve le pouvoir de présider à l'administration de toute l'île. Nous lui sacrifions, il est vrai, nos alliés les Sakalaves et les Antankares, mais comme la reine accepte d'être représentée dans ses relations extérieures par le gouvernement français, et qu'un Résident français était installé à Tananarive, il s'ensuivait que l'île entière était sous notre protectorat. Nous avions le droit d'occuper la baie de Diego-Suarez et d'y faire des établissements à notre convenance. Nous obtenions une indemnité de 10 millions à répartir entre toutes les personnes lésées. Nos nationaux pouvaient résider, circuler et faire le commerce dans toute l'étendue de l'île, ils pouvaient louer, pour un temps indéfini, des terres, des maisons, etc., mais non en devenir propriétaires. C'était renoncer à un avantage qui nous avait été déjà reconnu par le traité de 1868. En somme, les Hovas nous avaient fait le minimum des concessions, encore nourrissaient-ils l'espoir de nous les enlever en détail. C'est à quoi va s'appliquer le premier ministre, Rainilaiarivony.

Au moment de la signature du traité, il déclara

---

(1) M. de Mahy, Madagascar et les intérêts français, *Bulletin de la Société de Géographie commerciale*, 1893, n° I.

qu'il ne l'approuverait qu'après des éclaircissements sur quelques points qui lui paraissaient obscurs ; notre ministre plénipotentiaire fut alors contraint, sous peine de voir les négociations rompues, d'écrire une lettre explicative qui modifiait la convention dans ses parties essentielles : il consentait à réduire l'escorte, ce qui était nous priver de toute action sur le gouvernement hova, à diminuer le territoire de la baie de Diego-Suarez, et il autorisait le gouvernement malgache à négocier des traités de commerce avec les nations étrangères.

Le rôle de nos résidents fut difficile et délicat. M. le Myre de Vilers obtint cependant quelques avantages ; il fit échouer les négociations engagées par le gouvernement de Tananarive pour un emprunt avec M. Kingdom, un anglais affilié à la *London Missionary Society;* le premier ministre fut contraint de s'adresser à un établissement français ; c'est à notre Résident que l'on doit la ligne télégraphique de Tamatave à la capitale. La question de l'exequatur, qui se posa, en 1887, par l'arrivée de deux consuls à Tamatave, l'un anglais et l'autre américain, devait amener une rupture entre le Résident et le premier Ministre. Les consuls étrangers obtiendraient-ils leur commission directement du gouvernement de la reine ou par l'intermédiaire de notre Résident ? Le premier Ministre délivra l'exequatur sans demander notre intervention. C'était l'article 1er du traité de 1885 qui était remis en question par le gouvernement hova. En 1890, fut signée la convention franco-anglaise qui reconnaissait le protectorat de la France à Madagascar « *avec toutes ses conséquences*, notamment en ce qui touche les exequatur des consuls et agents britanniques, qui devront être demandés par l'intermédiaire du résident français. » On pouvait espérer que la question de l'exequatur serait enfin résolue à notre avantage. Rainilaiarivony ne céda cependant pas sur ce point.

Il sut, avec plus d'habileté, éluder l'article relatif aux baux emphytéotiques et aux concessions demandées par les étrangers. Malgré l'esprit conciliant de nos nouveaux résidents, M. Bompard et M. Larrouy, nous n'avions plus aucune influence; nos réclamations n'étaient plus écoutées; il fallait ou abandonner la place ou recourir à la force. La guerre paraissait pour tout le monde inévitable, et le premier Ministre la préparait ouvertement par des achats d'armes. Pour nous isoler dans l'intérieur, le premier Ministre menace de reprendre la ligne télégraphique entre Tamatave et Tananarive. « Pour tout le monde, écrivait M. Martineau, en 1894, on touche à une échéance au-delà de laquelle la question doit être tranchée par la force, ou notre influence est à jamais détruite dans la grande île. Dans le peuple, on s'attend depuis longtemps à la guerre, on la discute comme une chose naturelle. Elle n'effraye personne, ni le gouvernement hova, qui est persuadé que nous n'arriverons jamais à Tananarive, ni le peuple, qui serait fort heureux d'être débarrassé de son administration peu régulière. »

Avant de déclarer la guerre, la France tente un suprême effort auprès du premier Ministre ; M. le Myre de Vilers est envoyé en qualité d'envoyé extraordinaire et présente à sa signature un traité qui aurait résolu toutes les difficultés et dont voici le texte :

Article 1. — Le gouvernement de la Reine de Madagascar s'interdit d'entretenir aucune relation avec les gouvernements étrangers et leurs agents, sans passer par l'intermédiaire du Résident général de la République française à Madagascar.

Art. 2. — Toute concession faite par le gouvernement de la Reine, directement ou indirectement, à des Français ou à des étrangers, devra être enregistrée, pour approbation, à la Résidence générale, sous peine de nullité.

Art. 3. — Le gouvernement de la République française aura le droit d'entretenir à Madagascar la force qu'il jugera nécessaire pour assurer la sécurité de ses ressortissants ou des résidents étrangers.

Art. 4. — Le gouvernement français pourra entreprendre les travaux d'utilité publique, tels que ports, routes, chemins de fer, télégraphes, canaux, etc., ayant pour objet le développement de la prospérité du pays, et percevoir les taxes qui en seront la conséquence, lorsque le gouvernement de la Reine ne se chargera pas lui-même de l'exécution des dits travaux.

Rainilaiarivony ne voulut rien entendre. Le pavillon français est amené et nous évacuons l'Émyrne. Tandis que l'escorte se dirigeait vers Majunga, M. le Myre de Vilers se mettait en route vers Tamatave.

On a tout dit sur l'organisation déplorable de la campagne de Madagascar, sur l'insuffisance du personnel et des moyens de transport, sur les souffrances endurées stoïquement par nos soldats. Une colonne légère, forte de 4,500 hommes environ, s'est portée, sous le commandement du général Duchesne, d'Andriba à Tananarive, où elle est entrée, presque sans coup férir.

Le 1er octobre 1895, la Reine signait le traité qui lui était présenté, au nom du gouvernement français, par le général Duchesne. Par ce traité, elle reconnaît et accepte le protectorat de la France avec toutes ses conséquences ; un résident français, représentant le gouvernement de la République, est chargé des rapports avec les agents des puissances étrangères. Nous pouvons maintenir dans l'île les forces nécessaires à l'exercice de notre protectorat. Nous ne touchons pas à l'organisation intérieure, mais le Résident général contrôle les actes de tous les agents. « Le traité du 1er octobre 1895, préparé par le gouvernement de la République, disait le délégué du Ministre des Affaires Étrangères dans une note adressée au général en chef, a été une surprise pour la Reine, le premier Ministre et la Cour. Ils s'attendaient à un traitement plus rigoureux. Peu accessibles aux sentiments généreux, ne comprenant pas l'intérêt que nous avions à éviter de prendre en main l'administration directe de Madagascar qui nous imposerait des sacrifices pécuniaires considérables, ne se rendant pas compte au surplus de la portée de quelques-uns des articles du traité et du parti que nous pouvions en tirer, ils ont retenu des stipulations de l'instrument diplomatique qu'ils venaient de signer ceci seulement : la Reine, le premier Ministre et le Gouvernement étaient maintenus en place. Pour eux, aucune modification essentielle n'était apportée à l'ancien état de choses qui, après le premier moment de trouble causé par notre occupation, reprendrait son cours. »

Le traité du 1er octobre 1895 renferme toutes les clauses nécessaires pour assurer l'exercice de notre domination à Madagascar ; l'île entière se trouve placée sous un protectorat aussi étroit que nous pouvons le souhaiter : les gouverneurs hovas sont étroitement surveillés par des Résidents que nous pouvons établir partout où nous le jugeons nécessaire ; nos ordres doivent être exécutés, car nous pouvons entretenir à Madagascar les forces que nous estimons indispensables pour rendre notre protectorat effectif.

Mais le gouvernement de la Reine avait conclu avec les puissances étrangères, principalement avec l'Angleterre et les États-Unis (13 mai 1881) des traités de commerce *sine die*, qui leur accordaient des avantages considérables ; l'Allemagne et l'Italie n'avaient obtenu que la clause de la nation la plus favorisée. L'établissement de notre protectorat annulait-il *ipso facto* toutes ces conventions commerciales ou, au contraire, leur conservait-il leur plein effet ? En un mot, étions-nous déliés de tout engagement signé par le gouvernement malgache avec l'étranger, et étions-nous maîtres de régler le système douanier de l'île ? La question méritait d'être soigneusement examinée ; il fallait éviter de renouveler la faute commise en Tunisie par l'article 4 du traité de Kasr-el-Saïd, où nous nous portions garants de l'exécution des traités actuellement existants entre le gouvernement de la Régence et les diverses puissances.

Le gouvernement britannique et celui des États-Unis, s'appuyant sur le fait qu'il n'y avait pas d'annexion, refusaient, en ce qui concerne les tarifs douaniers, de reconnaître qu'un traitement de faveur pût être accordé aux marchandises françaises. « L'expédition a amené des sacrifices douloureux, déclarait M. Berthelot dans une séance du 27 novembre à la Chambre des Députés, supérieurs à toutes prévisions et qui nous ont donné le droit d'exiger des compensations étendues et des garanties définitives... Quant aux obligations que les Hovas eux-mêmes ont pu contracter au dehors, sans avoir à les garantir pour notre propre compte, nous saurons observer les règles que le droit international détermine *au cas où la souveraineté d'un territoire est, par le fait des armes, remise en de nouvelles mains.* » Dans cette déclaration apparaît la pensée du ministère Bourgeois de substituer au régime du protectorat une *annexion diplomatique*, qui n'aura pas d'effet au point de vue de l'administration intérieure, mais qui substitue notre souveraineté à celle de la Reine.

Le traité du 18 janvier 1896 opère ce changement, il n'a été signé que par la Reine ; c'est un acte unilatéral, ne portant d'engagement que d'une seule part. Il débute ainsi : S. M. la Reine de Madagascar, après avoir pris connaissance de la prise de possession de l'île de Madagascar par le gouvernement français, déclare, etc. Cette prise de possession fut notifiée aux puissances par la circulaire du 11 février. « A la suite de difficultés survenues à Madagascar dans l'exercice de notre protectorat, le gouvernement de la République a été obligé d'intervenir militairement pour faire respecter ses droits et s'assurer des garanties pour l'avenir.

« Il a été amené à faire occuper l'île par ses troupes et à en prendre possession définitive. »

Lord Salisbury, après avoir accusé réception, ajoute « qu'il devait réserver tous les droits existants du gouvernement britannique à Madagascar jusqu'à ce qu'il ait reçu communication des termes du traité qui a dû être conclu entre le gouvernement de la République et celui de Madagascar. » L'ambassadeur des Etats-Unis faisait aussi des réserves « en ce qui concerne les droits conférés aux Etats-Unis par les traités. »

Dans la réponse aux éclaircissements formulés par l'Angleterre et les Etats-Unis, M. Bourgeois déclare nettement que, dans la pensée du gouvernement de la République, le maintien des traités passés avec les puissances étrangères est incompatible avec la nouvelle situation créée par la conquête dans l'île de Madagascar. Il réclame dès lors pour le gouvernement français la juridiction sur les citoyens américains et anglais et la liberté des tarifs douaniers.

Les Américains et les Anglais ont renoncé aux avantages que leur accordaient les traités signés avec le gouvernement malgache. De son côté le gouvernement de la République a consenti « à étendre à la grande île africaine l'ensemble des conventions dont bénéficie le gouvernement ou les citoyens des États-Unis en France et dans les possessions françaises. » Ces mêmes avantages ont été reconnus à l'Angleterre.

Le gouvernement aurait été bien inspiré en appelant aux fonctions de résident un de ceux qui avaient déjà occupé cette haute situation et qui offraient l'avantage de connaître le pays. Son choix est allé s'égarer sur M. Laroche, ancien officier de marine, devenu préfet. « M. Laroche est protestant, ce qui ne diminue en rien ses mérites, mais ce qui aurait suffi pour déconseiller au gouvernement de le choisir comme résident à Tananarive. Dans un pays où les différences de religions se rattachent à des différences de nationalités, il faut sans doute pratiquer la plus large tolérance, mais il importe que l'exemple en soit donné par un résident catholique. Le choix de M. Laroche n'aurait pu se justifier ou s'excuser que si ce préfet de la Haute-Garonne avait eu une compétence hors ligne en matière d'administration coloniale, une expérience éprouvée, une supériorité incontestable et incontestée sur tous ses concurrents. Or, il n'en était pas ainsi, et M. Laroche n'a pas tardé à le prouver. Il n'a rien compris à la situation de Madagascar (1). »

Peu après notre entrée à Tananarive, des troubles éclataient dans le nord; on crut d'abord que ce n'étaient là que les exploits des brigands *Fahavalos*, et que le pays rentrerait dans l'ordre sur un signe de la reine; mais les succès qu'ils ont remportés sur un grand nombre de points les ont remplis d'audace, et le *fahavalisme* n'a pas tardé à prendre surtout dans l'ouest, la faiblesse du résident général aidant, les proportions d'un mouvement insurrectionnel. Les vieux colons et le parti militaire étaient unanimes à accuser la reine et son entourage de favoriser les insurgés. « Quand on connaîtra mieux les Hovas et leur extrême duplicité, écrit le correspondant du *Temps*, on admettra peut-être que leur soumission appa-

---

(1) Francis Charmes, *Chronique politique*.

rente au fait accompli ne prouve nullement qu'ils aient renoncé à l'espoir de nous faire déguerpir d'un pays où tout Européen isolé est condamné à un assassinat certain; tous les moyens dont ils peuvent disposer seront mis en œuvre pour obtenir ce résultat invraisemblable pour nous, mais non pour eux. Pour notre part, nous persistons à croire que le signal du mouvement insurrectionnel est parti de l'entourage de la reine avec l'approbation de cette dernière; il a pris une importance que ses auteurs étaient peut être loin de prévoir au moment où ils le provoquaient, mais plusieurs indices frappants nous donnent la conviction que les vrais coupables résident à Tananarive. « Donnez-moi des preuves écrites de la culpabilité de ceux que vous soupçonnez, déclare le résident général à tous ceux qui lui font part de leurs remarques, et je serai impitoyable. »

« Les preuves écrites, et telles qu'en demande M. Laroche, on n'en aura jamais dans un pays où les habitants sont passés maîtres en l'art de conspirer; mais ce que l'on possède en quantité suffisante pour sévir, ce sont des présomptions tellement graves qu'elles devraient tenir lieu de preuves. »

Il fallait au plus tôt réprimer ce mouvement insurrectionnel, si nous ne voulions pas être obligés d'entreprendre une seconde expédition. C'est l'œuvre à laquelle s'appliqua le général Gallieni, appelé à la résidence générale (septembre 1896), après le départ de M. Laroche.

Il ne tarda pas à se convaincre que les véritables chefs de l'insurrection étaient dans le palais de la reine; aussi est-ce là qu'il résolut de frapper : un oncle, une tante et une sœur de Ranavalo furent déportés; un autre de ses oncles fusillé, ainsi que le ministre de l'intérieur.

Pour assurer la pacification du pays, le général ne s'est pas contenté d'organiser des postes s'appuyant les uns sur les autres, il a établi le principe de la responsabilité des notables chargés de défendre, sous des peines très sévères, leurs villages contre les attaques des brigands. Tout en s'appuyant sur les Hovas pour le gouvernement de l'Émyrne, il a réduit leur puissance aux limites du plateau même qu'ils occupent, laissant les autres tribus de l'île se gouverner par des chefs indigènes et rappelant les gouverneurs hovas qui leur avaient été imposés. On renonçait donc au système d'abord mis en pratique et qui consistait à reconnaître la suprématie des Hovas sur l'île entière et à leur en confier l'administration sous le contrôle de résidents français peu nombreux, mais tout puissants. Les événements se sont chargés de démontrer aux plus incrédules que la politique du protectorat, telle qu'elle avait été pratiquée au début de la conquête, favorisait les menées des pasteurs protestants anglais, tout puissants sur l'esprit de la reine et sur son entourage, livrait l'administration de l'île à ces agents britanniques entre les mains desquels les Hovas étaient des instruments dociles et paralysait notre action.

D'un autre côté, une étude plus complète des di-verses peuplades qui composent l'île a établi que les Hovas, qui, au contact prolongé des Européens, ont reçu un vernis de civilisation plus apparent que réel, ne sont pas les plus intelligentes des populations de Madagascar, que les Betsileos, les Sakalaves et, en général, les autres tribus malgaches peuvent s'initier à notre civilisation dans la mesure où l'ont fait les Hovas, lorsqu'on daignera s'occuper de leur instruction.

Puisqu'on brisait la puissance des Hovas et que Madagascar devenait une possession française, la royauté était un rouage inutile. Elle a été abolie en février 1897. La nouvelle direction imprimée à notre conduite politique à Madagascar par le général Gallieni n'était que la conséquence et le développement de l'acte dont tout le mérite revient au ministère de M. Bourgeois et qui déclarait Madagascar terre française. Le ministère précédent avait eu le tort de prendre au sérieux cette cour d'Émyrne avec ses princes malgaches sans prestige et ses dignitaires affublés de titres et de costumes grotesques. La politique qu'il avait inaugurée à Madagascar n'était pas sans danger, ainsi que les événements l'ont prouvé : en traitant avec le gouvernement hova sur un pied d'égalité, on semblait lui reconnaître une puissance qu'il était loin d'avoir en réalité, et qu'il allait diriger contre nous; nous mettions de gaîté de cœur notre influence au service des Hovas, sans penser qu'ils ont toujours été nos ennemis-nés.

Il fallait, sans tarder, après avoir organisé le pays s'occuper de sa mise en valeur. Par sa configuration physique, Madagascar offre les ressources agricoles les plus variées, la culture des plantes coloniales et celle de nos climats tempérés. Sur les hauts plateaux de l'Émyrne et du Betsileo, la petite colonisation pourra s'établir ; la région du nord et du nord-ouest, où les gros pâturages abondent, est favorable à l'industrie de l'élevage ; les richesses forestières de l'île sont à peine soupçonnées ; les vastes plaines qui bordent les côtes sont propres à la culture du café, de la canne à sucre, du coton, etc ; enfin les richesses minérales ne manquent pas ; l'or surtout serait très abondant : « les renseignements que nous possédons, écrit M. Grandidier, nous permettent d'affirmer que l'énorme massif central est, en son entier, aurifère, et que la chaîne côtière de l'est contient aussi, sur une étendue plus ou moins grande, du précieux métal (1) ».

Mais toutes ces richesses ne pourront être exploitées qu'autant que nous aurons commencé les travaux préparatoires à toute colonisation, construction de routes et de chemins de fer, aménagement des ports, établissement de jardins d'essai, etc. Le général Gallieni s'est occupé de ces diverses questions dans la circulaire du mois d'avril 1897 : il a établi dans chaque région importante des bureaux de commerce et de colonisation dont les

---

(1) *Bulletin du Comité de Madagascar*, octobre 1897.

renseignements sont centralisés à Tananarive; il a déclaré, d'après les méthodes adoptées au Canada, en Australie et à la Nouvelle-Zélande, ouverts à la colonisation, des territoires salubres et fertiles, situés près de grands centres ou à proximité de voies de communication, et préalablement délimités par les agents du service topographique; il a fait, enfin, relever toutes les richesses minérales et forestières de l'île qui pourraient donner lieu à une exploitation industrielle et établir le bilan des ressources commerciales qu'offre le pays.

Actuellement la question qui prime toutes les autres est celle des voies de communication; des exploitations agricoles, industrielles et commerciales ne pourront s'établir dans l'intérieur qu'autant que le transport des produits sera peu élevé. Il n'y a à Madagascar qu'une route, celle de Tananarive à Fianarantsoa; il n'existe partout ailleurs que des pistes ou des sentiers. Le gouverneur général a fait étudier des projets de routes ou de voies ferrées pour unir Tananarive à Tamatave et à Majunga. Il a compris, en un mot, que le moyen le plus sûr de pacifier Madagascar et d'y assurer notre domination était d'en exploiter les richesses, d'y tracer un réseau de routes et d'y établir des colons, des industriels et des commerçants.

CONCLUSION

Si l'on jette un coup d'œil sur la carte politique de l'Afrique, on constate que la France et l'Angleterre dominent sur la plus grande partie du continent, la France au nord-ouest, l'Angleterre au sud, et au sud-est.

A l'exception de quelques enclaves sur la côte occidentale de la Guinée et de la Gambie, de la bande du Rio de Oro et de l'empire du Maroc, nous possédons tout le nord-ouest. Nous occupons tous les points importants de ces vastes étendues, en dehors de la portion du Sahara comprise entre nos postes de l'extrême-sud de l'Algérie-Tunisie et la région de Tombouctou et du lac Tchad.

L'Angleterre, par ses possessions du Cap, du Natal, du Bechouanaland, de la Zambézie et du Nyassaland, embrasse la plus grande partie des territoires situés entre le bassin du Congo et l'Océan Indien. Les deux républiques boërs du fleuve Orange et le Mozambique, colonie portugaise, le Sud-Ouest allemand et l'Angola, qui appartient au Portugal, encadrent à l'est et à l'ouest ces territoires anglais.

Aux dépens du sultanat de Zanzibar, l'Angleterre et l'Allemagne ont fondé deux colonies importantes, l'Afrique orientale anglaise, séparée de la Zambézie et du Nyassaland par l'Afrique orientale allemande. Les possessions britanniques de l'Afrique du sud-est forment donc deux tronçons entre lesquels s'interpose l'Afrique orientale allemande. Dans cette partie du continent noir, la France a fini par faire reconnaître ses droits séculaires sur Madagascar.

Les Allemands avaient espéré rattacher leurs deux établissements de l'Afrique méridionale par l'occupation du désert de Ngami et des territoires de la Zambézie ; ils ont été devancés par l'Angleterre qui s'est hâtée de placer sous sa domination ces vastes régions, depuis longtemps parcourues par ses missionnaires. Du côté de l'ouest cependant, l'Allemagne touche au Zambèze par une étroite bande de terre ; le Tanganyka et la rive méridionale du lac Victoria limitent à l'ouest et au nord ses possessions de l'Afrique orientale. Le jeune empire allemand a donc réussi à s'établir sur les trois grands fleuves internationaux de l'Afrique australe, le Zambèze, le Congo et le Nil.

Les Belges, établis dans le bassin du Congo occupent toute la partie centrale du continent. L'Angleterre a favorisé la création de cet État tampon dont elle espérait se servir pour s'étendre dans la haute vallée du Nil et pour relier entre elles, sans aucune solution de continuité, l'Egypte, l'Afrique orientale et la Zambézie.

Des modifications importantes seraient apportées à la carte politique de l'Afrique équatoriale, si l'État Indépendant venait à disparaître. La question de la reprise de cet État par la Belgique est encore en suspens. Si nos voisins renonçaient à poursuivre leur entreprise coloniale, l'État Congolais serait à partager entre les puissances dont les possessions le limitent à l'est, au nord et au sud. La France, à cause de l'état de ses finances, renoncerait probablement à exercer intégralement le droit de préemption qui lui a été reconnu par les traités. Il serait possible alors à l'Allemagne de souder ses possessions de l'Afrique orientale à celles du sud-ouest. Pour faire cette jonction, il lui faudrait le Katanga et une portion des territoires portugais le long du Kibompo et du Zambèze. Cette barrière transafricaine de possessions allemandes serait, pour les projets d'union formés par M. Cecil Rhodes entre les diverses parties de l'Afrique orientale anglaise et l'Egypte, un obstacle beaucoup plus sérieux que celui que les Allemands lui ont opposé par la convention de 1894, en empêchant l'Angleterre d'occuper la fameuse bande de 25 kilomètres de largeur entre le Tanganyka et le lac Albert. L'Allemagne pourrait alors, avec bien plus de raison qu'au moment de l'annulation du traité anglo-congolais, se vanter d'avoir terrassé le « colosse de Rhodes. »

Les victoires de Ménélick sur les Italiens vont obliger les cartographes à remanier la carte politique des régions où le Sobat, le Nil Bleu et l'Atbara prennent leurs sources. Sauf les enclaves d'Obock à la France et de Berbera-Zeila à l'Angleterre, toute la côte de la mer Rouge au sud de Tokar jusqu'à la baie d'Assab, celle d'Aden et du pays des Somalis jusqu'à la Djouba, l'Abyssinie et ses dépendances avaient été attribuées à l'Italie. Cet ensemble de possessions avait été pompeusement désigné par les coloniaux italiens du nom d'empire de l'Erythrée.

Flanquée, à l'est, de l'Italie et, à l'ouest, de l'État du Congo qu'elle poussait vers le Bahr-el-Ghazal pour nous barrer la route du Nil, l'Angleterre, solidement établie dans la région des lacs nilotiques par la conquête de l'Ouganda et de l'Ounyoro, espérait teinter de ses couleurs l'Afrique orientale, du nord au sud, depuis le delta du Nil jusqu'au Cap. L'Allemagne ne permit pas à l'Angleterre de s'établir sur la frontière occidentale de ses possessions de l'Afrique orientale; de son côté, la France s'appuyant sur la convention franco-congolaise du 29 avril 1887, s'opposa à l'établissement des Belges dans le Bahr-el-Gazhal, et Ménélick, par ses victoires a déchiré la convention anglo-italienne, du 24 mars 1891, par laquelle on voulait l'enserrer dans un cercle de possessions italiennes. Ainsi les combinaisons formées par l'Angleterre pour nous éloigner de ces hautes régions du Nil, échouaient.

L'empire de l'Erythrée, après l'écrasement des Italiens à Adoua, se trouve réduit, de Tokar à Assab, à une étroite bande un peu plus profonde à l'ouest de Massaouah. C'était l'écroulement des vastes projets formés par l'Italie dans cette partie de l'Afrique ; cette défaite atteignait aussi indirectement l'Angleterre : elle ne pouvait, en effet, empêcher l'Abyssinie de s'établir dans l'ancienne province d'Emin-Pacha que le négus revendiquait comme faisant partie de ses États. On ne tardait pas à apprendre que le chef de la mission anglaise, M. Rennel Rodd, reconnaissait à Ménélick toute la rive droite du Nil du 2° au 14° de latitude septentrionale, depuis le lac Albert jusqu'à quelques kilomètres au sud de Khartoum.

Nous avons trop d'intérêts sur la mer Rouge et dans les régions du Haut-Nil pour ne pas suivre d'un œil attentif les évènements qui venaient de se dérouler. Plusieurs missions françaises et russes, les unes officielles, les autres privées, se sont dirigées en Abyssinie pour négocier avec le Négus ou se mettre à son service. La mission Lagarde, envoyée sous le ministère de M. Bourgeois, a rapporté un traité qui délimite nos possessions d'Obock et la concession à une société française du chemin de fer de Djibouti à Harrar ; le comte Léontieff et le prince Henri d'Orléans ont obtenu le gouvernement et l'exploitation de la province équatoriale, depuis la rive droite du Nil jusqu'aux frontières de l'Ouganda.

La rive droite du Nil est à l'Abyssinie, mais à qui appartiendra la rive gauche? L'Angleterre, établie en Égypte et dans l'Ouganda, et l'État congolais paraissaient les mieux placés pour arriver les premiers dans cette course vers le Nil supérieur. Dès 1895, l'Angleterre commençait la conquête du Soudan égyptien et s'avançait lentement vers Khartoum, pendant qu'une colonne anglaise commandée par le capitaine Vandeleur partait de l'Ouganda, pénétrait à Wadelaï et poussait jusqu'à Dufilé. « L'idée première, écrit M. Wauters, fut alors que les Anglais allaient enfin occuper le Haut-Nil, que les cartes montraient sous leur couleur, et que la colonne Vandeleur allait être suivie d'autres. Il n'en fut rien. La pointe poussée jusqu'au cœur de l'ancienne province d'Emin-Pacha n'avait été qu'une simple reconnaissance, sans but politique (1). »

L'expédition Van Kerckhoven-Milz plantait en 1893 le drapeau de l'État sur la rive gauche du Nil, à Kirri, Muggi, Lahore, Dufilé, qui furent bientôt évacués après un retour offensif des Mahdistes. Au mois de décembre 1896, une nouvelle expédition militaire ayant le Nil pour objectif fut entreprise, sous le commandement du capitaine Chaltin; elle atteignait, deux mois après, le Nil à Redjaf, près de Lado, qu'elle enlevait à une bande mahdiste d'environ 2,000 hommes. L'État

---

(1) *Mouvement géographique*, 31 octobre 1897.

Libre occupe donc effectivement, depuis le commencement de 1897, l'enclave de Lado que l'arrangement franco-congolais de 1894 lui abandonnait provisoirement.

La France n'a jamais renoncé, malgré les prétentions de l'Angleterre, à s'établir dans les provinces de la rive gauche du Haut-Nil, que les Mahdistes ont enlevées en 1881 au khédive d'Égypte. Quatre expéditions françaises se dirigent actuellement vers Fachoda, le point de concentration : deux viennent de l'Oubanghi ; elles sont commandées par M. Liotard et le capitaine Marchand. Les deux autres ont été formées en Abyssinie avec le concours du Négus, notre allié : une première colonne est partie d'Addis-Abeba sous le commandement du capitaine Clochette, dont les dernières nouvelles ont annoncé la mort; la seconde, commandée par le marquis de Bonchamps a pris, comme la précédente, la direction de l'ouest, vers la vallée du Sobat. Au mois de juillet la colonne Liotard atteignait Meshra-er-Rek et les deux expéditions Clochette et de Bonchamps n'étaient qu'à 300 kilomètres environ de Fachoda. La jonction des quatre colonnes doit être à cette heure un fait accompli et le drapeau français flotte sur la rive gauche du Nil.

L'Angleterre qui, depuis qu'elle occupe l'Égypte a revendiqué hautement toute la vallée du Nil, a préparé en secret, à l'annonce des mouvements des colonnes Liotard, Marchand et de Bonchamps, une expédition comptant plus de 2,000 hommes et dont le commandement a été donné au major Macdonald. Ces forces se dirigent de Mombasa vers l'Ouganda et de là sur le Nil: il ne paraît pas qu'elles puissent nous y devancer; elles viennent de subir un échec; de sorte que le nouveau programme — plus modeste — des coloniaux d'Outre-Manche : de Mombasa à Alexandrie, ne se réalisera pas plus que le premier, beaucoup plus grandiose: du Cap à Alexandrie.

« La province de Bahr-el-Ghazal, rive gauche du Nil, a été traversée de part en part par Liotard et Marchand, qui en ont pris possession au nom de la France ; les provinces du Sobat et du lac Rodolphe, rive droite du Nil, sont concédées à l'Association franco-russe Léontieff-d'Orléans; le chemin de fer du Choa à Obock est entre les mains d'une compagnie française...

« Il faut reconnaître que si, il y a trois ans, il s'en est fallu de peu que le projet de la ligne anglaise au Cap ne devînt une réalité, il ne s'en faut guère davantage aujourd'hui pour pouvoir tracer, à travers l'Afrique équatoriale, une ligne aux couleurs françaises, depuis le Gabon jusqu'à la mer Rouge » (1).

Dans la région du Bas-Niger et de la Bénoué, l'Angleterre et l'Allemagne ont reculé les frontières de leurs établissements jusqu'aux États soudanais du lac Tchad, à demi civilisés, au sol

---

(1) *Mouvement Géographique*, 31 octobre 1897.

fertile et où s'élèvent des villes qui sont des centres commerciaux importants. De ce côté, les traités nous ont reconnu le cours du Chari où nous pouvons facilement accéder par l'Oubanghi et son affluent la Nana. C'est la route que parcourt actuellement l'expédition Gentil et Huntzbüchler.

Sur le haut et sur le moyen Niger nous avons occupé Tombouctou et Say, placés dans notre hinterland par la convention du 5 août 1890 ; de la côte du Dahomey nous avons poussé jusqu'au Niger inférieur, où nous avons pris possession de Badjibo (poste d'Arenberg), que nous avons évacué, et de Boussa, que les Anglais réclament ; la délimitation des sphères d'influence de la France et de l'Angleterre sur le Bas-Niger est soumise à une conférence qui s'est réunie à Paris au mois de novembre 1897.

En résumé, l'Angleterre, la France et l'Allemagne ont cherché à s'établir sur les grandes artères navigables ou à se rendre maîtresses des principales routes par terre, parce que le commerce est le but poursuivi par l'Europe en Afrique ; c'est pourquoi toutes les grandes routes fluviales ont été proclamées internationales par le congrès de Berlin. L'Angleterre, au point de vue des facilités des communications, est la mieux partagée : elle possède les deux bassins extrêmes du Nil, le cours moyen du Zambèze, le Chiré et le lac Nyassa, c'est-à-dire la route la plus courte et la plus commode pour atteindre la région des grands lacs équatoriaux, le cours inférieur du

Niger et de la Bénoué qui conduisent dans la partie la plus riche du Soudan, et enfin la meilleure route par terre pour aboutir aux grands lacs, celle du Cap à Fort Salisbury sur laquelle se développe un long ruban d'acier. Nous sommes maîtres de la plus grande partie du Niger; notre pavillon flotte sur le Congo, et par l'Oubanghi nous possédons la seule voie fluviale pour atteindre par l'ouest le Nil supérieur, qui est français par la rive gauche; enfin Djibouti, sur le baie d'Obock, est la tête de ligne de la route qui conduit à Harrar, Addis-Abeba et de là sur la rive droite du Nil. L'Allemagne touche au Zambèze, au Nil par le lac Victoria dont la rive méridionale limite l'Afrique orientale allemande; la rive orientale du lac Tanganyka lui appartient et par là elle confine à l'État congolais; par les cours supérieurs de la Sangha et de la Bénoué, qui se forment dans le Cameroun, elle a accès par eau soit vers le Congo, soit vers le Niger.

Si on compare ces diverses possessions européennes au point de vue de la valeur du sol et de l'avenir de la colonisation, on constate que le domaine que l'Angleterre s'est taillé en Afrique offre des ressources de beaucoup supérieures à celles des autres États. Les Anglais dominent dans la zone montagneuse du sud-est, depuis le Cap jusqu'au lac Tanganyka, et, au delà du lac Victoria, limite septentrionale de l'Afrique orientale allemande, dans la vallée supérieure du Nil. « L'altitude est pour les points bas, de 500 à 1,000 mètres; pour les plateaux, de 1,500 à 2,700 mètres; les pics revêtus de neiges éternelles jusque sous l'équateur atteignent, d'après les plus récentes observations, de 5,000 à 6,000 mètres au-dessus du niveau de la mer (1). » C'est certainement, de toutes les parties de l'Afrique, celle où les Européens peuvent le mieux s'acclimater, parce que la chaleur n'y est pas déprimante ; c'est là que se trouvent les plus beaux types de la race nègre. « Le voyageur anglais Thomson, qui a visité et décrit une de ces peuplades, ne cesse de s'extasier sur le « galbe apollonien » qui distingue ces guerriers, sur leur prestance noble et majestueuse. La plupart d'entre eux, dit-il, atteignent la haute stature des Scandinaves : aucun n'est d'une taille inférieure à 1 m. 80 (2). » Le bassin du Congo est une des parties les plus fertiles de l'Afrique et une des mieux partagées en voies navigables; il renferme une population relativement dense ; mais le climat est redoutable aux blancs, comme celui de tous les pays tropicaux. Si on excepte l'Algérie et la Tunisie qui, par les conditions climatériques se rapprochent de l'Europe méridionale, l'Afrique française est aussi malsaine que le Congo belge et moins fertile. Peu de contrées ont un climat aussi meurtrier que le Soudan, le Sénégal et les parties basses de Madagascar, et nous avons dans

---

(1) De Préville, *les Sociétés Africaines*.
(2) De Préville, *les Sociétés Africaines*.

notre lot, ainsi que l'a dit lord Salisbury, beaucoup de terres « légères ».

Tandis que les Anglais tracent des voies ferrées pour donner plus de cohésion aux différentes parties de leur empire colonial et pour en favoriser l'exploitation, que les Belges et les Portugais eux-mêmes sont convaincus que leurs possessions n'atteindront toute la prospérité dont elles sont susceptibles que lorsque les productions de l'arrière-pays pourront arriver à peu de frais aux ports du littoral, que les Allemands travaillent au chemin de fer de Dar-es-Salam au Tanganyka, nos établissements du Sénégal, du Soudan, du Congo et de la Guinée languissent faute de voies de communications qui rattachent les différentes parties de notre empire colonial. Après avoir longtemps agité le projet grandiose du Transsaharien, de la Méditerranée au Tchad, nous donnons au monde le spectacle de notre impuissance en suspendant les travaux de la voie ferrée qui devait unir le Sénégal au Niger, de Kayes à Bamako. Du moment que Tombouctou restait notre objectif, nous devions pousser activement la construction de ce chemin de fer.

Ceux qui écriront l'histoire coloniale de cette fin de siècle constateront que notre diplomatie, sauf un moment de défaillance à l'époque où le vice-roi d'Egypte était aux prises avec Arabi, a su manœuvrer avec habileté et nous attribuer ce qui devait raisonnablement nous revenir dans le partage du continent noir, que nos explorateurs ne font pas mauvaise figure à côté de ceux de nos rivaux qui ont été, en maintes circonstances, distancés, mais ils ne pourront s'empêcher de reconnaître que les Anglais, les Allemands et les Belges restent nos maîtres pour la mise en valeur des colonies, pour les profits à tirer de leur exploitation agricole et commerciale. En somme, la politique coloniale n'est qu'une question économique. C'est à ce point de vue que les hommes d'État anglais, belges et allemands se sont placés, quand il s'est agi de leur expansion en Afrique. Ils ont cherché partout, avec une clairvoyance que les autres nations peuvent qualifier d'avidité, les débouchés de plus en plus étendus qui sont nécessaires à l'émigration de leurs nationaux, aux produits de leur immense industrie et à leurs capitaux. Il importe que nous imprimions cette direction à notre politique coloniale, si nous ne voulons pas assister à un avortement de toutes nos entreprises, à la décadence et à la ruine du pays. Car la puissance d'un État repose non seulement sur la force des armées, mais aussi et surtout sur sa puissance économique et sa prospérité financière. Des sommes considérables ont été dépensées en Afrique pour développer nos premiers établissements. Est-ce seulement pour nous donner la satisfaction platonique d'étendre notre domination sur de nouveaux territoires ou pour apporter les bienfaits de notre civilisation à des peuplades à demi barbares qui ne sont pas préparées à les recevoir? La politique coloniale ainsi comprise serait du pur donquichottisme.

Au moment où tous les marchés étrangers se

ferment de plus en plus, où nos exportations restent stationnaires, soit par suite de l'élévation des tarifs douaniers comme aux États-Unis, soit parce que les pays jeunes se mettent à leur tour à fabriquer les produits qu'ils achetaient à l'étranger, nous avons voulu nous créer de nouveaux débouchés commerciaux. Avons-nous réussi à trouver ces nouveaux marchés dans nos établissements coloniaux? Le rapport sur la situation économique des colonies françaises, déposé le 25 novembre 1895 sur le bureau de la Chambre des députés, constate ce fait depuis longtemps connu, que la plus grande partie des marchandises importées dans nos possessions sont fournies par l'étranger : sur un commerce général de 476 millions (la Tunisie et l'Algérie exceptées), l'étranger fait avec nos colonies un chiffre d'affaires de 259 millions de francs, soit 42 millions de plus que nous. Les importations étrangères dans nos possessions s'élèvent à 123 millions, les nôtres à 180, et la plus forte part de cette dernière somme va à nos fonctionnaires et à nos troupes et constitue, dans cette mesure, une dépense payée par le budget de la métropole. « Si l'on n'y prend garde, conclut le rapporteur, le commerce de l'Angleterre et celui de l'Allemagne prendront peu à peu et tout à fait notre place, même sur le marché de nos colonies, et nos débouchés iront en s'affaiblissant. »

Le mal est signalé depuis longtemps. « Interrogez ceux que tenterait l'ambition d'aller exercer leurs facultés dans quelqu'une de ces terres neuves, soi-disant ouvertes à notre activité colonisatrice par le dévouement de nos soldats ou par l'intrépide endurance de nos explorateurs; demandez-leur quel accueil leur est fait dans les cercles officiels, lorsqu'ils parlent de se rendre à Madagascar, en Sénégambie, au Congo! Ils vous diront comment leur belle ardeur est tombée devant la circonlocution des grands experts consultés, devant les réticences, les fins de non-recevoir enveloppées d'explications nébuleuses, devant les mille manières d'exprimer cette éternelle, décourageante, inexplicable réponse de l'administration, murmurée bas à l'oreille comme une excuse, ou lâchée d'un ton solennel comme une leçon : Il n'y a rien à faire! (1) »

Il y a, au contraire, beaucoup à faire.

Nous avons à mettre en valeur un empire colonial immense en y attirant nos capitaux, en y créant des entreprises commerciales et agricoles, en y envoyant des colons. La France demande chaque année un milliard de marchandises que nous pourrions tirer de nos colonies; nous importons, d'après les statistiques, 173 millions de francs de café, 167 millions de francs de coton, 150 millions de francs de graines oléagineuses; de la soie brute, du cacao, du jute etc., pour environ 300 millions, de l'Inde, du Brésil, de l'Amérique centrale, c'est-à-dire de contrées situées sous la même latitude que le Soudan, la Guinée, le Congo et Madagascar. Ce milliard que

---

(1) A. Moireau, « Mouvement économique », *Revue des Deux-Mondes*, 15 juillet 1896.

nous payons à l'étranger donnerait à nos colonies délaissées et anémiques, cette activité économique qui leur manque et serait un stimulant pour l'exploitation d'autres richesses. Mais ces résultats ne pourront être obtenus que lorsque nous nous résoudrons à tracer des routes, à faire des travaux d'assainissement, à creuser des ports, à délimiter les terres propres à la colonisation, en un mot, à entreprendre cet ensemble de travaux qui précèdent l'installation des colons et que les Anglais désignent sous le nom de *preparatory works.*

Nous avons ensuite à initier les indigènes à nos arts manuels, à leur enseigner nos procédés de culture, à leur fournir des produits fabriqués conformes à leurs usages et à leur goût, ce qui est le seul moyen efficace et pratique de conquérir le marché de nos colonies.

Nous avons surtout à nous réformer nous mêmes, à changer nos mœurs administratives qui gênent l'esprit d'entreprise, à abandonner nos habitudes casanières pour voir ce qui se passe au-delà de nos frontières, à renoncer à des préjugés d'un autre âge sur l'exercice des professions agricoles, commerciales et industrielles. Nous touchons ici à des habitudes d'esprit qui tiennent à notre éducation (1). On s'accorde à reconnaître que

---

(1) Des esprits clairvoyants, MM. E. Demolins : *A quoi tient la supériorité des Anglo-Saxons ?* et P. Poiré : *L'Émigration française aux colonies* ont jeté le cri d'alarme et dénoncé l'éducation classique comme la cause qui paralyse notre essor extérieur. « Je la dénoncerai, écrit M. Poiré, parce que chez les Français d'aujourd'hui, malgré toutes

notre régime scolaire ne prépare pas la jeunesse française à l'expansion au-dehors, à la conquête et à l'exploitation des terres neuves, qu'il lui fait aimer et rechercher, au contraire, les fonctions publiques (1), c'est-à-dire une vie étroite et sans horizon où on avance, non par l'effort soutenu mais par la patience inerte. Les jeunes Français préparés et entraînés par un enseignement qui réponde mieux aux nécessités de la vie moderne, à l'exemple des hardis pionniers anglo-saxons qui se sont répandus sur tout l'univers, depuis les froides régions du Canada jusqu'aux contrées équatoriales de l'Afrique, défricheront, cultiveront le sol, exploiteront les mines, créeront des villes qui grandiront rapidement, formeront de nouvelles Frances qui deviendront des États prospères où la vie politique sera aussi intense que dans la mère patrie, où la vie économique se manifestera par des créations d'usines, d'ateliers, de manufactures de toutes sortes, de chemins de fer, de ports, de banques, etc. Alors seulement nous pourrons nourrir l'espoir que les lourdes charges que nous impose la politique coloniale sont des avances dont nos nationaux tireront un jour les profits.

---

les colonies qu'on leur conquiert, elle est insuffisante à forger des colons, c'est-à-dire des hommes d'initiative et d'action, des créateurs d'entreprises, des défricheurs de sol, etc., etc.

(1) D'après une statistique due à M. Turquan, ancien chef de bureau de statistique au ministère du commerce, le nombre des fonctionnaires a considérablement augmenté depuis quelques années; il était de 217,000 en 1858; il s'élève actuellement à 400,000.

BIBLIOGRAPHIE

Les questions africaines sont étudiées dans un grand nombre de revues ou publications périodiques parmi lesquelles nous citerons :

Bulletin de la Société de Géographie de Paris.

Bulletin de la Société de Géographie commerciale de Paris (revue mensuelle) (B. S. G. C.).

Bulletin du Comité de l'Afrique française (revue mensuelle).

Revue de Géographie.

Revue française et de l'étranger (revue mensuelle).

Annales géographiques.

Les Missions catholiques.

Le Mouvement géographique (revue hebdomadaire).

L'Afrique explorée et civilisée (ne paraît plus).

Revue des Deux-Mondes.

Nouvelle Revue.

Revue politique et littéraire.

Bulletin de la Société Royale belge de géographie.

Économiste français.

Revue de Paris.

Revue politique et parlementaire.

Cette liste, pour être complète, devrait comprendre la plupart des bulletins publiés par les sociétés de géographie des départements et de l'étranger, dont quelques-unes ont fait paraître sur l'Afrique des articles intéressants.

Parmi les ouvrages les plus importants qui ont paru depuis la seconde moitié de ce siècle et qui ont été spécialement mis à contribution pour la rédaction du présent volume, nous signalons :

Scott Keltie. — *The Partition of africa*, 1893, Londres.

Arthur Silva White. — *Développement de l'Afrique* (traduit de l'anglais sur la 2ᵉ édition). Bruxelles, 1894.

Banning. — *L'Afrique et la conférence géographique de Bruxelles*, 1878.

Ch. Faure. — *La conférence africaine de Berlin*, Genève, 1885.

Du Fief. — *La question du Congo depuis son origine jusqu'aujourd'hui*, Bruxelles, 1885.

Du Fief. — Le partage de l'Afrique (*Bulletin de la Société royale belge de géographie*, 1890-1894).

Malavialle. — *La partage politique de l'Afrique en décembre 1891.*

Malavialle. — *Le Maroc.*

Banning. — *La Conférence africaine de Berlin et l'association internationale du Congo.* Bruxelles.

Banning. — *Le partage politique de l'Afrique depuis les transactions internationales les plus récentes* (1885-1888).

Gavillot. — *L'Angleterre épuise l'Égypte*, Paris, J. André.

H. Pensa. — *L'Égypte et le Soudan égyptien*, Paris, 1895.

Milner. — *England in Egypt*, Londres, 1891.

Duc d'Harcourt. — *L'Égypte et les Égyptiens*, Paris, 1893.

A. Chélu. — *Le Nil, le Soudan et l'Égypte*, Paris, 1891.

Paponot. — *L'Égypte; son avenir agricole et financier*, 1891.

Girard. — L'Égypte en 1882 (*Revue maritime et coloniale*, 1882-1883).

Harry Alis. — *Promenades en Égypte*, Paris, 1895.

Dehérain. — La succession de l'Égypte dans la province équatoriale. (*Revue des Deux-Mondes*, 15 mai 1894).

Dehérain. — Le calife Abdullah (*Revue des Deux-Mondes*, 15 juillet 1896).

A. Hans. — L'armée de Ménélick (*Revue des Deux-Mondes*, 15 juin 1896).

S. Ch. W. Dilke. — *Problems of Greater Britain*, Londres, 1898.

C. Rousset. — *La conquête de l'Algérie*.

Burdeau. — *L'Algérie en 1891*, rapport et discours à la chambre des députés, Paris, Hachette et Cie.

J. Tissot. — *La Tunisie*.

D'Estournelles de Constant. — *La politique française en Tunisie*, Paris.

Faucon. — *La Tunisie avant et depuis l'occupation*, Paris.

Ch. Benoit. — *Enquête algérienne*, Paris, 1892.

Grandidier. — *Histoire physique, naturelle et politique de Madagascar* (en cours de publication, Paris, Hachette.)

Martineau. — *Madagascar en 1894*, Paris.

Gauthier, Jully, Rouire et Combes. — *Guide pratique du colon et du soldat à Madagascar*, Paris, J. André.

Hanotaux. — *L'affaire de Madagascar*, Paris, Calmann-Lévy.

J. B. Piolet. — *Madagascar et les Hovas*, Paris, 1895.

G. M. Theal. — *South Africa* (the Cape Colony, Natal, Orange, Free State, South African Republic, and all others territories south of the Zambezi) Londres, 1894.

A. Wilmot. — *The story of the expansion of southern Africa*, Londres, 1894.

J. Leclercq. — *A travers l'Afrique Australe*, Paris, 1895.

G. Charmes. — Une ambassade au Maroc (*Revue des Deux-Mondes*, 1886).

De Campou. — *Un empire qui croule*.

D'Amicis. — *Le Maroc* (traduit de l'italien), Paris, Hachette.

De Foucauld. — *Reconnaissance au Maroc*.

Faidherbe. — *Le Sénégal; la France dans l'Afrique occidentale*, Paris, Hachette.

Melchior de Vogüé. — Les Indes noires (*Revue des Deux-Mondes*, 1ᵉʳ novembre 1890).

Gallieni (général). — *Voyage au Soudan* (Haut-Niger et pays de Ségou), Paris, Hachette.

Dʳ Lenz. — *Tombouctou, voyage au Maroc, au Sahara et au Soudan* (traduit de l'allemand), Paris, Hachette.

La Martinière (de). — *Notice sur le Maroc*, Paris, J. André.

Mattéi. — *Bas-Niger, Bénoué, Dahomey*, Paris, J. André.

Mizon. — *Une question africaine*, Paris, J. André.

Dr Nachtigal. — *Sahara et Soudan*, 2 vol., Paris, Hachette.

Barth. — *Voyages dans l'Afrique*.

M. P. Vuillot. — *L'exploration du Sahara*, Paris, Challamel.

Dr Schweinfurth. — *Au cœur de l'Afrique* (1866-1871), 2 vol., Paris.

Stanley. — *Comment j'ai retrouvé Livingstone*, Paris, Hachette.

Stanley. — *A travers le continent mystérieux*, Paris, Hachette.

Stanley. — *Dans les ténèbres de l'Afrique*, Paris, Hachette.

Cameron. — *A travers l'Afrique, voyage de Zanzibar à Benguéla*, Paris, Hachette.

Caillié. — *Voyage à Tombouctou et à Djenné*, 4 vol.

Maistre. — *A travers l'Afrique centrale, du Congo au Niger*.

Monteil. — *De Saint-Louis à Tripoli*, Paris.

Lucas. — *A historical geography of the British colonies*, 4 vol., Oxford.

Hertlett. — *Map of africa by treaties*.

Voulgre (D^r). — *Le Congo français*, Paris, J. André.

WAUTERS. — *L'Afrique centrale en 1522.*

WAUTERS. — *La région au Sud du lac Tchad.*

BOWDICH. — *An account of the discoveries of the Portuguese in the interior of Angola and Mozambique*, 1824.

WALCKENAER. — *Recherches géographiques sur l'intérieur de l'Afrique septentrionale*, 1821.

TORRES CAMPOS. — *Estudios geograficos*, Madrid, 1895.

A. MER. — *Mémoire sur le périple d'Hannon*, Paris, 1885.

VIVIEN DE SAINT-MARTIN. — *Histoire de la géographie et des découvertes géographiques*, Paris, 1874.

LIVINGSTONE. — *Explorations dans l'intérieur de l'Afrique australe de 1840 à 1856.*

LIVINGSTONE. — *Mon dernier journal.*

LIVINGSTONE. — *Explorations du Zambèze et de ses affluents* (ouvrages traduits de l'anglais). Paris, Hachette.

BERLIOUX. — *La traite orientale. Histoire des chasses à l'homme organisées en Afrique depuis 15 ans, pour les marchés de l'Orient*, Paris, 1860.

DE PRÉVILLE. — *Les sociétés africaines*, Paris, Didot, 1894.

Voir encore les bibliographies générales de Playfair, Ashbee, Ibrahim-Hilmy, Fumagalli, Clozel, Begelsperger, Wauters, etc.

INDEX ALPHABÉTIQUE

Abd-el-Kader, émir de Mascara, lutte d'Abd-el-Kader contre la France, 336.
Abdullah, le Calife, 188-194.
Abyssinie, exploration de l', 26; l'unité de l'Abyssinie constituée par Ménélick, 137; progrès des Italiens en Abyssinie, 138; communauté d'intérêts de la France et de la Russie en Abyssinie, 142; danger pour la France et la Russie de l'établissement de la domination italienne sur l'Abyssinie, 144; échec des Italiens en Abyssinie, 148; l'indépendance de l'Abyssynie est reconnue, 149; importance de l'Abyssinie comme puissance africaine, 150.
Adoua, déroute de l'armée italienne à Adoua, 148.
African Lakes company, 96, 241, 242, 243, 244.
Afrikander Bond, programme de l'Afrikander bond, 217.
Afrique, l'Afrique des anciens, 2; traversées de l'Afrique, 19, 28, 29; premiers établissements français et anglais en Afrique, 42; les possessions portugaises en Afrique, 43.
Algérie, la domination turque en Algérie, 321; notre établissement en Algérie, 334; lutte contre Abd-el-Kader, 336; soumission de la Kabylie, 337; établissement de postes fortifiés dans l'Extrême-Sud, 338;

nécessité de travailler à la conquête morale des indigènes de l'Algérie, 348 ; la colonisation de l'Algérie, 356 ; projet d'organisation du pouvoir central en Algérie, 356, 359.

Amba-Alaghi, défaite des Italiens à Amba-Alaghi 148.

Arabes, exploration de l'Afrique par les Arabes, 5 ; progrès des Arabes dans le Bassin du Congo, 74 ; guerre entre les Belges et les Arabes, 75.

Ashantis, conquête par les Anglais du royaume des Ashantis, 305.

Assab, établissement des Italiens dans la baie d'Assab, 129.

Atbara, importance de la vallée de l'Atbara, 145.

Bamako, prise de Bamako, 13.
Bardo, traité du Bardo, 379.
Barth, exploration de Barth, 10.
Bauman (Oscar), exploration de Bauman, 38.
Berlin, congrès de Berlin, 30 ; délibération du congrès de Berlin, 50, 51 ; haute portée politique du congrès de Berlin, 57.
Binger, capitaine, voyage de Binger, 14.
Boërs, émigration des Boërs, 207 ; guerres entre les Anglais et les Boërs, 210 ; indépendance politique des deux républiques Boërs menacée, 213 ; alliance défensive des deux républiques, 263.
Bornou, occupation du Bornou par Rabah, 313.
Bottego, exploration de Bottego, 38.
Boussa, occupation par la France de Boussa, 340.
Brazza, (de), explorations de Brazza, 29.
British East Africa Company, 92, 95.
British South Africa Company, voir Chartered.
Browne, voyage de Browne, 7.

INDEX ALPHABÉTIQUE

Caillié, voyage de Caillié, 8.

Cameroun, établissement des Anglais au Cameroun, 295; conventions de 1885, de 1893 et de 1894 pour la délimitation du Cameroun, 297, 298; fixation de la frontière du Congo français et du Cameroun, 299.

Cap, établissement des Anglais au Cap, 204; missions protestantes au Cap, 204; progrès de l'Angleterre au Cap, 205; échec des projets de fédération des républiques boërs et des possessions anglaises au Cap, 252.

Caron, lieutenant, exploration de Caron, 13, 15.

Carte catalane de 1373, 4.

Carte de Riberio, 5.

Chartered, fondation de la Chartered, 217; invasion du Transvaal par les troupes de la Chartered, 225; situation financière de la Chartered, 247.

Church missionary, la Church envoie des missionnaires en Ouanda.

Comité de l'Afrique française, 33, 296.

Comité d'études du Haut-Congo, 25, 47.

Compagnie du Congo pour le commerce et l'industrie, 82.

Compagnie française de l'Afrique équatoriale.

Condominium, partage du pouvoir entre la France et l'Angleterre en Egypte, 165.

Conférence de Bruxelles, 24.

Congo, exploration du bassin du Congo, 24, 27, 28; les sources du Congo, 36; création de l'Etat Indépendant du Congo, 48; liberté de navigation du Congo, 51; délimitation du bassin du Congo, 53; le roi Léopold reconnu comme souverain du Congo 60; règlement de la question des bouches du Congo, 65; progrès des Belges dans la prise de possession du bassin du Congo, 73; situation financière de l'Etat du Congo, 81; projet de cession du Congo à la Belgique, 85; chemin de fer du Congo, 86.

Convention anglo-française du 5 août 1890, 15, 280, 391.

— du 18 février 1885, entre le Portugal et l'Etat Indépendant, 63.

— du 5 février 1885, entre la France et l'Etat du Congo, 63.

— Franco-congolaise du 29 avril 1887, 68, 425, 428.

— du 25 mai 1889, entre l'Etat du Congo et le Portugal, 68.

— du 14 août 1894, entre la France et l'Etat du Congo, 70;

— du 2 juillet 1887, entre l'Allemagne et l'Angleterre, 94;

— du 4 juin 1890, entre l'Angleterre et l'Allemagne, 99.

— du 24 mars et du 15 avril 1891 entre l'Angleterre et l'Italie, 117, 139, 425.

— du 12 mai 1894, entre l'Angleterre et l'Etat du Congo, 71, 117.

— du 5 février 1895, entre la France et la Belgique, 122.

— du 5 mai 1894, entre l'Italie et l'Angleterre, 140.

— Drummond-Wolf, 174.

— De Londres, 211.

— Du 11 juin 1891, entre l'Angleterre et le Portugal, 252.

— Anglo-allemande du 4 juin 1894, 299, 424.

— Franco-allemande du 23 juillet 1897, 311.

— Italo-tunisienne du 26 septembre 1896, 387.

— Anglo française du 19 septembre 1897, 389.

Côte d'Ivoire, arrangement anglo-français pour la délimitation de la Côte-d'Ivoire, 304.

Côte d'Or, délimitation de la Côte d'Or, 304.

Covilham, voyage de Covilham, 15.

Dahomey, exploration de l'arrière-pays du Dahomey, 15; délimitation de nos possessions du Dahomey, 302, 303.

d'Attanoux, 13, 339.

Denham, voyage de Denham, 9.

De Bellefonds, voyage de Bellefonds, 25; ministre des travaux publics en Egypte, 155.

Delagoa, prétentions de l'Angleterre sur la baie de Delagoa, 210.

Delcommune, exploration de Delcommune, 35.

Denham, découvertes de Denham, 9.

Deutsche ostafrikanische Geselschaft, société allemande de l'Afrique Orientale, 96.

Diaz aperçoit la pointe extrême de l'Afrique, 4.

Djibouti, importance de Djibouti, 151.

Duveyrier, explorations de Duveyrier, 12.

East Africa plantation company, 95.

Egypte, origine de l'influence française en Egypte, 155; Méhémet-Ali, vice-roi d'Egypte, 161; première prise de possession par l'Angleterre de l'Egypte, 163; ruine financière de l'Egypte, 164; le condominium, 165; le grand ministère et la question d'Egypte, 167; politique de M. de Freycinet en Egypte, 168; intervention anglaise en Egypte, 170; déclaration de M. de Gladstone au moment de l'occupation de l'Egypte, 172; le parti national en Egypte, 179.

Emin-Pacha, explorations d'Emin-Pacha, 25; gouverneur de la province équatoriale, 102.

Erythrée, acquisitions de l'Italie sur la côte de l'Erythrée, 129; pourquoi l'Angleterre a favorisé l'établissement de l'Italie dans l'Erythrée, 131 ; différend entre le Négus Johannès et les Italiens, 133.

Etat Libre d'Orange, fondation par les Boërs de l'Etat Libre d'Orange, 207 ;

Faidherbe, général, gouverneur du Sénégal, 267 ; explorations faites au Sénégal sous la direction de Faidherbe, 268.

Flatters, colonel, explorations de Flatters, 13.

Flegel, explorations de Flegel, 14, 280.

Foucauld, exploration de Foucauld, 12.

Foureau, exploration de Foureau, 13, 339.

Fouta-Djallon, importance stratégique du Fouta-Djallon, 271.

Gallieni, général, conquêtes au Soudan, 270 ; gouverneur général de Madagascar, 417.

Giraud, traversée de l'Afrique par Giraud, 29.

Gordon, défense de Khartoum par Gordon, 185 ; mort de Gordon, 186.

Götzen, Major Von, exploration de von Götzen, 38.

Gourma, occupation du Gourma, 309.

Grandidier, travaux sur Madagascar de Grandidier, 27 ; cartes de Madagascar de Grandidier, 39.

Grant, exploration de Grant, 25.

Grenfell, exploration de Grenfell, 27, 78.

Guinée, délimitation des possessions européennes sur la côte de Guinée, 304 ; missions pour l'exploration de l'arrière-pays de la côte de Guinée, 308.

Harrar, partage de ce pays par l'Angleterre et l'Italie, 140.

Henri le Navigateur, 4.
Hinterland, principe de l'Hinterland, 55.
Hofmeyer, chef de l'Afrikander Bond, 217.
Hourst, lieutenant de vaisseau, mission sur le Niger, 16.
Hovas, voir Madagascar.

Imperial British East Africa Company (Ibea), 109, 112.

Jaime, lieutenant, exploration de Jaime, 16.
Jameson, docteur, équipée de Jameson, 225.

Kabylie, soumission de la Kabylie, 337.
Kassala, importance de Kassala, 145; occupation par les Italiens de Kassala, 146.
Kéthulle, exploration de la Kéthulle, 37.
Krüger, chef du parti de l'indépendance au Transvaal, 211; politique économique de Krüger, 215.

Laing voyage de Laing, 8, 9.
Lenz exploration de Lenz, 12.
Libéria convention pour la délimitation des frontières de la République de Libéria, 305.
Livingstone, docteur, voyages et découvertes de Livingstone, 19, 20, 21, 23; mort du Livingstone, 22; œuvre géographique de Livingstone, 23.
Louboudi, branche maîtresse du Congo, 36.
Lugard, capitaine, massacre en Ouganda par le capitaine Lugard, 110, 113.

Madagascar, exploration de Madagascar, 27; premiers établissements français à Madagascar, 396; établissement et progrès des Hovas à Madagascar, 397; prise de possession pour la France des îles voisines de Madagascar, 399 ; politique d'abdication de Napoléon III, 400 ; progrès de l'influence anglaise à Madagascar, 403 ; traité du 17 décembre 1885, 407 ; expédition de Madagascar, 411 ; traité du 1er octobre 1895, 411 ; troubles provoqués par les Fahavahos à Madagascar, 416 ; suppression de la royauté à Madagascar, 419 ; politique coloniale du général Gallieni, 419.

Mafia, île, 100.

Mage, lieutenant, exploration du Niger par Mage, 15.

Majuba-Hill, victoire des Boërs à Majuba-Hill, 211.

Makololos, guerre entre les Portugais et les Makololos, 249 ; prise de possession par les Anglais du pays de Makololos, 250.

Maroc, importante situation géographique du Maroc, 317 ; différentes parties dont se compose le Maroc, 319 ; rivalité d'influence de la France, de l'Angleterre et de l'Espagne au Maroc, 320 ; état anarchique du Maroc, 325.

Massaouah, possession italienne, 130.

Matabéléland, annexion par l'Angleterre du Matabéléland, 248.

Matabélés, guerre entre les Anglais et les Matabélés, 254.

Ménélick, Négus d'Abyssinie, 134 ; missions françaises et anglaises auprès de Ménélick, 150, 152.

Méry, 13, 339.

Missions chrétiennes du Congo, 83.

— de l'Ouganda, 107.

— du Cap, 204.

— de l'Afrique australe, 233.

— anglaises de la région de lacs, 241.

Mizon, lieutenant de vaisseau, exploration de Mizon dans la région du Bas-Niger et dans la Bénoué, 291 ;

démêlés du lieutenant avec la Compagnie Royale du Niger, 292.

Mohammed-Ahmed, le Mahdi, 184; sa mort, 188.

Monteil, lieutenant-colonel, voyage du lieutenant-colonel Monteil, 15.

Mossi, occupation du Mossi, 309.

Mouata-Yamvo, partage du Mouata-Yamvo, 68.

Mungo-Park, voyages de Mungo-Park, 7, 8.

Nachtigal, explorations de Nachtigal, 11.

Navigation des Portugais sur la côte d'Afrique, 4.

Niger, problème du Niger, 7, 8, 9, 11; progrès des Français sur le Niger, 16; liberté de la navigation du Niger, 51; établissement des Anglais sur le Bas-Niger, 276; atteinte portée par l'Angleterre à la liberté de navigation du Niger, 285; protectorat anglais sur les pays à l'ouest du Bas-Niger, 305; rivalité de la France, de l'Angleterre et de l'Allemagne dans les pays de la boucle du Niger, 308, 309, 310.

Nil, explorations dans la vallée du Nil, 25; région du Haut-Nil, 102; importance des régions du Haut-Nil, 104; prétentions de l'Angleterre à la possession de la haute vallée du Nil, 119; revendications anglaises sur tout le bassin du Nil, 199; le vice-roi d'Égypte est le seul maître, sous la suzeraineté de la Porte, de la vallée du Nil, 200; expéditions françaises vers la région du Haut-Nil, 428; expédition anglaise du major Macdonald, 429.

Oubanghi-Ouellé, découverte de l'Oubanghi-Ouellé, 27.

Oudney, voyages de Oudney, 9.

Ouganda, visées de l'Angleterre et de l'Allemagne sur

l'Ouganda, 103; état politique et religieux de l'Ouganda, 108; établissement du protectorat anglais sur l'Ouganda, 109: troubles religieux dans l'Ouganda, 111; importance de l'Ouganda, 113.

Ounyoro, conquête de l'Ounyoro, 113.

Overweg, exploration de Overweg, 10.

Parti national égyptien, 179.

Pemba, île, 99.

Peters, dans l'Est africain, 89, 103.

Protocole de renoncement, 169.

Rabah, conquêtes dans le Soudan par Rabah, 312.

Rhadamès, occupation par la Turquie de Rhadamès, 391; droit reconnu à la France de pénétrer dans le territoire des Sahariens de Rhadamès, 392.

Rhât, prise de possession de Rhât par la Turquie, 391.

Richardson, voyage de Richardson, 10.

Rivières du Sud, prise de possession des Rivières du Sud, 268.

Rhodes (Cecil), programme politique de Rhodes, 115; il complote contre l'indépendance du Transvaal, 225; il fonde la British south Africa, 269; échec de sa politique dans l'Afrique australe, 262, 429.

Rohlfs, explorations de Rohlfs, 11; Consul général à Zanzibar, 89.

Royal Niger Company, la fondation de la Royal Niger Company, 278; attributions de la Royal Niger Company, 278; délimitation des territoires de la Royal Niger Company, 297.

Sahara, explorations du Sahara, 12; occupation des oasis du Sahara, 337; sphère d'influence française dans le Sahara, 338; tentatives pour attirer vers l'Algérie le commerce du Sahara, 340 ; obstacles qui s'opposent à nos progrès au Sahara, 344.

Samory, guerre contre Samory, 273.

Schweinfurth, explorations et découvertes de Schweinfurth, 25.

Sénégal, explorations au Sénégal, 14 ; progrès des Français au Sénégal, 267.

Serpa Pinto, voyage de Serpa Pinto, 25, 28 ; lutte contre les Makololos, 249.

Somal, exploration du Somal, 26,

Soudan central, exploration, 10, 11.

— égyptien, conquête par les Khédives du Soudan, 182 ; pertes par les Khédives du Soudan, 185 ; conquête par l'Angleterre du Soudan, 193.

— français ou occidental, exploration dans le Soudan, 268 ; campagnes dans le Soudan, 269 ; jonction du Soudan français avec les pays de la boucle du Niger, 309.

Sokoto, protectorat anglais sur le Sokoto, 281 ; occupation par Rabah du Sokoto, 314.

Speke, voyages et découvertes de Speke, 23 ; résultat des explorations de Speke, 24.

Stanley, voyages et découvertes de Stanley, 23 ; résultats des explorations de Stanley, 24.

Sud-Ouest allemand, limites de la colonie du Sud-Ouest allemand, 232.

Suez, concession à de Lesseps de l'entreprise du Canal de Suez, 163 ; acquisition par l'Angleterre des actions du Khédive sur le canal de Suez, 163 ; neutralisation du canal de Suez, 177.

Swaziland, question du Swaziland, 220.

Syndicat français du Haut-Benito, 289.

Thad, lac, exploration de la région du lac Thad, 9 ; situation politique des États de la région du lac Thad,

311 ; faible importance du lac au point de vue de la navigation, 300.

Togoland, délimitation du Togoland, 304.

Tombouctou. prise de Tombouctou, 16, 273 ; importance de la position de Tombouctou, 274 ; nécessité pour la France de maintenir l'occupation de Tombouctou, 275.

Touareg, résistance des Touareg à nos projets de pénétration, 339 ; nos tentatives pour nouer des relations commerciales avec les Touareg, 342 ; état politique et religieux des Touareg, 345.

Touat, progrès de notre influence au Touat, 347 ; droits de la France sur le Touat, 391.

Transvaal, établisssment des Boërs au Transvaal, 208 ; protectorat britannique sur le Transvaal, 210 ; proclamation de l'indépendance du Transvaal, 211 ; indépendance du Transvaal menacée, 213 ; politique du président Krüger pour assurer l'indépendance politique et économique du Transvaal, 214 ; découverte des champs d'or au Transvaal, 221.

Tripolitaine, résumé historique, 390 ; différentes régions de la Tripolitaine, 390 ; empiètements des Turcs dans notre hinterland saharien par l'occupation de Rhadamès et de Rhât, 391.

Tuckey, exploration de Tuckey, 7.

Tunisie, la Turquie suzeraine en Tunisie, 361 ; indépendance des beys de Tunis, 361 ; réformes accomplies sous l'action du gouvernement de Juillet et de Napoléon III en Tunisie, 364 ; embarras financiers de la Tunisie, 365 ; révoltes en Tunisie, 367 ; nomination d'une commission financière, 370 ; progrès de l'influence italienne en Tunisie, 371 ; question de l'Enfida, 376 ; discussion à la Chambre des députés sur les affaires de Tunisie, 380 ; application du principe du protectorat en Tunisie, 383 ; régime commercial de la Tunisie, 386.

Ucciali, traité d'Ucciali, 135.
Union nationale du Transvaal, 223.
Uitlanders, leurs prétentions au Transvaal, 222.
Unkiar-Skélessi, traité d'Unkiar-Skélessi, 159.

Van Gèle, exploration de Van Gèle, 27.
Van Kerckhoven, expédition de Van Kerckhoven, 79.
Vasco de Gama, 4.
Versepuy, exploration de Versepuy, 39.
Vitou, cession par l'Allemagne à l'Angleterre du sultanat de Vitou, 99.

Wadelaï, prise par les Anglais de Wadelaï, 115.
Waghadougou ou Ouaghadougou, prise de Waghadougou, 309.
Wissmann, traversée de l'Afrique par Wissmann, 28.

Yunker, exploration de Yunker, 26.

Zambèze, liberté de navigation sur le Zambèze, 253.
Zambézie, conflit entre le Portugal et l'Angleterre au sujet de la Zambézie, 241 ; parties qui composent la Zambézie, 253 ; développement économique de la Zambézie, 254.
Zanzibar, situation politique du Sultan de Zanzibar, 88 ; influence anglaise à Zanzibar, 88 ; partage du sultanat entre l'Angleterre et l'Allemagne, 94, 99.
Zoulous, guerre entre les Anglais et les Zoulous, 206.

TABLE DES MATIÈRES

INTRODUCTION

Exploration de l'Afrique.

I. — L'Afrique ancienne. — L'invasion arabe. . . .	1
II. — Découvertes des Portugais; comptoirs et colonies fondés par les puissances européennes en Afrique.	4
III. — Découvertes dans la région du Niger et du Tchad.	6
IV. — Exploration de l'Afrique équatoriale; les bassins du Zambèze, du Nil et du Congo . . .	17

Partage et état politique.

Chapitre Ier. — Le Congrès de Berlin; l'État Indépendant du Congo	41
— II. — Partage de l'Afrique orientale; Le Sultanat de Zanzibar . . .	87
— III. — Partage de l'Afrique orientale; l'Abyssinie et l'Erythrée. . . .	128
— IV. — L'Égypte et la question du Nil. Le Soudan égyptien.	153
— V. — Possessions anglaises du Cap; républiques boërs du fleuve Orange.	203
— VI. — Le Sud-Ouest allemand et la Zambézie britannique; conflit anglo-portugais	231

Chapitre	VII. — La région du Niger et du lac Tchad Rivalité de la France, de l'Angleterre et de l'Allemagne	265
—	VIII. — Le Maroc.	316
—	IX. — Établissement et progrès des Français en Algérie	331
—	X. — Établissement du protectorat français sur la Tunisie; la Tripolitaine; hinterland saharien.	360
—	XI. — Les îles de l'Afrique. Madagascar	395

Conclusion 422
Bibliographie. 439
Index alphabétique 445

www.ingramcontent.com/pod-product-compliance
Lightning Source LLC
Chambersburg PA
CBHW070533230426
43665CB00014B/1674